司法試験&予備試験
論文5年過去問
再現答案から
出題趣旨を読み解く。
刑法

JN111844

は し が き

　本書は，平成27年から令和元年まで実施された司法試験の論文式試験のうち，刑法科目の問題・出題趣旨・採点実感及びその再現答案と，同じく平成27年から令和元年まで実施された司法試験予備試験の論文式試験のうち，刑法科目の問題・出題趣旨及びその再現答案を掲載・合冊した再現答案集です。

　論文式試験において「高い評価」を得るためには，「出題趣旨」が求める内容の答案を作成する必要があります。しかし，単に「出題趣旨」を読み込むだけでは，「出題趣旨」が求める内容の答案像を具体的にイメージするのは困難です。出題趣旨の記述量が少ない予備試験では特にそのように言えます。

　そこで，本書では，極めて高い順位の答案から，不合格順位の答案まで，バランス良く掲載するとともに，各再現答案にサイドコメントを多数掲載しました。サイドコメントは，主観的なコメントを極力排除し，「出題趣旨」から見て，客観的にどのような指摘が当該答案にできるかという基本方針を徹底したものとなっています。順位の異なる各再現答案を比較・検討し，各再現答案に付されたサイドコメントを読むことによって，**「出題趣旨」が求める内容の答案とはどのようなものなのか**を具体的に知ることができます。そして，再現答案から「出題趣旨」を読み解き，当該答案がどうして高く，又は低く評価されたのかを把握することによって，いわゆる「相場観」や「高い評価」を獲得するためのコツ・ヒントを得ることができるものと自負しております。

　本書をご活用して頂くことにより，皆様が司法試験・司法試験予備試験に合格なさることを心から祈念致します。

2020年4月吉日

株式会社　東京リーガルマインド
ＬＥＣ総合研究所　司法試験部

目次

【司法試験予備試験】

平成 27 年

平成 28 年

平成 29 年

平成 30 年

令和元年

司法試験

平成27年

問題文

〔第1問〕（配点：１００）

　以下の事例に基づき，甲，乙及び丙の罪責について，具体的な事実を摘示しつつ論じなさい（特別法違反の点を除く。）。

1　甲（５３歳，男性，身長１７０センチメートル，体重７５キログラム）は，医薬品の研究開発・製造・販売等を目的とするＡ株式会社（以下「Ａ社」という。）の社員である。

　　Ａ社には，新薬開発部，財務部を始めとする部があり，各部においてその業務上の情報等を管理している。各部は，Ａ社の本社ビルにおいて，互いに他の部から独立した部屋で業務を行っている。

2　某年１２月１日，甲がＡ社の新薬開発部の部長になって２年が経過した。甲は，部長として，新薬開発部が使用する部屋に設置された部長席において執務し，同部の業務全般を統括し，Ａ社の新薬開発チームが作成した新薬の製造方法が記載された書類（以下「新薬の書類」という。）を管理するなどの業務に従事していた。新薬の書類は，部長席の後方にある，暗証番号によって開閉する金庫に入れて保管されていた。

3　甲は，同日，甲の大学時代の後輩であり，Ａ社とライバル関係にある製薬会社の営業部長乙（５０歳，男性）から食事に誘われ，その席で，乙に，「これはまだ秘密の話だが，最近，Ａ社は新薬の開発に成功した。私は，新薬開発部の部長だから，新薬の書類を自分で保管しているのだよ。」と言った。すると，乙は，甲に，「是非，その書類を持ち出して私に下さい。私は，その書類を我が社の商品開発に活用したい。成功すれば，私は将来，我が社の経営陣に加わることができる。その書類と交換に，私のポケットマネーから３００万円を甲先輩に払いますし，甲先輩を海外の支社長として我が社に迎え入れます。」と言った。

　　甲は，部長職に就いたものの，Ａ社における自己の人事評価は今一つで，そのうち早期退職を促されるかもしれないと感じていたため，できることならば３００万円を手に入れるとともに乙の勤務する会社に転職もしたいと思った。そこで，甲は，乙に，「分かった。具体的な日にちは言えないが，新薬の書類を年内に渡そう。また連絡する。」と言った。

4　甲は，その後，同月３日付けで財務部経理課に所属が変わり，同日，新薬開発部の後任の部長に引継ぎを行って部長席の後方にある金庫の暗証番号を伝えた。

　　甲は，もし自己の所属が変わったことを乙に告げれば，乙は同月１日の話をなかったことにすると言うかもしれない，そうなれば３００万円が手に入らず転職もできないと思い，自己の所属が変わったことを乙に告げず，毎月１５日午前中にＡ社の本社ビルにある会議室で開催される新薬開発部の部内会議のため同部の部屋に誰もいなくなった隙に新薬の書類を手に入れ，

これを乙に渡すこととした。

5 　甲は，同月１５日，出勤して有給休暇取得の手続を済ませ，同日午前１０時３０分，新薬開発部の部内会議が始まって同部の部屋に誰もいなくなったことを確認した後，Ａ３サイズの書類が入る大きさで，持ち手が付いた甲所有のかばん（時価約２万円相当。以下「甲のかばん」という。）を持って同部の部屋に入った。そして，甲は，部長席の後方にある金庫に暗証番号を入力して金庫を開け，新薬の書類（Ａ３サイズのもの）１０枚を取り出して甲のかばんに入れ，これを持って新薬開発部の部屋を出て，そのままＡ社の本社ビルを出た。

　　甲は，甲のかばんを持ってＡ社の本社ビルの最寄り駅であるＢ駅に向かいながら，乙に，電話で，「実は，先日，私は新薬開発部から財務部に所属が変わったのだが，今日，新薬の書類を持ち出すことに成功した。これから会って渡したい。」と言ったところ，乙は，甲に，「所属が変わったことは知りませんでした。遠くて申し訳ありませんが，私の自宅で会いましょう。そこで３００万円と交換しましょう。」と言った。

6 　甲が向かっているＢ駅は，通勤・通学客を中心に多数の乗客が利用する駅で，駅前のロータリーから改札口に向かって右に自動券売機があり，左に待合室がある。待合室は四方がガラス張りだが，自動券売機に向かって立つと待合室は見えない。待合室は，Ｂ駅の始発時刻から終電時刻までの間は開放されて誰でも利用でき，出入口が１か所ある。自動券売機と待合室の出入口とは直線距離で２０メートル離れている。

7 　甲は，Ｂ駅に着き，待合室の出入口を入ってすぐ近くにあるベンチに座り，しばらく休んだ。そして，甲は，同日午前１１時１５分，自動券売機で切符を買うため，甲のかばんから財布を取り出して手に持ち，新薬の書類のみが入った甲のかばんを同ベンチに置いたまま待合室を出て，自動券売機に向かった。

　　待合室の奥にあるベンチに座って甲の様子を見ていた丙（７０歳，男性）は，ホームレスの生活をしていたが，真冬の生活は辛かったので，甲のかばんを持って交番へ行き，他人のかばんを勝手に持ってきた旨警察官に申し出れば，逮捕されて留置施設で寒さをしのぐことができるだろうと考え，同日午前１１時１６分，ベンチに置かれた甲のかばんを抱え，待合室を出た。この時，甲は，自動券売機に向かって立ち，切符を買おうとしていた。丙は，甲のかばんを持って直ちにロータリーの先にある交番（待合室出入口から５０メートルの距離）に行き，警察官に，「駅の待合室からかばんを盗んできました。」と言って，甲のかばんを渡した。

　　甲がＢ駅の待合室に入ってから丙が甲のかばんを持って待合室を出るまでの間，待合室を利用した者は，甲と丙のみであった。

8 　甲は，同日午前１１時１７分，切符の購入を済ませて待合室に戻る途中で，甲のかばんと同じブランド，色，大きさのかばんを持って改札口を通過するＣ（３５歳，男性，身長１７５センチメートル，体重６５キログラム）を見たことから，甲のかばんのことが心配になって待合

室のベンチを見たところ，甲のかばんが無くなっていたので，Cが甲のかばんを盗んだものと思い込んだ。

　甲は，Cからかばんを取り返そうと考え，即座に，「待て，待て。」と言ってCを追い掛けた。

　甲は，同日午前１１時１８分，改札口を通過してホームに向かう通路でCに追い付き，Cに，「私のかばんを盗んだな。返してくれ。」と言った。しかし，Cは，自己の所有するかばんを持っていたので，甲を無視してホームに向かおうとした。甲は，Cに，「待て。」と言ったが，Cが全く取り合わなかったので，「盗んだかばんを返せと言っているだろう。」と言ってCが持っていたC所有のかばんの持ち手を手でつかんで引っ張ってそのかばんを取り上げ，これを持ってホームに行き，出発間際の電車に飛び乗った。

　Cは，甲からかばんを引っ張られた弾みで通路に手を付き，手の平を擦りむいて，加療１週間を要する傷害を負った。

【刑事系科目】

〔第1問〕

　本問は，A社の新薬開発部の部長であった甲が，乙から持ち掛けられて，自ら管理していた新薬の製造方法が記載された書類（以下「新薬の書類」という。）を密かに会社外に持ち出して乙に渡すことを決心し，他部に異動となったにもかかわらず，新薬の書類を金庫から持ち出し，これを自己のかばん（以下「甲のかばん」という。）の中に入れて乙方に向かう途中，立ち寄った駅待合室で丙から甲のかばんを持ち去られたところ，その直後に，甲のかばんと同種，同形状のかばん（以下「Cのかばん」という。）を持って駅改札口を通過するCを見て，Cが甲のかばんを持ち去ろうとしているものと誤解し，Cが持っていたCのかばんの持ち手をつかんでそのかばんを奪い取るとともに，Cに加療1週間の傷害を負わせたという具体的事例について，甲乙丙それぞれの罪責を検討させることにより，刑事実体法及びその解釈論の知識と理解を問うとともに，具体的な事実関係を分析してそれに法規範を適用する能力及び論理的な思考力・論述力を試すものである。特に，甲の罪責を論ずるに当たっては，犯罪事実の認識の問題と，錯誤の問題を明確に区別して論ずることができるかが問われており，刑法の体系的理解を試すものといえる。

　(1) 甲の罪責について

　　甲は，A社の新薬開発部の部長であった某年12月1日，大学時代の後輩であり，A社のライバル会社の社員であった乙から300万円の報酬等を提示された上，当時，甲が管理していた新薬の書類を金庫から持ち出して乙に渡すように持ち掛けられ，これを了承した。そして，甲は，同月15日，新薬開発部の部屋にある金庫内に保管されていた新薬の書類を甲のかばんの中に入れてA社外に持ち出したが，この時点で，甲は，新薬開発部の部長を解任され，他部に異動していた。この新薬の書類を金庫から持ち出した点に関しての甲の罪責を論ずるに当たって，上記のとおり甲の立場に変更が生じていたことから，新薬の書類の占有の帰属を的確に論ずることが求められる。すなわち，甲は，新薬開発部部長として，新薬の書類を管理していたと認められるところ，同部長職を解かれ，後任部長に事務の引継ぎを行った際，金庫内に保管されていた新薬の書類も引き継ぎ，これを保管している金庫の暗証番号も後任部長に引き継いだが，金庫の暗証番号自体に変更がなく，甲は，金庫から新薬の書類を持ち出すことが事実上可能であったという事実関係を前提として，新薬の書類に対する甲の占有は喪失したものといえるのかを論じる必要がある。仮に，新薬の書類に対する甲の占有が失われていないとしても，後任部長にも新薬の書類に対する管理権が存在するとすれば，新薬の書類を持ち去る甲の行為は，共同占有者の占有を侵害することとなる点に注意が必要である。

　　また，甲は，有給休暇を取った上，金庫内の新薬の書類を持ち出す目的で，誰もいなくなった新薬開発部の部屋に入っており，A社における各部の部屋の状況等を踏まえ，建造物侵入罪の成否について簡潔に論じる必要がある。

　　甲は，新薬の書類を入れた甲のかばんを駅待合室に置いて切符を買いに行った際，丙によって甲のかばんを持ち去られてしまった。その直後，待合室に戻ろうとした甲は，甲のかばんと

同種，同形状のかばんをCが持っているのを見て，Cが甲のかばんを駅待合室から持ち出して立ち去ろうとしていると誤解し，Cが持っているCのかばんの持ち手部分をつかんで強引に引っ張り，Cのかばんを奪い取るとともに，その弾みで通路に手を付かせ，Cに加療1週間を要する傷害を負わせた。

　まず，Cのかばんを奪い取るという甲の行為がいかなる構成要件に該当することとなるのかを確定する必要がある。具体的には，甲は，Cに対して有形力を行使（暴行）していることから，甲の行為が強盗罪に該当するか窃盗罪に該当するかを論ずる必要がある。その際には，いわゆる「ひったくり」に関する判例・学説を理解していることが期待されている。

　次に，甲が，Cのかばんを甲のかばんと誤解している点をどのように考えるかを検討する必要がある。そして，Cのかばんを甲のかばんと誤解しているその甲の認識は，「他人の財物」性に係る問題であること，すなわち構成要件該当事実の認識の問題であることを的確に把握することが求められる（違法性阻却事由に関する錯誤の問題ではない。）。そして，窃盗罪あるいは強盗罪における「他人の財物」（甲のかばんに関していえば，「他人の占有する自己の財物」）の概念をいかに解釈すべきかについては，これらの罪の保護法益との関係で種々の考え方があり得るところであるので，窃盗罪あるいは強盗罪の保護法益に関する自らの考え方を端的に論じ，各自の保護法益論との関係で，甲の認識が窃盗罪ないし強盗罪の故意の成否にどのように影響するのかを論じなければならない。

　また，Cに怪我を負わせた点について，構成要件の問題としては傷害罪が成立することを論ずる必要がある。この傷害罪については，窃盗罪の場合と異なり，暴行の認識に欠けるところはないが，甲は，甲のかばんをCが盗んだと認識していることから，このように認識している点が傷害罪の成否にどのように影響するかを論ずる必要がある（窃盗の故意を認める場合には，窃盗罪と傷害罪の双方についての成否が問題となろう。また，甲のCに対する暴行を強盗罪における暴行と認定する場合には，強盗罪の故意を肯定するのであれば強盗致傷罪の成否を問題とすることになろうし，強盗罪の故意を否定するのであれば致傷の点を傷害罪の成否として論ずることになろう。）。甲の意図は，甲のかばんの取り返しであるから，仮に，甲の認識のとおりの事態であった場合，甲の行為が正当化されるかどうかを検討する必要がある。これが肯定されれば，甲は違法性阻却事由に関する事実を認識していたことになるし，否定されれば，その認識は違法性阻却事由に関する事実を認識していたということにはならない。そして，本件で問題となる違法性阻却事由は，正当防衛ないし自救行為であるところ，そのいずれであるかは，甲の認識どおりの事態，すなわち，Cが甲のかばんを駅待合室から持ち去ったという事態が存在すると仮定した場合，その事態が急迫不正の侵害に当たるかどうかという点を検討することになる。そして，侵害の急迫性に関しては，窃盗罪の既遂時期との関係を意識する必要がある。すなわち，本件において，Cが駅待合室にあった甲のかばんを持ち去ったと仮定した場合，Cは駅待合室を出て駅改札口を通過するところであったから，窃盗は既遂に至っていると考えられるが，窃盗の既遂時期と侵害の急迫性の終了時期は必ずしも一致しないことを意識して急迫性の有無を論じることが期待されている。その結果，急迫性を肯定した場合は誤想防衛の問題となり，急迫性を否定した場合には誤解によって自救行為と認識していた場合（以下，便宜上「誤想自救行為」という。）の問題となる。これらの問題として処理する場合，違法性阻却事由に関する錯誤の刑法上の位置付けについて，論拠を示して論ずることとなる。具体的

には，故意責任が認められる理由を示し，誤想防衛ないし誤想自救行為が故意責任にどのように影響するのかを論ずることとなろう。その上で，甲の認識していた事態が正当防衛ないし自救行為の要件に該当するかを個別具体的に検討する必要がある。特に，甲の行為が過剰性を有する場合，誤想過剰防衛ないし誤想過剰自救行為となることから，甲の行為が，相当性，必要性を有する行為といえるかを，問題文にある具体的な事実を挙げて検討することが求められる。これらの検討の結果，過剰性が認められる場合には甲に傷害罪が成立することとなろうが，誤想防衛ないし誤想自救行為として，傷害罪の故意を否定する場合，さらに，侵害について誤信した点についての過失を検討する必要がある。これに過失があるとすれば，過失傷害罪が成立することとなろう。

そして，最後に，罪数について処理する必要がある。

(2) 乙の罪責

乙は，新薬開発部の部長であり，新薬の書類の管理者である甲に対して，新薬の書類を持ち出して自己に渡すよう持ち掛けた。乙は，甲に持ち掛けただけで自ら実行行為を行っていないことから，乙の罪責について，共同正犯，教唆犯の成否を検討する必要がある。その前提として，乙は，一部の実行行為さえしていないから，いわゆる共謀共同正犯の肯否が問題となり得るが，これは判例の立場を踏まえて，簡潔に論ずれば足りる。その上で，共謀共同正犯と教唆犯の区別について，自らの区別基準を踏まえて，その基準に事実関係を的確に当てはめることが求められる。具体的には，共謀共同正犯の成立根拠について触れた上，成立するための要件を示すことによって共同正犯と教唆犯の区別基準を明示した上，その要件に具体的な事実を当てはめることが必要である。なお，乙について教唆犯とする場合でも，共同正犯と教唆犯の区別基準を踏まえた論述によって共同正犯を否定した上で，教唆犯の要件に事実を当てはめることが求められている。

また，甲が新薬の書類を持ち出した当時，甲は新薬開発部を異動しており，新薬の書類に対する管理権を失っていたことから，「甲自身が管理する新薬の書類を持ち出す。」という乙の持ち掛けに対して，甲は，「後任部長が管理する新薬の書類を持ち出す。」行為をしたことになる。そこで，甲の同行為が甲乙間の共謀ないし乙の教唆行為によるものかどうかが問題となるが，この点は，乙の持ち掛けと甲の行為との間に因果性が認められることを簡潔に述べれば足りると思われる。

次に，甲乙間の共謀ないし乙の教唆行為の際には，甲は実際に新薬の書類を業務上管理しており，乙の認識（故意）は，業務上横領罪のそれであったところ，甲の行為が業務上横領ではなく，窃盗罪であるとした場合，乙の認識と甲の行為との間に齟齬が生じていることから，錯誤の問題を論じる必要がある。本件の錯誤は，構成要件を異にするいわゆる抽象的事実の錯誤であるから，このような錯誤の場合にどのように処理するか，故意責任の本質について触れて一般論を簡潔に示した上，業務上横領罪と窃盗罪との関係を論じることになる。その際，両罪の構成要件の重なり合いがどのような基準で判断されるのかを論ずることになろう。

そして，業務上横領罪と窃盗罪との間に重なり合いが認められた場合には軽い罪の限度での重なり合いを認めることとなろうが，業務上横領罪と窃盗罪とは懲役刑については同一の法定刑が定められているものの，窃盗罪には罰金刑が選択刑として規定されていることを踏まえ，そのいずれが軽い罪に当たるのか述べることが求められる。甲が業務上横領罪を犯した場合，

刑法65条の規定によって，乙には単純横領罪が成立するか，少なくとも同罪で科刑されることとなるので，異なる構成要件間の重なり合いを論ずるに当たって，業務上横領罪と窃盗罪の比較ではなく，単純横領罪と窃盗罪を比較するという考え方もあり得るであろう。いずれにしても，自己が取る結論を筋立てて論ずることが求められる。

(3) 丙の罪責

丙は，甲が甲のかばんを駅待合室に置いたまま同室を出たのを見て，甲のかばんを持って駅待合室から出た。丙の罪責を論ずるに当たっては，駅待合室内の甲のかばんに甲の占有が及んでいるかどうかを検討する必要がある。問題文には，甲の占有に関する事実が挙げられているが，これらの事実を単に羅列するのではなく，占有の要件（占有の事実及び占有の意思）に即して，必要かつ十分な事実を整理して論ずることが求められる。そして，甲の占有を肯定した場合には窃盗罪の成否を，否定した場合には占有離脱物横領罪の成否を，それぞれ客観的構成要件を踏まえて論ずることとなる。

次に，丙が甲のかばんを持ち去った理由は，これを交番に持ち込んで逮捕してもらおうというものであり，丙には，甲のかばんをその本来の用法に使用する意思はおろか，何らかの用途に使用する意思もなかった。窃盗罪については，判例上，故意とは別個の書かれざる主観的構成要件要素として，不法領得の意思が必要とされている。そして，判例（大判大4・5・21刑録21輯663頁）は，不法領得の意思の内容につき，「権利者を排除して，他人の物を自己の所有物として，その経済的用法に従い，利用し処分する意思」と解しているところ（近時の判例として最決平16・11・30刑集58巻8号1005頁がある。），この不法領得の意思の内容をどのように解するのかによって丙の窃盗罪あるいは占有離脱物横領罪の成否が異なることとなるから，不法領得の意思について，その概念を述べるだけでなく，その内容にも踏み込んで論述し，これに丙の意思を当てはめて，丙に不法領得の意思を認めることができるのかを論ずることが肝要である。本件のようないわゆる刑務所志願の事案については，下級審の裁判例でも結論が分かれているところであり，いずれの結論を採るにしても，自らが提示した不法領得の意思の概念を踏まえて事実を当てはめて結論することが求められている。仮に，丙について不法領得の意思を否定した場合には，毀棄罪，具体的には器物損壊罪の成否を論ずることが必要である。

なお，丙に窃盗罪あるいは器物損壊罪が成立するとした場合，丙は，その事実を直ちに交番の警察官に申告していることから，自首の成否が問題となり得るところである。

1 出題の趣旨について

既に公表した出題の趣旨のとおりである。

2 採点の基本方針等

本問では，具体的事例に基づいて甲乙丙それぞれの罪責を問うことによって，刑法総論・各論の基本的な知識と問題点についての理解の有無・程度，事実関係を的確に分析・評価し，具体的事実に法規範を適用する能力，結論の具体的妥当性，その結論に至るまでの法的思考過程の論理性を総合的に評価することを基本方針として採点に当たった。

すなわち，本問では，甲は，Ａ社の新薬開発部の部長として自らが管理していた同社の新薬の製造方法が記載された書類（以下「新薬の書類」という。）を持ち出すよう乙から働きかけられ，所属部署を異動した後，新薬の書類を後任部長に無断で持ち出して，これを自己のかばん（以下「甲のかばん」という。）に入れて乙の元に届ける途中，新薬の書類在中の甲のかばんを丙によって持ち去られたが，近くをたまたま通りかかったＣが持っていたかばん（以下「Ｃのかばん」という。）を甲のかばんと誤解して，ＣのかばんをＣから奪い取り，Ｃに傷害を負わせたという具体的事例について，甲乙丙それぞれの罪責を問うものであるところ，これらの事実関係を法的に分析した上で，事案の解決に必要な範囲で法解釈論を展開し，事実を具体的に摘示しつつ法規範への当てはめを行って妥当な結論を導くこと，さらには，甲乙丙それぞれの罪責についての結論を導く法的思考過程が相互に論理性を保ったものであることが求められる。

甲乙丙それぞれの罪責を検討するに当たっては，甲乙丙それぞれの行為や侵害された法益等に着目した上で，どのような犯罪の成否が問題となるのかを判断し，各犯罪の構成要件要素を一つ一つ吟味し，これに問題文に現れている事実を丁寧に拾い出して当てはめ，犯罪の成否を検討することになる。ただし，論じるべき点が多岐にわたることから，事実認定上又は法律解釈上の重要な事項については手厚く論じる一方で，必ずしも重要とはいえない事項については，簡潔な論述で済ませるなど，答案全体のバランスを考えた構成を工夫することも必要である。

出題の趣旨でも示したように，甲の罪責の検討に当たっては，まず，Ａ社新薬開発部の部屋に立ち入り，新薬の書類を持ち出した行為に関して，前提として，建造物侵入罪の成否を論じた上，甲の立場の変更を踏まえて，新薬の書類に係る占有の帰属を論ずる必要があった。また，Ｃのかばんを奪い取って，その際にＣに傷害を負わせた行為に関しては，一つ目として，甲がＣのかばんを甲のかばんと誤解している点について，構成要件該当事実の認識の有無を当該犯罪の保護法益を踏まえて論ずることが必要となり，二つ目として，甲がＣから甲のかばんを盗まれたと誤解している点について，違法性阻却事由に関する事実の錯誤を論ずる必要がある。そして，三つ目として，Ｃに傷害を負わせている点について過剰性の有無に触れる必要がある。

乙の罪責の検討においては，前提として，乙が何らの実行行為を行っていないことから，共謀共同正犯の肯否について簡潔に論じた上，乙の行為が共同正犯となり得るのか，教唆犯の成否が問題となるにとどまるのかを，両者の区別基準について論じ，問題文の事実をその基準に当てはめるこ

とが求められていた。その上で，新薬開発部長であった甲に対して，その管理に係る新薬の書類を持ち出すよう働きかけた乙の行為と，管理外にある新薬の書類を持ち出した甲の行為との間の因果性に触れる必要があった。そして，上記因果性が認められることを前提として，乙の故意の問題，すなわち，乙は，甲がその管理に係る新薬の書類を持ち出すものと認識していたところ，甲がその管理外の新薬の書類を持ち出したことから，認識と事実との間に構成要件にまたがるそごがあることになり，抽象的事実の錯誤の問題を処理する必要がある。想定される罪名は，業務上横領罪と窃盗罪であるが，認識と事実が異なる構成要件にまたがる場合であっても，両罪の実質的重なり合いの有無によって処理するのが判例の立場である。ただし，業務上横領罪と窃盗罪の重なり合いについて判断した判例はないことから，いずれの結論を採るにせよ，重なり合いについてどのように判断するのかを各自の基準を立てた上で，問題文の事実を当てはめるという論述が求められていた。

丙の罪責の検討に当たっては，窃盗罪の成否が問題となるところ，まず，甲のかばんに対する占有の帰属について，占有の要件を指摘した上で，問題文の中に丙が甲のかばんを持ち出した際の占有関係に関する事実をその要件に則して拾い出すことが求められ，次に，不法領得の意思について，その要否やその意義を示した上，丙に不法領得の意思が認められるかをその意義と矛盾なく説明することが求められていた。また，不法領得の意思を否定した場合でも，直ちに，丙に犯罪が成立しないとするのではなく，不法領得の意思の要否が問題となる理由に立ち返り，毀棄罪の成否を更に検討することが求められていた。

3 採点実感等

各考査委員から寄せられた意見や感想をまとめると，以下のとおりである。

(1) 全体について

本問は，前記2のとおり，特に，甲の罪責を論ずるに当たって，各論点の体系的な位置付けを明確に意識した上，厚く論ずべきものと簡潔に論ずべきものを選別し，手際よく論じていく必要があった。すなわち，甲乙丙の罪責を論ずるに当たって検討すべき論点には，重要性の点において軽重があり，重要度に応じて論ずる必要があったが，そのような重要度を考慮することなく，本問において必ずしも重要とはいえない論点に多くを費やすなどしている答案も見受けられた。

また，本問を論ずるに当たって必要とされる論点全てに触れた答案は少数にとどまり，後述するとおり，甲の罪責について，刑法を体系的に理解することができていれば，必ず触れることができたであろう論点を落としている答案が多かった。ただし，例年に比べると，途中答案となってしまった答案は少なかったように思われた。

さらに，法的三段論法の意識に乏しい答案も散見された。すなわち，甲乙丙の罪責を論ずるに当たっては，客観的構成要件該当性，主観的構成要件該当性，あるいは急迫不正の侵害の有無等を論ずる必要があるところ，そのためには，検討が必要となるそれぞれの規範を述べた上，事実を指摘して，これを当てはめる必要がある。この法的三段論法を意識せず，事実を抜き出して，いきなり当てはめるという答案が散見され，法的三段論法の重要性についての意識が乏しいのではないかと思われた。もとより，前記のように重要度に応じて記述する必要があるから，全ての論述について形式的にも法的三段論法を踏む必要はないが，少なくとも，規範定立を意識した答案が望まれる。

(2) 甲の罪責について

甲の罪責を検討するに当たって論ずべきものと思われる点は，①建造物侵入罪の成否，②新薬の書類に係る窃盗罪ないし業務上横領罪の成否，③Cのかばんに係る強盗（致傷）罪ないし窃盗罪の成否，④Cに対する傷害罪の成否である。

　まず，建造物侵入罪については触れていない答案が相当数あった一方，その成否を延々と論ずる答案が見られた。建造物侵入罪の成否の結論はともかく，部員のいなくなった隙を見計らって新薬開発部の部屋に立ち入るという甲の行為が同罪に該当するか否かを簡潔に論ずることが求められていた。建造物侵入罪を論じている答案の中には，「侵入」の意義を示すことなく，単に事実を挙げるのみにとどまるものも散見された。また，「住居」侵入罪の成否として論じているものも見受けられ，法的概念についての理解が不十分なのではないかと考えられた。

　次に，②の点であるが，窃盗罪とする答案，業務上横領罪とする答案の両様があった。窃盗罪とする答案の中には，新薬の書類に対する占有の主体について，これを金庫において管理している新薬開発部長であるとした上で，甲が同部長を解任されている以上，金庫の暗証番号を知っていたとしても占有は失われたとして窃盗罪としているものが多かったが，占有の主体をA社とするなど，占有についての理解が不足しているのではないかと思われる答案もあった。また，業務上横領罪とした答案は，新薬開発部部長が占有の主体であるとしつつも，甲が暗証番号を知っていることからその占有は失われないとするものが多数であったが，出題の趣旨でも述べたとおり，後任部長にも新薬の書類に対する占有があることは明らかであって，これを的確に把握できていなかったといえる。さらに，業務上横領罪とした答案の中には，甲が，乙の働きかけに応じ，「分かった。具体的な日にちは言えないが，新薬の書類を年内に渡そう。」と言った時点で横領行為を認めているものも少なからずあった。上記行動が不法領得の意思の発現行為と理解したのであろうが，実行行為についての理解不足をうかがわせるものであった。なお，甲のこの点の罪責を論じるに当たって，業務上横領罪ではないから窃盗罪が成立するなどと結論付ける答案も見られた。比喩的に言えば，A罪とB罪の区別が問題となることもあり得るが，A罪が成立しないから当然B罪が成立するわけではなく，B罪が成立するためには同罪の構成要件に該当することが必要なのであって，その検討が必要であるとの意識が乏しい受験者もいると思われた。

　③の点であるが，まず，Cのかばんの持ち手を引っ張るという甲の行為の検討に当たっては，甲の行為がCの意思の抑圧に向けた暴行といえるかどうかが問題となるが，強盗罪を否定した答案においてもその問題に触れたものはほとんど見受けられなかった。簡単に強盗罪を認めた答案は，ひったくりに関する最高裁判例（最決昭45・12・22刑集24巻13号1882頁）の理解が不十分なのではないかと思われた。

　そして，窃盗罪が成立するにせよ，強盗罪が成立するにせよ，本問では，甲の構成要件該当事実の認識を検討することが求められていた。すなわち，甲は，客観的にはCのかばんを甲のかばんであると誤信しており，かばんに関して言えば，自己のかばんを取り返すという認識であった。そこで，窃盗罪ないし強盗罪における「他人の物」に対する認識が認められるのかを，保護法益論に立ち返って論ずることが求められていた。

　また，甲は，Cが持っていたかばんを甲のかばんと勘違いしただけでなく，Cが甲のかばんを持ち去った窃盗犯人であると認識している。そこで，違法性阻却事由に関する事実の錯誤，いわゆる誤想防衛の成否が問題となるところ，甲が急迫不正の侵害の認識を有していた否かは，甲の認識があったものと仮定して急迫不正の侵害といえるかどうかを検討する必要があった。その際，

窃盗罪の既遂時期と侵害の急迫性の終了時期は必ずしも一致しないことを意識した論述が期待されていたが、そのような答案はほとんどなかった。

急迫不正の侵害に対する誤信を肯定した答案は、誤想防衛ないし誤想過剰防衛について論じていたが、その際、必要性、相当性に触れて結論を出しているものが多かった。また、必要性、相当性を肯定し、誤想防衛の成立を認めた後、甲が安易に急迫不正の侵害を誤信したことについて過失犯の成否を論じている答案も少なからずあった。他方、侵害の急迫性を否定し、自救行為として論じた答案は、自救行為が正当防衛よりも厳しい要件の下で認められるという意識に乏しいものが多かったように思われる。自救行為は認められないとして簡単に故意を認めてしまったものも多かった。

防衛行為ないし自救行為の必要性、相当性の判断に当たっては、これらの要件が具体的に何を意味するのかに触れることなく、事実を挙げて、単に「相当性がある。」、「相当性がない。」と結論付けている答案も散見された。また、相当性の判断において、甲が結果的にCに傷害を負わせたことを重視して過剰性を認めている答案については、結果のみにとらわれているのではないかという印象を受けた。

本問では、このように構成要件該当事実の認識の問題と、違法性阻却事由に関する錯誤の問題の双方を論ずる必要があったが、窃盗罪ないし強盗罪の故意（構成要件該当事実の認識）について触れた多くの答案は、違法性阻却事由に関する事実の錯誤について触れていないものが多かった一方、後者に言及していた答案は、前者に触れることがないものが多かった。この点は、刑法を体系的に理解していないのではないかと危惧された。

(3) 乙の罪責について

乙については、実行行為を行っていないことから、共謀共同正犯ないし教唆犯の成否が問題となるところ、問題文には検討を要すると考えられる事実が多く記載されているにもかかわらず、それらの事実について検討することなく、教唆犯の成立を認めている答案が少なからずあった。

業務上横領罪と窃盗罪の重なり合いについては、重なり合いに関する判断基準を自分なりに示した上で結論を導き出すことが求められるところ、これを明確に論じた判例がなく難しかったのではないかと思われるが、全体的に、基準を立てようとする姿勢は見受けられた。例えば、保護法益の本質論に立ち返って、両罪の重なり合いについて自分なりの基準（どのような事情を考慮して重なり合いを認めるのかという基準）を立て、具体的に論じている答案があった。他方、基準を立てることなく、単に事実を若干挙げて直ちに結論を述べる答案、一応の基準を立てているものの、占有侵害という点で共通するなどとして横領罪と窃盗罪の重なり合いを認めるといった論旨が一貫していない答案は評価が低いものとならざるを得ない。

(4) 丙の罪責について

丙の罪責を検討するに当たっては、駅待合室に置かれた甲のかばんに甲の占有が及んでいるかどうかについて、具体的な事実を踏まえた論述が求められていた。また、本問では、不法領得の意思が問題となる。

まず、甲のかばんに対する占有関係であるが、占有の要件について明確に論じた上で、その要件に即して、事実を取り上げることができている答案もそれなりにあった。他方、事実はよく取り上げているものの、それが占有のどの要件に位置付けられる事実なのか意識できていない答案、占有の要件に対する意識はあると思われるものの、専ら占有の意思に比重を置いた答案などが

あった。事実を単に羅列するのではなく，その事実が占有の要件との関係でどのような意味を持つのかを意識している答案が評価されることとなる。

不法領得の意思の問題については，その規範を定立し，事実を当てはめて一定の結論に至ることが求められていたところ，定義自体は，判例（大判大４・５・２１刑録２１輯６６３頁）を踏まえて記述されている答案が多かった。本問のような事案の場合，不法領得の意思をどのように考えるのかが問題となり得るところであるが，いずれの結論を採るにせよ，近時の判例（最決平１６・１１・３０刑集５８巻８号１００５頁）を踏まえて，説得的に論じることができた答案は評価が高かった。他方，丙に不法領得の意思は認められないという結論を採る答案の中には，丙の行為が器物損壊罪に該当するか否かの検討にたどり着かず，不法領得の意思を否定することによって直ちに丙は何らの罪責を負わないとしているものもあった。不法領得の意思の要否がなぜ議論となり得るのか，その議論の出発点が理解できていないのではないかと思われた。

(5) その他

例年の指摘であるが，少数ながら，字が乱雑なために判読するのが著しく困難な答案が見られた。時間の余裕がないことは理解できるところであるが，達筆である必要はないものの，採点者に読まれることを意識し，読みやすい字で丁寧に答案を書くことが望まれる。

(6) 答案の水準

以上の採点実感を前提に，「優秀」「良好」「一応の水準」「不良」という四つの答案の水準を示すと，以下のとおりである。

「優秀」と認められる答案とは，本問の事案を的確に分析した上で，本問の出題の趣旨や上記採点の基本方針に示された主要な問題点について検討を加え，成否が問題となる犯罪の構成要件要素等について正確に理解するとともに，必要に応じて法解釈論を展開し，事実を具体的に摘示して当てはめを行い，甲乙丙の刑事責任について妥当な結論を導いている答案である。特に，摘示した具体的事実の持つ意味を論じつつ当てはめを行っている答案は高い評価を受けた。

「良好」な水準に達している答案とは，本問の出題の趣旨及び上記採点の基本方針に示された主要な問題点は理解できており，甲乙丙の刑事責任について妥当な結論を導くことができているものの，一部の問題点についての論述を欠くもの，主要な問題点の検討において，構成要件要素の理解が一部不正確であったり，必要な法解釈論の展開がやや不十分であったり，必要な事実の抽出やその意味付けが部分的に不足していると認められたもの等である。

「一応の水準」に達している答案とは，事案の分析が不十分であったり，複数の主要な問題点についての論述を欠くなどの問題はあるものの，刑法の基本的事柄については一応の理解を示しているような答案である。

「不良」と認められる答案とは，事案の分析がほとんどできていないもの，刑法の基本的概念の理解が不十分であるために，本問の出題の趣旨及び上記採点の基本方針に示された主要な問題点を理解していないもの，事案の解決に関係のない法解釈論を延々と展開しているもの，問題点には気付いているものの結論が著しく妥当でないもの等である。

4 今後の法科大学院教育に求めるもの

刑法の学習においては，総論の理論体系，例えば，実行行為，結果，因果関係，故意等の体系上の位置付けや相互の関係を十分に理解した上，これらを意識しつつ，検討の順序にも十分注意して

論理的に論述することが必要である。

　また，繰り返し指摘しているところであるが，判例学習の際には，単に結論のみを覚えるのではなく，当該判例の具体的事案の内容や結論に至る理論構成等を意識することが必要であり，当該判例が挙げた規範や考慮要素が刑法の体系上どこに位置付けられ，他のどのような事案や場面に当てはまるのかなどについてイメージを持つことが必要であると思われる。

　このような観点から，法科大学院教育においては，引き続き判例の検討等を通して刑法の基本的知識や理解を修得させるとともに，これに基づき，具体的な事案について妥当な解決を導き出す能力を涵養するよう一層努めていただきたい。

第一　甲の罪責

1　Ａ社開発部室から書類を持ち出した点について, 窃盗罪（刑法, 以下略, 235条）が成立しないか。

(1)　窃取とは, 占有者の意思に反して占有を侵害し, 自己または第三者に移転させることをいう。

　　本件では, Ａ社が所有し, 開発部室に保管されていた本件書類の占有を侵害し, 自己に移転させているといえる。

　　書類自体は単なる紙であるが, その価値は記載された情報も加味して考えるべきである。新薬の情報が記載された本件書類は「財物」といってよい。

　　よって, 甲は「財物を窃取した」といえる。

(2)　また, 甲に占有侵害・移転の認識認容があり, 故意が認められる。また, 後述する不法領得の意思にも欠けるところはない。

(3)　よって, 甲には本件書類について窃盗罪が成立する。後述のとおり, 乙との間で共同正犯となる。

2　Ａ社開発部室に立ち入った点について, 建造物侵入罪（130条）が成立しないか。

　　「建造物」とは, 壁・屋根・柱を有し, 人の起居・出入りに適する構造を持つ建築物をいい, Ａ社開発部室が「建造物」に当たることは明らかである。「人が看守する」とは, 事実上の管理支配下にあることをいうが, 同部屋はＡ社の管理支配下にあり「人が看守する」といえる。「侵入」とは, 管理権者の意思に反する立入りをいい, 立入りの態様を問わない。甲は窃盗目的で立ち入っており, Ａ社の意思に反する「侵入」といえる。

　　よって, 甲には建造物侵入罪が成立する。乙と共同正犯となる。

3　Ｃから同人所有のかばんを奪取した点が強盗罪（236条1項）にあたらないか。

(1)　「暴行」とは, 不法な有形力行使のうち, 社会通念上被害者の反抗抑圧に足りる程度のものをいう。具体的には, 身体的条件, 行為態様, 凶器の有無, 被害者の認識, 周囲の状況等を総合考慮する。

(2)　本件では, 甲とＣの体格に大きな差はない。甲は凶器を用いておらず, かばんをつかんで一度だけ引っ張ったに過ぎない。不意打ちというわけでもなかった。場所もホームのような危険な場所ではなく, 助けを呼べる状況であった。

　　よって, 甲の有形力行使は社会通念上被害者の反抗を抑圧する程度のものとはいえず, 「暴行」とはいえない。

　　よって, 強盗罪は成立しない。

4　では, 窃盗罪は成立するか。

(1)　まず, 本件かばんはＣが所有し占有するものであるから, 甲の行為は客観的に「窃取」といえる。

(2)　もっとも, 甲は, 当該かばんは自己の所有物であると認識していたのであり, 故意が認められるかが問題となる。

ア　故意とは, 犯罪事実の認識認容をいう。そこで, 甲の内心を基準として, 甲の行為が犯罪事実といえるか。甲の認識は窃盗犯人からの取り返しである。そこで, 窃盗犯人の占有が窃盗罪の保護法益といえるかが問題となる。

イ　235条は, 第一次的には他人の所有権を保護しているといえる。そして, 242条によってその保護を本権の伴わない事実上の占有にも拡大していると考える。なぜなら, 所有と占有関係が複雑化した現代では, 単な

● 新薬の書類に対する甲の占有は喪失したといえるかという問題について, 行為直前に甲が新薬開発部部長を解任されたこと等の具体的事実を摘示して論ずることが求められていた。

● 建造物侵入罪について, 見落とさずに論述できている。

● 建造物侵入罪の成否について,「簡潔」に論述できている。いかに「簡潔」といえども, 各要件の意義を述べずに事実だけ摘示するだけでは, 不十分な論述である。この点, 本答案の論述は「簡潔」な論述の見本となるものである。

● Ｃのかばんを奪い取った甲の行為が強盗罪に該当するか, 窃盗罪に該当するかといういわゆる「ひったくり」の問題について, 本答案は, 重い強盗罪から検討できており, 適切である。

● 甲の錯誤が「他人の財物」(235Ⅰ) に関するものであることを捉えられており, 窃盗罪の保護法益との関係で結論を導くことができている。

る占有も保護する必要があるし，自力救済が否定される以上その合理性もあるからである。

　　よって，窃盗犯人の占有も窃盗罪で保護されるべきであり，その占有を侵害・移転する行為は「窃取」といえる。

　　甲には犯罪事実の認識・認容があるといえ，故意が認められる。

(3)　もっとも，甲の内心では窃盗犯人からの即時の取り戻しであり，正当防衛の認識があるとも考えられる。

ア　故意責任の本質は，反対動機の形成可能性にある。そして，犯罪事実の認識があっても，違法性阻却事由の認識がある場合には反対動機形成は不可能である。したがって，違法性阻却事由を認識していた場合，故意が阻却されると考える。

● 「故意責任が認められる理由」を示して，違法性阻却事由の認識（誤想防衛，誤想自救行為）が故意責任にどのように影響するのかを論じることができている。

イ　では，甲の内心を基準として正当防衛状況にあったといえるか。

　　「急迫不正の侵害」とは，違法な法益侵害が現在するか間近に差し迫っていることをいう。そして，窃盗犯人が窃取を終えた場合であっても，「急迫不正」といいうる場合があると解する。

　　本件では，Ｃはかばんの占有を取得しており，窃取を完了している。そして，窃取後１分たっており，待合室を出て改札を越えてしまっている。すでにＣは占有を確実なものにしたといえ，「急迫不正の侵害」はないというべきである。

● 窃盗の既遂時期と侵害の急迫性の終了時期は必ずしも一致しないことを意識して，侵害の急迫性の有無を適切に論じており，出題趣旨に合致している。

　　よって，甲に「急迫不正の侵害」の認識はなく，正当防衛の認識はない。

ウ　もっとも，窃盗犯からの取り戻しの場合，自救行為として違法性阻却される余地がある。そして，取り返しという正当な目的のもと，緊急性及び相当性が認められる場合には自救行為が成立し，違法性が阻却されると解する。

● 何の違法性阻却事由に該当するのか，という点に着目して検討したことにより，丁寧な論述ができたものと思われる。本答案の検討の流れも，本問において「正当防衛の『急迫性』を否定した場合には誤解によって自救行為と認識していた場合の問題となる」という出題趣旨に沿ったものとなっている。

　　本件では，甲は取り戻し目的ではあるが，周囲に人が多くいる駅の通路であるから，駅員を呼ぶなどの行為が可能である。突然かばんを奪取し，Ｃを負傷させる行為は相当とはいえない。

　　よって，甲の内心を基準にしても自救行為として違法性阻却されない。

エ　以上より，甲の故意は阻却されない。

(4)　甲には，Ｃのかばんに対する窃盗罪が成立する。

5　また，甲はＣに加療１週間の「傷害」を負わせており，傷害罪（204条）が成立する。

● 傷害罪についても違法性阻却事由の錯誤が問題となる。

6　以上より，甲には①Ａ社書類の窃盗罪の共同正犯，②Ａ社開発部室への建造物侵入罪の共同正犯，③Ｃのかばんへの窃盗罪，④Ｃへの傷害罪が成立する。①②は通例目的手段の関係に立ち牽連犯（54条1項後段）となり，③④は社会通念上一個の行為から生じており観念的競合となる（54条1項前段）。①②と③④は併合罪（45条前段）となる。

● 誰に対して，どのような犯罪が成立するのか，という点が明確に論述された罪数処理になっている。

第二　乙の罪責

1　甲の行ったＡ社書類の持ち出しについて，甲との間で窃盗罪の共同正犯（60条，235条）が成立しないか。

(1)　乙はなんら実行行為を分担していない。しかし，共同正犯の処罰根拠は，結果に対し因果性を及ぼす点にあり実行行為の分担にはない上，60条を「共同して」その中の誰かが「実行した」と解釈することも可能である。よって，乙のような者についても「共同」「実行」が認められれば，共同正犯が成立する。

(2)　「共同して」とは，正犯意思をもって，相互的意思連絡を形成すること，すなわち共謀の成立をいう。

● 共謀共同正犯の肯否について，形式的理由・実質的理由を述べて簡潔に論述することができている。

ア　乙は，新薬開発情報が記載された本件書類を手に入れて自らの利益を図ろうとしている。また，自ら甲に犯罪を持ちかけており，積極性が認められる。甲への報酬３００万円も用意しており，乙には正犯意思が認められる。

イ　そして，乙が甲に書類の持ち出しを提案し，それに対して甲は「わかった」と了解しており，甲と乙の間に本件書類の持ち出しについて相互的意思連絡が形成されたといえる。

ウ　では，乙に共謀成立の前提としていかなる故意が認められるか。乙の内心ではA社開発部長甲が自ら管理していた書類の持ち出し行為であるから，業務上横領（253条）の故意が問題となる。

（ア）「業務」とは，委託を受け財物保管の業務を反復継続して行うことをいう。A社開発部長はA社の委託を受け，同部を指揮監督し，書類等を保管するから「業務」である。

（イ）また，A社開発部長はA社から委託を受けているといえる。

（ウ）そして，開発部長は開発部の業務全般を指揮監督し，書類を管理するから，A社から全面的管理処分権を与えられているといえる。よって，本件書類の「占有」が認められる。

（エ）「横領」行為とは，委託の任務に背いた権限逸脱行為であり，不法領得の意思を発現する一切の行為をいう。A社開発部の新薬に関する情報が記載された書類をライバル会社に持ち込めば，A社に大きな損害をもたらす。よって，「横領」行為を行う認識があるといえる。
　　以上より，乙には業務上横領罪の故意が認められる。

(3)　では，「実行」したといえるか。結果に対する重大な寄与，および共謀に基づいた共犯者による実行行為が必要となる。

ア　まず，乙は前述のとおり犯罪実現に大きな利益を有し，甲に犯罪を持ちかけ報酬も用意しているから，重大な寄与が認められる。

イ　もっとも，甲は窃盗罪を行っているから，共謀に基づく行為といえるかが問題となる。これは因果性が及んでいるか否かの問題であり，具体的には，日時，場所，行為態様等の事情を総合考慮して判断する。
　　甲の行為は窃盗罪ではあるが，A社開発部室から本件書類を持ち出すという当初の予定通りの行為を行った点に違いはない。また，甲が所属変更があった場合等は犯罪を中止するといった取り決めもなく，甲の報告に乙も動揺しておらず予定通りであったことをうかがわせる。
　　よって，甲の行為は甲乙の共謀に基づいた実行行為といえる。よって，「実行」したといえる。

(4)　以上より，乙は業務上横領罪の故意で窃盗罪を実現させたことになる。

ア　故意責任の本質は，反対動機形成可能性にあり，構成要件の範囲内の認識にずれがあっても反対動機形成は可能である。したがって，両構成要件に重なり合いがあれば，その限度で故意責任を問うことも可能である。構成要件の重要部分は行為と結果であるから，行為態様および保護法益の共通性により重なり合いを判断する。
　　検討すると，占有移転があるか否かの違いはあるが，領得という点で行為態様は共通する。また，財物の所有権を保護する点で保護法益も共通している。よって，軽い窃盗罪の限度で重なり合いが認められるといえる。

イ　しかし，仮に所属変更がなく甲が業務上の占有者であった場合，65条が適用される。同条は1項が真正身分を，2項が不真正身分を定めたものといえる。文言に忠実かつ基準が明確だからである。その場合，乙には6

● 甲乙間の共謀の成立時点では，甲は実際に新薬の書類を業務上管理しており，乙の故意は業務上横領罪の故意であったことを丁寧に論述している。

● 全体の分量を考えると，業務上横領罪の故意を認定するために，ここまで詳細に客観的要件に関する検討を行う必要はないと思われる。

● 甲の窃盗行為に共謀の因果性が及んでいるか，すなわち，乙の持ち掛け（業務上横領）と甲の行為（窃盗）との間に因果性が認められるかという問題について言及し，具体的事実を摘示して因果性を肯定しており，出題趣旨に合致した論述となっている。

● 構成要件を異にする抽象的事実の錯誤の問題であることを指摘し，処理の基準も適切に定立できている。

● 窃盗罪には罰金刑が定められていることを踏まえた論述が求められていた。

● 出題趣旨にいう「甲が業務上横領罪を犯した場合，刑法65条の規定によって，乙には単純横領罪が成立するか，少なくとも同罪で科刑され

５条１項２項により，横領罪の共同正犯が成立することになる。甲が実際に身分者であった場合のほうが軽く処罰されるというのは不当である。

ここで，業務上横領罪における業務者とは，属人的な身分であり故意の内容にはならないと考える。

したがって，乙は横領罪の故意で窃盗罪を実現したと考えるべきである。上記のとおり，横領と窃盗は行為態様・保護法益の共通性があるから，軽い横領罪の限度で構成要件に重なり合いが認められる。よって，乙には横領罪の共同正犯が成立する。この場合，実際に行っていない横領罪を成立させることになるが，３８条２項がその成立を認めているから，罪刑法定主義違反にはならない。

(5) 以上より，乙には甲との間で横領罪の共同正犯が成立する。共同正犯は個人現象の集積であり，行為の共同に本質があるから，共犯者間に異なる犯罪の共同正犯も成立する。

2 甲の建造物侵入も甲乙の共謀に基づいて実行されたといえるから，乙には建造物侵入罪の共同正犯も成立する。

3 甲によるＣのかばんに対する窃盗罪，傷害罪は共謀とは無関係になされているから，乙は責任を負わない。

4 以上より，乙には横領罪の共同正犯，建造物侵入罪の共同正犯が成立するが，両者は牽連犯となる。

第三 丙の罪責

1 丙に甲のかばんに対する窃盗罪が成立しないか。

(1) 窃取が認められるか。甲にかばんの占有があったといえるかが問題となる。

ア 占有の有無は，客観的な支配状況および占有意思を考慮して社会通念に従い判断する必要がある。具体的には，財物の形状，重さ等の特徴，置かれた場所，財物と占有者の場所的離隔の程度等を総合考慮する。

イ まず，本件かばんはＡ３サイズの書類が入る程度のサイズであり，持ち運びや隠匿は容易である。本件当時，かばんには本件書類以外のものが入っていた事情はなく，かばんは軽かったと考えられる。

置かれた場所はＢ駅の待合室であり，誰でも入れる構造で，ガラス張りの開放的な空間であった。財物への現実の支配は喪失しやすい場所であったといえる。

しかし，当該待合室は外から中の様子をうかがうことができ，甲のいた自動券売機からかばんの置いてあったベンチを見渡すことは容易にできたといえる。また，甲とかばんの距離は２０メートル程度で，時間にして１分程度であり，甲はかばんの現実の支配，握持を即時かつ容易に回復できる状況にあったといえる。

また，待合室の構造からベンチに荷物を置いて切符を買いにいく人は多いと考えられ，かばんについて占有意思が及んでいることも推認される。

以上より，甲は本件かばんの占有をいまだ失っていなかったといえる。

ウ 丙の行為は，甲の占有を侵害し自己に移転させる「窃取」行為といえる。

(2) 丙は，甲の占有を認識しており，故意も認められる。

(3) もっとも，丙に不法領得の意思が欠けるのではないか。

ア 不法領得の意思とは，権利者を排除し，財物の用法に従って利用処分する意思をいう。権利者排除意思は，窃盗既遂後の事情を考慮して一時使用と可罰的な占有侵害を区別することができない以上，必要である。利用処分意思も，法益侵害の程度の大きい毀棄罪が領得罪より重く処罰されるこ

ることとなるので，異なる構成要件間の重なり合いを論ずるに当たって，業務上横領罪と窃盗罪の比較ではなく，単純横領罪と窃盗罪を比較するという考え方」とは，甲が身分者でない場合よりも実際に身分者であった場合の方が，乙が軽く処罰され均衡を欠くという問題意識に基づくものである。本答案は，その問題意識に気付き，筋道立てて結論を導くことができている。もっとも，「業務者とは，……故意の内容にはならない」との論述は誤りである。また，以前に「業務」を故意の内容として検討していることと矛盾する。

● 他の罪との共犯関係についても，漏れなく検討できている。

● 占有の要件（占有の事実及び占有の意思）に即して，必要かつ十分な事実を整理するという出題趣旨に沿う論述となっている。自己の定立した占有の有無を判断する規範と当てはめもきちんと対応しており，摘示した事実に対する評価も適切に行われている。

とを説明するために必要となる。

イ　本件では，丙に権利者排除意思があることは明らかである。しかし，丙はかばんを警察官に提出して逮捕される目的だったのであり，かばんから直接に利益を得る意思はない。また，用法も例外的なものである。よって，利用処分意思は認められない。

(4)　以上より，丙には不法領得の意思がなく，窃盗罪は成立しない。

2　もっとも，器物損壊罪（261条）の成立が考えられる。

本件かばんは，同罪の客体にあたる。そして，「損壊」とは財物の効用を害する一切の行為をいい，財物の隠匿もこれに含まれる。丙の行為は，かばんを持ち去って甲の発見を困難にしてかばんの効用を害する隠匿にあたる。

よって，丙は「損壊」したといえ，器物損壊罪が成立する。

以　上

※　実際の答案は8頁以内におさまっています。

● 本答案は，丙の利用処分意思について，「かばんから直接に利益を得る意思はない」として不法領得の意思を否定しており，判例（最決平16.11.30／百選Ⅱ［第7版］〔31〕）を意識したものとなっている。

● 不法領得の意思のうち，利用処分意思は毀棄罪との区別のために必要と解されている。そして，丙に利用処分意思がないとして不法領得の意思を否定した場合には，丙に毀棄罪が成立するかを続けて検討する必要がある。この点，本答案は，丙に器物損壊罪が成立するかを忘れずに検討することができている。

第1 甲の罪責
1 新薬の書類を持ち出した行為について
(1) かかる行為につき, 業務上横領罪 (253) が成立しないか検討する。
ア まず,「自己の占有する」にあたることが必要であるが, 横領罪の本質は, 委託信任関係を害して本権を侵害することにあるから,「占有」とは, 濫用の恐れのある支配力で足り, 事実上のみならず法律上の占有も含まれ, 委託信任に基づくものであることが必要と解する。
イ 本件書類は, 部長席の後方にある暗証番号付の金庫で保管されており, 甲は常時金庫を監視できる位置におり, 暗証番号を知る甲が金庫内の本件書類を事実上占有していた。さらに, 甲は, 新薬開発部長として新薬の書類を管理する業務に従事しており, その地位に基づき, 本件書類を閲覧・使用等をする権限を有していたといえるから, 法律上の占有があった。
　もっとも, 甲は, 12月3日付けで財務部経理課に所属が変わり, 新薬開発部長の後任の部長に引継ぎを行い, 金庫の暗証番号を伝えている。これによって, 後任の新薬開発部長は, 前述の甲のように, 金庫内の本件書類の事実上及び法律上の占有を取得したといえる。他方, 甲は, 金庫がある新薬開発部の部屋から独立した財務部の部屋で業務を行うこととなっている。そして, A社では各部において業務上の情報等を管理していることからすれば, 本件書類の管理は後任の新薬開発部長に委ねられるものと解される。これらからすると, 甲はいまだ金庫の暗証番号を知っているものの, 本件書類の閲覧・使用等をするには, 後任部長の許可を要し, 新薬開発部にある金庫内の本件文書について, もはや

甲による事実上の支配及び法律上の支配は失われたといえる。
　したがって, 甲が本件書類を持ち出した12月15日の時点では, 本件書類に対し, 甲の「占有」は認められないため, 業務上横領罪は成立しない。
(2) 次に, 窃盗罪 (235条) が成立するか検討する。
ア まず, 本件書類は, A社の所有物であるが, 新薬の製造方法が記載されており, 経済的価値を有する情報が化体されたもので, 財産的価値を有する。したがって,「他人の財物」にあたる。
イ 次に,「窃取」とは, 占有者の意思に反してその占有を排除し, 自己又は第三者に占有を移転させることをいう。そして, 本件書類は, 上述のように, 後任部長が金庫内で保管することによって占有していたところ, 甲は, 後任部長の許可を得ることなく, ライバル会社に所属する乙に渡す目的で, 新薬の書類を金庫から取り出し, 自己のかばんに入れている。これにより, 占有者たる後任部長の意思に反してその占有を排除し, 自己に占有を移転させたといえるから, かばんに入れた時点で,「窃取」にあたる。
ウ 最後に, 不法領得の意思につきみる。不可罰とされる使用窃盗との区別のため, 権利者排除意思が必要であり, また, 毀棄罪との区別のため, 経済的効用に従って利用処分をする意思が必要と解される。
　甲は, 本件書類をライバル会社に所属する乙に渡す目的を有していたが, 本件書類は新薬製造方法という情報が化体されており, かかる情報は機密性を保持して独占的に利用することに経済的価値があり, 競業会社に知られてしまうとその価値が激減してしまうから, かかる情報が化

● 仮に, 甲に占有が認められるとしても, 甲の持ち出し行為は後任部長との共同占有を侵害するものとして, 業務上横領罪ではなく窃盗罪が成立するはずであるが, 窃盗罪を検討する前提として, 甲の(共同)占有を否定するための議論としては, 説得力がある。

● 横領罪の枠組みの中ではあるが, 出題趣旨で求められる新薬の書類に対する甲の占有の有無について,「金庫の暗証番号自体に変更がなく, 甲は, 金庫から新薬の書類を持ち出すことが事実上可能であった」という本問の事情も踏まえて, 厚く検討できている。

● 「他人の財物」該当性についても丁寧に検討されており, 全ての構成要件を的確に検討しようという姿勢が読み取れる。

● 窃盗罪の既遂時期を認定する際には, 財物の形状や行為態様等に着目できると, さらに説得力が増す。

● 不法領得の意思の有無について, 本問の事実関係に即してかなり具体的な評価が加えられているが, 秘密資料のコピー目的での一時持ち出しの事案 (東京地判昭59.6.15等) と

体した本件書類を乙に渡すことは、権利者たるA社を排除することになり、上記目的を有する甲には、権利者排除意思が認められる。また、甲は本件書類を乙に渡すことで、その対価として、３００万円、及び、乙社海外支社の支部長としての地位を得ることを企図しており、本件書類を経済的効用に従って利用処分する意思もある。したがって、不法領得の意思がある。

エ　以上より、窃盗罪が成立する。

2　Cからかばんを取り上げ、Cに傷害を負わせた行為について

(1)ア　上記行為について、強盗致傷罪（２４０条）または窃盗罪・傷害罪（２０４条）のいずれが成立するか、「強盗」（２４０条）に当たるかが問題となる。

この点、強盗罪の本質は、反抗を抑圧するに足りる程度の暴行・脅迫を用いて財物を強取することにあり、「強盗」に当たるには、反抗を抑圧するに足りる程度の「暴行又は脅迫」が用いられている必要がある。

イ　これにつきみると、甲は、Cが持っていたかばんの持ち手をつかんで引っ張り、これによりCを転倒させており、有形力の行使がある。しかし、甲とCは共に男性であり、甲が身長１７０センチメートル・体重７５キログラムであるのに対し、Cも身長１７５センチメートル・体重６５キログラムであり、両者は、体格的にそれほどの差異はなく、身体的な力の強さに著しい差異があるとはいえない。加えて、５３歳である甲は、３５歳のCよりも高齢であり、Cの方が身体的な力に優れていると考えられる。以上からすれば、甲がかばんの持ち手をつかんで引っ張った行為は、Cの反抗を抑圧するに足りる程度とまではいえず、「暴行」

にあたらない。したがって、「強盗」にはあたらず、強盗致傷罪は成立しない。

ウ　そうすると、甲は、「他人の財物」たるCのかばんを引っ張って取り上げ、電車に飛び乗ってCからの追及を免れた時点で、占有者たるCの意思に反してその占有を排除し、自己に占有を移転させたといえ、この時に「窃取」したといえるので、窃盗罪の構成要件に該当する。また、引っ張り行為によりCを転倒させ、手の平の擦り傷という「傷害」を負わせているため、傷害罪の構成要件にも該当する。

(2)　そして、本件かばんは、Cの所有物であり、Cが甲のかばんを盗んだわけではないから、「急迫不正の侵害」もなく、正当防衛（３６条１項）も成立し得ない。

(3)ア　もっとも、甲は、自己のかばんをCが盗んだものと勘違いしており、「急迫不正の侵害」の存在を誤信している。そこで、故意が阻却されないか、いわゆる誤想防衛が問題となる。

イ　この点、故意責任の本質は、規範に直面したにもかかわらず、あえて行為に及んだことに対する道義的非難にあるところ、「急迫不正の侵害」という違法性を基礎づける事実に錯誤がある場合、規範に直面し得ないため、故意が阻却されると解する。ただし、正当防衛の他の要件を充足しなければ、正当防衛は成立せず、規範に直面できたといえるため、他の要件が充足していたかにつき検討する。

ウ　まず、Cによって盗まれた自己のかばんを取り返す意図を有しており、「自己……の権利を防衛するため」にあたる。

次に、「やむを得ずにした」とは、防衛手段として必要かつ相当であ

本問事案は異なるので、ここまで厚く論じる必要はなかったものと考えられる。出題趣旨でも特に触れられていない。

● 反抗を抑圧するに足りる程度の暴行・脅迫か否かの判断要素を提示しておくと、より良かった。

● 甲とCの身体的特徴について詳細に認定できているが、「ひったくり」と強盗に関する判例を意識すれば、生命・身体への危険の有無といった観点から、より充実した当てはめを行うことができた。また、凶器の有無、周囲の状況等、他の要素についても検討できると、さらに説得力が増す論述となった。

● 出題趣旨によれば、甲がCのかばんを甲のかばんと誤解している認識は、「他人の財物」性に係る問題（構成要件該当事実の認識の問題）であることを的確に把握することが求められていた。なお、Cの負った擦り傷が「傷害」であると認定するには、端的に「加療１週間」という事実を摘示すると良い。

● 「故意責任が認められる理由を示し、誤想防衛……が故意責任にどのように影響するのか」を論じることができており、出題趣旨に合致した論述となっている。

● 甲は、Cが自己のかばんを持ち去った窃盗犯人であると誤信している。そこで、誤想防衛の成否が問題となるが、甲が急迫不正の侵害の認識を有していたか否かは、甲の認識

ることを要するところ, 甲は, まずはCに対して口頭でかばんを返すよう要求したが, Cが全く取り合わなかったため, かばんを取り返すには直接これを取り上げる必要があったといえる。そして, 上述のように甲とCは体格的にそれほど差異もなく, 甲による引っ張り行為は, Cに対する強力な有形力の行使とはいえず, 他にCの身体に対する攻撃等は伴っていないことからすれば, かばんを取り返すための必要最小限のものであったといえ, 必要かつ相当であり, 「やむを得ず」にあたる。

エ 以上から, かばんを盗まれたと誤信した甲には, 違法性を基礎づける事実の錯誤があり, 故意が阻却され, 窃盗罪・傷害罪が成立しない。

第2 乙の罪責

1 甲が本件書類を持ち出した行為について, 業務上横領罪の共謀共同正犯 (60条) 又は教唆犯 (61条1項) が成立しないか。

そこで, まず, 乙に正犯意思が認められるか検討する。なぜなら, 正犯意思が認められれば共謀共同正犯の成立の余地があるからである。

乙は, 12月1日に, もともと犯意のなかった甲に対し, 自ら, 書類の持ち出しを持ちかけ, しかも, 現金300万円や支店長の地位という対価を示し, 甲の決意を促すという重大な役割を担っている。加えて, 乙は甲から受け取った書類を活用することで, 自己が会社の経営陣に加わることを企図しており, 自己への経済的利益の帰属を企図している。これらからすれば, 乙は, 自己の犯罪として, 甲による持ち出し行為を実現しようとする正犯意思が認められる。

2(1) そこで, 業務上横領罪の共謀共同正犯が成立しないか検討する。

(2)ア まず, 一部実行全部責任 (60条) の根拠は, 相互利用補充関係の下

● どおりの事実があったものと仮定した場合, それが急迫不正の侵害といえるかどうかを検討する必要がある。本答案は, 甲の認識どおりの事実があったものと仮定せず, 急迫不正の侵害の有無を検討していない点で, 不適切である。

● 甲の罪責について, 罪数処理が行われていない。また, 建造物侵入罪の成否についても検討がない。

● 規範や具体的な考慮要素を提示した上で検討がなされていれば, さらに説得力の増す論述となった。

で犯罪を実現することにあり, 実行行為に及ばない者であっても, ①共謀, ②共謀に基づく他の者の実行行為があれば, 共謀共同正犯 (60条) が成立すると解する。

イ 共謀とは, 相互利用補充関係の下, 特定の犯罪を実現する旨の意思の連絡をいい, 正犯意思を含むものである。

本件では, 12月1日に, 甲・乙間で, 甲が新薬開発部部長として保管している本件書類を持ち出すことの計画がされ, 相互利用補充関係の下, 業務上横領罪を実現する旨の意思の連絡がある。また, 上述のように, 乙に正犯意思も認められる。したがって, 共謀が認められる。

ウ また, 甲は本件書類を持ち出しており, 実行行為もある。

(3)ア もっとも, 甲が持ち出し行為に及んだ12月15日の時点では, 上述のように既に甲は本件書類の占有を失っており, 業務上横領罪ではなく窃盗罪を実現したこととなる。そして, 甲は, 自己の所属が変わったことを乙に告げていないため, 乙との関係では, 当初の業務上横領罪の共謀が存在していたに過ぎないため, 乙に共謀共同正犯が成立するのか問題となる。

イ この点, 一部実行全部責任の根拠は, 相互利用補充関係の下で特定の犯罪を実現することにあるから, 共同正犯は, 原則として, 特定の犯罪を「共同」(60条) して実現するものと解される。

もっとも, 構成要件は行為と保護法益に着目して類型化されたものであり, これらの重なり合いが認められれば, その限度で相互利用補充関係が認められる。

そこで, 構成要件の重なり合う範囲で共同正犯が成立するものと解す

● 共謀共同正犯の肯否を論じる際には, その実質的根拠のみならず, 形式的根拠 (60条の解釈) にも触れて論じると丁寧である。

● 錯誤の問題を検討する前に, 甲乙間の共謀の因果性が甲の窃盗行為に及んでいるかを述べる必要がある。

る。

ウ　窃盗罪は，事実上の占有を保護するものと解されるが，究極的には本権を保護法益とするものといえる。他方，横領罪も，委託信任関係を保護し，究極的には本権を保護法益とするものといえ，両罪は保護法益の重なり合いが認められる。

　また，窃盗罪は占有を移転して本権を害する行為であるが，他方，横領罪も，既に占有はしているが，不法領得意思を発現させて本権を侵害する行為といえ，両罪は行為態様の重なり合いも認められる。

　したがって，窃盗罪と横領罪は，横領罪の範囲で構成要件の重なり合いが認められ，業務上横領罪も同様の関係にあると解する。

　以上からすれば，乙は，業務上横領罪の範囲で甲との相互利用補充関係が認められ得る。

(4)　そして，業務上横領罪は，「占有」を真正身分，「業務上」を不真正身分とする犯罪と解されるところ，非身分者も，身分者の行為を通じて法益侵害を実現し得るから，65条1項の「共犯」には共同正犯も含まれると解され，同条1項は真正身分犯の成立と科刑を，同条2項は不真正身分犯の成立と科刑を定めていると解される。したがって，非身分者たる乙には，65条1項によって，単純横領罪の共謀共同正犯が成立する。

3　丙の罪責

(1)　甲のかばんを持ち去った行為について，窃盗罪が成立しないか検討する。

(2)ア　まず，かばんは，甲の所有物であり，「他人の財物」にあたる。

イ　では，「窃取」にあたるか。かばんに甲の占有が及んでいたかが問題となる。

　この点，占有とは，事実上の支配を意味し，客観的な支配関係及び占有の意思から判断される。

　本件で丙がかばんを持ち出した時点で，甲は待合室から20メートル程度しか離れていない自動券売機前におり，甲がかばんをおいて待合室を出てから僅か1分しか経っておらず，また，待合室には甲の他には丙しかおらず，他の第三者によって占有が取得される余地もなかった。これらからすれば，甲によるかばんに対する客観的な支配関係は失われたとまではいえない。また，甲はかばんを敢えて置いていき，失念していたわけではないから，占有の意思も失われていない。以上からすれば，丙が持ち出した時点において，かばんに対する甲による事実上の支配が及んでおり，甲の占有が認められる。

　したがって，丙がかばんを抱えて待合室を出た時点で，占有者甲の意思に反してその占有を排除し，自己に占有を移転したといえ，「窃取」にあたる。

(3)　では，不法領得意思が認められるか。

　この点，甲の占有を排除している以上，権利者排除意思はある。しかし，丙は，自首をして逮捕・留置されることを企図しており，かばんを売却する等，経済的効用に従った利用処分意思を有していない。よって，不法領得意思を欠くため，窃盗罪は成立せず，丙は罪責を負わない。

以　上

● 出題趣旨では，「業務上横領罪と窃盗罪とは懲役刑については同一の法定刑が定められているものの，窃盗罪には罰金刑が選択刑として規定されていることを踏まえ，そのいずれが軽い罪に当たるのか述べること」が求められていた。

● 通説に従った処理となっている。

● 占有の要件（占有の事実及び占有の意思）に即して，必要かつ十分な事実を整理するという出題趣旨に沿う論述となっている。もっとも，再現答案①のように，占有の有無の具体的な判断基準が提示されておらず，また検討量自体も再現答案①と比較するとやや少なめである。

● 前述のとおり，既遂時期を認定する際には，財物の形状等にも着目できるとさらに説得力が増す。

● 不法領得の意思のうち，利用処分意思は毀棄罪との区別のために必要と解されている。そして，丙に利用処分意思がないとして不法領得の意思を否定した場合には，丙に毀棄罪が成立するかを続けて検討する必要がある。この点，本答案は，「不法領得意思を欠くため，窃盗罪は成立せず，丙は罪責を負わない。」としており，不十分な論述となっている。

第1　甲が新薬の書類を持ち去った行為
1　甲の罪責
　　上記行為について，甲に窃盗罪（刑法（以下省略）235条）が成立
するか，検討する。
(1)　他人の財物
　　新薬の書類には，新薬の情報が記載されているが，情報が書類の形に
化体して有体物となっているので，財物に当たる。
　　また，現代の複雑化した権利関係のもとでは，占有自体が保護に値す
るので，窃盗罪の保護法益には占有も含まれ，「他人の財物」とは他人
の占有する財物をいう。
　　本件では，甲はA社の新薬開発部の元部長であり，新薬の書類の入っ
ている金庫の暗証番号を知っていたものの，甲は財務部経理課に所属が
変わり，後任の部長に暗証番号を伝えており，各部は独立に情報を管理
しているので，甲は新薬の情報を管理する立場になく，新薬の書類の占
有が承継されており，もはや甲には新薬の書類を管理・占有する権限が
ないといえる。
　　とすると，甲は新薬の書類を占有しておらず，A社が占有をしている
から，書類は他人の財物に当たる。
(2)　窃取
　　窃取とは，本人の意思に反する占有移転をいう。本件では，会社の者
に秘密で書類を持ち出しているので，意思に反する占有移転があったと
いえる。そして，A社のビルを出た時点で確定的に占有が移転したとい
えるから，この時点で既遂になる。

● 　甲が新薬の書類が入っている金庫
の暗証番号を知っていたことと，甲
の占有との関係について論じること
ができており，この点で出題趣旨に
合致している。

● 　法人は観念的な存在であることか
ら，事実上の支配である占有の主体
になることはできないとするのが多
数説である。少なくとも，書類の占
有を後任部長ではなく「A社」自体
にあると考える理由を論述する必要
がある。

(3)　故意
　　甲は上記について認識しているので，故意がある。
(4)　不法領得の意思
　　不可罰な使用窃盗，毀棄・隠匿罪との区別のため，不法領得の意思，
すなわち権利者を排除し，他人の物を自己の物として経済的用法に従っ
て利用処分する意思が必要である。
　　本件では，甲は情報をA社に返すつもりはないから権利者排除意思が
認められ，乙に渡して利益を得ようとしているから利用処分意思が認め
られる。
(5)　よって，甲に窃盗罪が成立する。そして，後述のとおり，横領罪の限
度で共同正犯となる。
2　乙の罪責
　　上記甲の行為について，乙に共謀共同正犯（60条）が成立するか，
検討する。
(1)　共謀共同正犯
　　共同正犯の処罰根拠は，特定の犯罪の成立に因果的寄与を及ぼすこと
にあり，実行行為を分担しなくても因果性を及ぼすことができるから，
共謀共同正犯が肯定される。
　　そして，要件としては，①共謀，②重要な因果的寄与，③一部の者に
よる実行が必要である。
　　①については，新薬の書類を持ち去るという窃盗または横領にあたる
行為について共謀をしているので，満たす。
　　②については，本件は乙が新薬の書類の持ち去りを提案したことが発

● 　不法領得の意思に関する論述は，
端的で適切になされている。

● 　共謀共同正犯の肯否を論じる際に
は，その実質的根拠のみならず，形
式的根拠（60条の解釈）にも触れ
て論じると丁寧である。

● 　当初の共謀の内容については，「窃
盗または横領」とするのではなく，
「業務上横領」であったと認定した
方が，共謀の因果性や錯誤の論述を

端となっており，また乙は新薬の情報を手に入れれば，A社のライバル会社で乙が勤めている製薬会社で昇進をすることができ，経営陣に加わることができるという利益を得るから，積極的な関与が推認される。よって，②を満たす。

③については，上記のとおり甲が実行している。

よって，乙は共同正犯たり得る。

(2) 故意

もっとも，乙は甲の所属が変わったことを知らず，新薬の情報は甲が占有・管理しているものと思っていたから，横領（252条）にあたる事実しか認識しておらず，窃盗については故意がないのではないか，問題となる。

この点，故意責任の本質は規範に直面したにもかかわらずあえて行為に及んだことに非難を加えるものであるから，主観と客観が構成要件内で符合していれば故意を認めることができる。そして，異なる構成要件間でも構成要件に実質的な重なり合いがある場合には，その限度で規範に直面しているから，軽い罪の限度で故意が認められる。

窃盗と横領については，行為態様が持ち去るという行為で同一であり，保護法益はいずれも本権を含むから共通しており，両罪は自己が占有する物を客体とするか，他人が占有する物を客体とするかしか違いがないから，構成要件に重なり合いがある。

よって，軽い横領罪の限度で故意が認められる。

(3) よって，乙には，横領罪が成立する。そして，共同正犯とは犯罪を共同するものであるものの，罪名が完全に一致する必要はなく，構成要件

● 錯誤の問題を検討する前に，甲乙間の共謀の因果性が甲の窃盗行為に及んでいるかを述べる必要がある。

● 本答案の「横領」は単純横領罪を指しているが，乙の故意は「業務上横領罪」であるはずである。この点，出題趣旨にあるような問題意識が示されているわけでもなく，乙に「単純横領罪」の故意を認定する点で，再現答案①に劣る。

に重なり合いがある限度で軽い罪の共同正犯が成立するところ，上記のとおり窃盗罪と横領罪には重なり合いがあるから，甲と乙は横領罪の限度で共同正犯となる。

第2 甲が新薬開発部の部屋に立ち入った行為

1 甲の罪責

上記行為について，甲に建造物侵入罪（130条前段）が成立するか。

(1) 建造物

建造物とは，人の起居出入に適する構造を有する土地の定着物をいう。そして，A社の新薬開発部の部屋は建造物に当たる。

(2) 侵入

本罪の保護法益は建造物の管理権にあるから，侵入とは管理権者の意思に反する立ち入りをいう。

本件では，甲はA社の社員であるものの，犯罪目的で立ち入ることは管理権者の意思に反するものであるから，侵入に当たる。

(3) よって，甲に建造物侵入罪が成立する。そして，後述のとおり，乙との共同正犯になる。

2 乙の罪責

上記甲の行為について，乙に共謀共同正犯が成立するか。

本件では，新薬の書類の持ち去りについて共謀している際に，犯罪目的で新薬開発部の部屋に立ち入ることが前提とされていたから，建造物侵入についても当然に予定され，共謀に含まれていたということができる。

そして，重要な因果的寄与については先述のとおり認められる。

また，上記のとおり，甲が実行をしている。

する際にその論理関係が明確になったと思われる。

● 建造物侵入罪の成否については，「A社における各部の部屋の状況等を踏まえ」た検討が求められていたが，この点に関する事実摘示がほとんどなされていない。とはいえ，建造物侵入罪の検討を忘れずに行っている点は評価できる。

よって，乙には建造物侵入罪の甲との共同正犯が成立する。
第3　丙が甲のかばんを持ち去った行為
　上記行為について，丙に甲に対する窃盗罪が成立するか。
1　他人の財物
　　まず，甲のかばんは時価2万円であるから，在中物の如何にかかわら
　ず財物に当たる。
　　そして，他人の財物とは先述のとおり他人の占有する財物を意味する
　ところ，甲のかばんを甲が占有していたか問題となる。占有とは物に対する
　事実上の占有を意味し，占有の意思と占有の事実を加味して判断される。
　　本件では，甲は自動券売機で切符を買うために意図的に待合室にかば
　んを置いていたこと，甲が待合室を出た時点では待合室に他に人がおら
　ず，甲は誰かがかばんを持ち去ることを想定していなかったこと，自動
　券売機から待合室の中が見えないものの，待合室は四方がガラス張りで
　甲は誰かがかばんを持ち去ろうとすれば気付くことができると考えてい
　たと思われることから，甲には占有の意思が認められる。
　　また，自動券売機と待合室は20mしか離れておらず，かばんが持ち
　去られたのは甲が待合室を出てから1分後であることからすれば，短距
　離・短時間しか離れておらず，占有の事実が認められる。
　　よって，甲のかばんは他人の財物に当たる。
2　窃取
　　丙は，待合室から50m離れた交番で警察官にかばんを渡していると
　ころ，この時点で確定的に占有が移転しているといえ，窃取したといえ
　る。

3　故意
　　丙は，上記事実を認識しているから，故意が認められる。
4　不法領得の意思
　　丙は，甲のかばんを警察官に渡すためにかばんを持ち去っているか
　ら，不法領得の意思が認められないのではないか，問題となる。
　　丙は，警察官にかばんを渡したとはいえ，甲に返すつもりまではなか
　ったから，権利者排除意思が認められる。そして，利用処分意思につい
　ては，本件で丙は甲のかばんを自己の犯罪の証拠として持ち去ってお
　り，証拠として利用することもかばんの利用方法として想定できるか
　ら，経済的用法にしたがって利用処分する意思があるといえる。
　　よって，不法領得の意思が認められる。
5　よって，丙には窃盗罪が成立する。
第4　丙が警察官に「甲のかばんを盗んだ」と言った行為
　上記行為について，丙に警察官に対する偽計業務妨害罪（233条後
段）が成立するか。
1　偽計
　　偽計とは，人を欺罔し，または人の不知・錯誤を利用する行為をいう。
　　本件では，丙が甲のかばんを盗んだことは本当であるが，丙はいわゆ
　る志願囚であり，志願囚は正常な刑事手続・捜査活動に支障をきたすも
　のであるから，丙はこの点を欺罔しているといえる。
2　業務
　　業務とは，職業その他社会生活上の地位に基づき反復継続して行う事
　務を意味する。そして，警察官の捜査活動は権力的公務であるが，権力

● 甲のかばんが「時価約2万円」相
当のものであるという，問題文に示
された事実を摘示した上で，甲のか
ばんの「財物」性を認定することが
できている。

● 問題文には，「待合室の奥にある
ベンチに座って甲の様子を見ていた
丙」や「待合室を利用した者は，甲
と丙のみであった」等の記載がある
ため，「甲が待合室を出た時点では
待合室に他に人がおらず」との論述
は事実誤認である。

● 事実の摘示が不正確である。丙が
甲のかばんを持ち去ったのは，「逮
捕されて留置施設で寒さをしのぐ」
ためである。

● 「証拠として利用することもかば
んの利用方法として想定できる」と
いう論述には疑問の余地がある。

● 本問において，丙に偽計業務妨害
罪が成立するかどうかを検討する必
要性は特にない。本答案は丙に窃盗
罪の成立を認めているため，丙に自
首が成立するかどうかが問題にはな
るが，自首が成立しうる行為を捉え
て偽計業務妨害罪の成否を検討する
のは疑問の余地がある。また，「志
願囚は正常な刑事手続・捜査活動に
支障をきたす」とする理由も述べら
れておらず，論理性に乏しい。

的公務でも偽計に対しては無力であるから，業務として保護に値する。
　　よって，警察官の捜査活動は業務に該当する。
　3　妨害
　　本罪は抽象的危険犯であるから，妨害とは妨害するに足りる行為をすれば足りる。
　　本件では，上記のとおり丙は志願囚として正常な刑事手続を害するおそれのある行為をしているから，妨害に該当する。
第5　甲がCのかばんをとり上げ，Cを怪我させた行為
　1　甲の罪責
　　上記行為について，甲に強盗致傷罪（240条前段）が成立するか。
　(1)　強盗が
　　甲はCの持っていたかばんを引っ張ってとり上げているところ，甲は突如かばんをとり上げているからCは反抗する間もなかったと考えられること，甲は53歳，Cは35歳とCの方が若年であるが，甲は170cm・75kg，Cは175cm・65kgと甲の方ががっしりとした体型であると考えられることからすれば，反抗抑圧程度の暴行があったといえる。
　　そして，Cの占有する財物を，Cの意思に反してとり上げ，電車に飛び乗っているから自己に占有移転させており，強取したといえる。
　(2)　負傷させた
　　そして，甲は上記暴行により，Cに加療1週間のけがを負わせているから，負傷させたといえる。
　(3)　自救行為
　　甲は，Cが自己のかばんを盗んだと思い，それを取り返すつもりで上

記行為をしているが，実際にはCの所有物であったのであり，行為態様も相当でないから自救行為が成立する余地はない。
　(4)　違法性阻却事由の錯誤
　　甲は，Cが自己のかばんを盗んだと勘違いし，それを取り返すつもりで上記行為をしているから，違法性を基礎づける事実を認識していないとして故意が阻却されないか問題となるが，客観的に相当でない行為をしており甲もそれを認識している以上，錯誤はなく，故意は阻却されない。
　(5)　よって，甲に強盗致傷罪が成立する。
　2　乙の罪責
　　上記甲の行為について，乙に共同正犯が成立するか。
　　甲と乙が新薬の書類持ち去りについて共謀した際，乙は甲が書類を持ち去られ，それを取り返すために暴行を加えるなどすることは全く想定していなかったと考えられ，この点に共謀の射程は及ばない。
　　よって，この行為について乙に罪は成立しない。
第6　罪数
　甲には，①窃盗罪，②建造物侵入罪，③強盗致傷罪が成立し，①と②は類型的に目的手段の関係にあるから牽連犯（54条1項後段）になり，それと③が併合罪（45条前段）になる。
　乙には，④横領罪，⑤建造物侵入罪が成立し，両罪は類型的に目的手段の関係にあるから牽連犯（54条1項後段）になる。
　丙には，⑥窃盗罪，⑦偽計業務妨害罪が成立し，併合罪となる。
　　　　　　　　　　　　　　　　　　　　　　　　　　　　以　上

● 「ひったくり」に関する判例・学説を理解した上で強盗罪に該当するかどうかの検討が求められていたが，行為態様や身体的特徴のみならず，凶器の有無や周囲の状況等も踏まえて生命・身体への危険の有無に着目した場合，本問の事案において「強取」を認定するには，それ相当の説得力のある論述が必要になる。本答案は，甲がCに「私のかばんを盗んだな。返してくれ。」等と声をかけている点を摘示・評価せず「突如かばんをとり上げているからCは反抗する間もなかった」と認定している点，甲とCの大差のない身体的特徴を重視している点において，説得力に欠けた論述になっている。

● 本問では，甲には2つの誤信がある。すなわち，①Cのかばんを甲のかばんと誤信している点と，②Cが甲のかばんを盗んだと誤信している点である。この点，出題趣旨によれば，①は構成要件該当事実の認識の問題であり（違法性阻却事由に関する錯誤の問題ではない），②は違法性阻却事由に関する事実の認識の問題である。本答案は，上記2つの誤信を区別せず，②の問題として論じている点で，不適切である。

● 本答案が成立させた犯罪に係る罪数処理としては適切である。

第1　甲の罪責
1　甲が新薬開発部の部屋に立ち入った行為
(1)　かかる行為につき刑法（以下略）１３０条前段の建造物侵入罪が成立するか。
(2)　まず，新薬開発部は「建造物」にあたるか。
　　　ここで，同じ建物内の部屋でも管理権が独立して認められている場合は独立して「建造物」にあたると解する。
　　　本件において，新薬開発部はＡ社の本社ビルにあり，他の部から独立した部屋で業務を行っていた。また，新薬開発部は新薬の製造をする部署であるところ，開発された新薬の情報は秘匿性が高いといえる。このことから，新薬開発部の部屋には独立して管理権が認められるといえる。
　　　よって，新薬開発部は「建造物」にあたる。
(3)　そして，「侵入」とは管理権者の意思に反する立ち入りをいう。本件において，新薬開発部に保管されている新薬の書類を盗む意図で新薬開発部の部屋に立ち入る行為は，管理権者の意思に反する立ち入りであり，「侵入」行為にあたる。
(4)　以上より，甲には建造物侵入罪が成立する。
2　甲が新薬の書類を金庫から取り出してかばんへ入れた行為
(1)　かかる行為について，業務上横領罪（２５３条）が成立するか。
　ア　そもそも，甲は本件行為を行った１２月１５日にはすでに新薬開発部の部長ではなく財務部経理課に所属が変わっていることから，「業務上」の占有が認められないのではないか。

　　　ここで，「業務上」の占有とは，社会生活上の地位に基づいて反復・継続して行われる事務で，他人の物を占有・保管することを内容とするものをいう。本件において，甲は１２月３日までは反復継続して本件書類を占有していたといえるが，同日付で所属が変わっている。たしかに甲は金庫の暗証番号を知っていたが，暗証番号が変わっていなかったのは偶然であるといえる。これらのことからすると，甲には「業務上」の占有が認められないといえる。
　イ　よって，甲には業務上横領罪は成立しない。
(2)　では，甲に単純横領罪（２５２条１項）が成立するか。
　ア　まず，本件書類は「他人の物」にあたるか。本件書類は，新薬の製造方法が記載されている。新薬の製造方法は単なる情報であり，情報自体には財物性が認められない。しかし，これが紙に化体されていれば財物性が認められる。本件では書類として新薬の情報が化体されている。よって，本件書類には財物性が認められ，「他人の物」にあたる。
　イ　では，甲は本件書類を「占有」していたといえるか。
　　　ここで横領罪における「占有」とは，濫用のおそれのある支配力を意味する。本件において，甲は金庫の暗証番号を知っており，金庫を開けることができる立場にあった。そして，金庫を開けて本件書類を取り出して他社に売るなどの濫用の危険があった。すなわち，甲は濫用のおそれのある支配力を本件書類に対して有していたといえる。たしかに，甲はもはや新薬開発部に所属しておらず「業務上」の占有はしていないが，暗証番号が変わってお

● 建造物侵入罪については簡潔に論じることが求められているため，各部の部屋の状況等を摘示して簡潔に認定すれば十分である。

● 新薬の情報の秘匿性が高いことと，新薬開発部の部屋に独立した管理権が認められることとは直結しない。

● 「侵入」の意義を論じて適切に当てはめることができている。

● この事情は「占有」の有無の検討で用いるべきであり，「業務上」のものかどうかを検討する実益は見出し難い。

● 出題趣旨によれば，「仮に，新薬の書類に対する甲の占有が失われていないとしても，後任部長にも新薬の書類に対する管理権が存在するとすれば，新薬の書類を持ち去る甲の行為は，共同占有者の占有を侵害することとなる」。したがって，後任部長との関係を論じることなく，窃

らず，これを知っていた事実からすると，「占有」自体は認められる。

ウ　そして，「横領」行為とは，不法領得の意思の発現行為，すなわち委託の趣旨に反して所有者でしかできない処分をすることをいう。

本件において，甲は本件書類の所有者であるA社でしかできない，本件書類をライバル会社の営業部長乙に売る行為としての占有移転行為という処分行為を行っている。甲は財務部経理課に所属が変わっているものの，このような処分行為を行わないことはA社の社員として求められているといえるから，委託の趣旨に反する処分行為といえる。よって，甲の行為は「横領」行為にあたる。

エ　そして，甲には横領行為について故意も認められることから，甲には単純横領罪が成立する。

3　甲がCからかばんを取り上げ，傷害を負わせた行為

(1) かかる行為について強盗致傷罪（240条前段）が成立するか。

ア　そもそも，甲は「強盗」にあたるか。強盗罪（236条1項）における「暴行」があったかが問題となる。

ここで「暴行」とは，相手方の反抗を抑圧するに足りる有形力を行使することをいう。本件で，甲はCのかばんを引っ張ったにすぎず，またCも弾みで転んだにすぎず，反抗を抑圧されているとはいえない。よって，甲は「暴行」を行ったとはいえない。すなわち，甲は240条前段にいう「強盗」にあたらない。

イ　したがって，甲には強盗致傷罪は成立しない。

(2) では，甲に窃盗罪（235条）及び傷害罪（204条）が成立するか。

ア　窃盗罪について

(ア)　Cのかばんは「他人の財物」にあたる。

そして，「窃取」とは相手方の意思に反して財物の占有を自己の下に移転する行為をいう。本件で，甲はCのかばんをCの占有下から甲の占有下に移しており，これはCの意思に反していることから，甲は「窃取」行為を行ったといえる。

(イ)　もっとも，甲はCに自分のかばんを盗まれたと勘違いして本件窃取行為を行っている。これは正当防衛状況を錯誤していたため，誤想防衛として責任故意が否定されないか。

ここで，故意責任の本質は行為者の反規範的人格態度に対する道義的非難にある。そして，違法性阻却事由を基礎付ける事実に錯誤がある場合には，行為者は規範に直面しないといえるため道義的非難ができない。よって，この場合責任故意が否定される。そして，誤想防衛が成立するかは行為者の主観が正当防衛の要件を満たしているかどうかにより判断する。

本件で，甲の主観においては急迫不正の侵害が認められる。また，急迫不正の侵害たる窃盗を避けるために本件行為を行っているため，防衛の意思もある。さらに相当性も認められる。

(ウ)　よって，主観と客観の食い違いがあり，誤想防衛が認められる。よって，責任故意は否定される。

盗罪ではなく横領罪を成立させた点は妥当でない。そもそも，「『業務上』の占有はしていないが，……『占有』自体は認められる」という論述の趣旨が不明である。

● 甲とCの身体的特徴や，ひったくりに関する判例を踏まえた上で，具体的な検討をすることが必要であった。

● 違法性阻却事由の錯誤の問題とは別に，甲がCのかばんを甲のかばんと誤解している認識について，構成要件該当事実の認識の問題であることを的確に把握することが求められていた。

● 甲の主観において急迫不正の侵害が認められるかについては，検討を要する。

● いずれも全く事実が挙げられていない。

● 主観と客観の食い違いがあることによって，誤想防衛が認められると結論付けるのは早計である。

イ　傷害罪
　（ア）　Cは甲の引っ張り行為により転んで手のひらを擦りむき，加療１週間を要する傷害を負い，生理的障害を生じていることから，甲は「傷害」したといえる。
　（イ）　もっとも，前述の窃盗罪での検討と同様に，傷害罪についても誤想防衛が成立する以上，甲には傷害罪が成立しない。
４　罪数
　以上より，甲には建造物侵入罪と単純横領罪が成立し，併合罪となる。
第２　乙の罪責
１　甲が新薬開発部の部屋に立ち入った行為
(1)　かかる行為について，乙に建造物侵入罪の共謀共同正犯が成立するか。ここで共謀共同正犯は，①特定の犯罪を実行する旨の意思連絡と②正犯意思，③他の者の実行が必要である。本件で③は認められる。では①，②はあるか。
　乙は，甲が侵入行為をする前の１２月１日に本件書類を「持ち出して私にください」と言っている。これは，建造物侵入の提案であるといえる。ここで，提案時には甲は新薬開発部の部長であったが，新薬開発部の部長であっても，領得行為をする意思で新薬開発部の部屋に立ち入る行為は建造物侵入罪が成立するといえるから，乙の提案は建造物侵入の提案であるといえる。そして，甲はこれに「分かった」といい，了承している。よって，建造物侵入罪という特定の犯罪を実行する旨の意思連絡がある（①充足）。そして，乙

は甲が侵入行為を行い，書類を領得し自分に渡せば，これを利用して将来経営陣に加わるという利益を有するため，乙には正犯意思があるといえる（②充足）。
(2)　乙には建造物侵入罪の故意も認められることから，乙には建造物侵入罪の共同正犯が成立する。
２　甲が新薬の書類を金庫から取り出してかばんへ入れた行為
(1)　かかる行為について乙に，単純横領罪の共同正犯（６０条，２５２条１項）が成立するか。前記の基準で判断する。
　まず，乙は１２月１日に「書類を持ち出して私に下さい」と言っているが，これには建造物侵入罪のほかに，業務上横領罪の提案も含まれている。そして，業務上横領罪の提案の中には単純横領罪の提案も含まれているといえる。そして，甲は「分かった」といい，これを了承している。よって，単純横領罪の意思連絡が認められる（①充足）。また，乙は本件書類を利用して経営陣に加わるという利益を得ることから，正犯意思が認められる（②充足）。さらに，甲は実際に横領行為を行っている（③充足）。
　したがって，乙は単純横領罪の共同正犯の客観的構成要件を満たす。
(2)　もっとも，乙は業務上横領罪の故意を有していたのみであるが，実際には，甲は単純横領罪を行っている。かかる錯誤がある場合に，乙に単純横領罪の共同正犯が成立するのか。
　ここで，異なる構成要件間の錯誤がある場合は，原則として規範に直面しないから故意が否定される。しかし，構成要件が重なり合う範囲で規範に直面しているといえ，この限りで故意を認めること

● 「生理的障害を生じている」という論述も不正確である。正しくは，「生理的機能に障害が生じている」である。

● 共謀共同正犯の肯否を簡潔でよいので示すべきである。
● 「③他の者の実行」という規範は不正確である。「共謀に基づく」他の者の実行と論述する必要がある。

● 建造物侵入罪の共謀共同正犯の成否について，かなり具体的な検討が加えられている。もっとも，本問では検討を加えるべき問題点が多く，その重要性の点においても軽重あるから，重要度が相対的に小さいと思われる問題点について，紙面を多く割いて検討するのは得策とはいえない。

● 「業務上横領罪の提案の中には単純横領罪の提案も含まれている」の趣旨が不明である。共謀の時点では，甲はまだ新薬開発部部長であるから，共謀の内容は業務上横領罪であって単純横領罪ではない。また，なぜ乙の発言に単純横領罪の提案も含まれているといえるのかも，理由が論じられておらず不明である。ここでは，乙は業務上横領罪の共同正犯の客観的構成要件を満たす旨論述すべきであった。

ができる。

　本件で業務上横領罪と単純横領罪とでは後者の範囲で重なり合いが認められるから、乙にも単純横領罪の故意が認められる。

(3)　以上より、乙には単純横領罪の共同正犯が成立する。

3　甲がCからかばんを取り上げ、傷害を負わせた行為については、甲乙間に意思連絡はなく、窃盗及び傷害罪の共犯は成立しない。

4　罪数

　乙には建造物侵入罪と単純横領罪の共同正犯が成立し、併合罪となる。

第3　丙の罪責

1　丙が甲のかばんを持った行為

(1)　かかる行為について、窃盗罪（235条）が成立しないか。まず、甲のかばんには新薬の情報が化体された本件書類が入っており、甲のかばんは「他人の財物」にあたる。では、丙はこれを「窃取」したといえるか。甲がかばんを占有していたかが問題となる。

　ここで、窃盗罪における占有は事実上の支配をいい、これは支配の事実と支配の意思から判断する。本件で甲のかばんが置かれていた待合室は、自動券売機に向かってたつと中が見えない。このことから、甲のかばんに対する支配の事実が認められないとも思える。しかし、自動券売機と待合室の出入り口とは直線距離で20メートルという短い距離しか離れておらず、走れば3秒ほどでたどり着くことのできる距離にある。また、待合室は四方がガラス張りであり、自動券売機から振り返れば中を見ることもできる。これらの事実からすると、甲のかばんに対する支配の事実は未だ認められる。

● 甲のかばん自体に財物性を認める方が素直である。

● 占有の要件（占有の事実及び占有の意思）に即して、必要かつ十分な事実を整理するという出題趣旨に沿う論述となっている。もっとも、再現答案①のように、占有の有無の具体的な判断基準が提示されていない。

　また、甲は乗車券を買ったらすぐ待合室に戻ってかばんを取る意思であったのであり、かばんを放棄する意思ではなかったのだから支配の意思は認められる。以上から、甲はかばんを事実上支配していたといえ、占有が認められる。

　そして、丙は甲のかばんを甲の意思に反して自己の占有下にいったん置いている。よって、丙は「窃取」したといえる。

(2)　もっとも、丙は逮捕されて留置施設で寒さをしのぐという目的で窃取行為を行っており、かかる行為に不法領得の意思が認められるか。その要否と関連して問題となる。

　まず、①使用窃盗を窃盗罪から除外するため、権利者排除意思が必要である。また、②その利欲犯的性格ゆえに毀棄罪より重く処罰されるものであるため、利用処分意思が必要である。本件で丙は、かばんを持って待合室を出ることでかばんの権利者たる甲を排除する意思がある。では、留置施設で寒さをしのぐという目的に利用処分意思があるか。たしかに、丙はかばんを売って金銭を得るという意思がなく経済的な利用処分意思が認められないとも思える。しかし、丙は留置施設に入り寒さをしのぐことで防寒費を抑えるという経済的利益を得ることができる以上、かかる目的も利用処分意思に含まれるといえる。よって、丙には不法領得の意思が認められる。

2　丙には窃盗の故意もあることから、丙には窃盗罪が成立する。

以　上

● 利用処分意思が認められるためには、財物自体から生じる何らかの効用を享受する意思が必要であり、財産的利得を得るための手段の1つとして窃取行為に及んでも、不法領得の意思は認められないと解されている（最決平16.11.30／百選Ⅱ［第7版］〔31〕参照）。この点、「防寒費」を抑えるという経済的利益は、甲のかばんから生ずる効用ではない以上、そのような財産的利得を得るための手段として甲のかばんを窃取しても、不法領得の意思を認めることはできないといえる。

平成28年

[刑事系科目]

〔第1問〕（配点：１００）

　以下の事例に基づき，甲，乙，丙及び丁の罪責について，具体的な事実を摘示しつつ論じなさい（特別法違反の点を除く。）。

1　甲（４５歳，男性）は暴力団組織である某組において組長に次ぐ立場にあり，乙（２３歳，男性）及び丙（２０歳，男性）は甲の配下にある同組の組員で，乙は丙の兄貴分であった。甲は，某組の組長から，まとまった金員を工面するように指示を受けていたところ，配下の組員Ａの情報によって，Ａの知人であるＶ（４０歳，男性）が，一人暮らしの自宅において，数百万円の現金を金庫に入れて保管していることを知った。

2　甲は，Ｖの現金を手に入れようと計画し，某年９月１日，乙に対し，「実は，組長からまとまった金を作れと言われている。Ａの知人のＶの自宅には数百万円の現金を入れた金庫があるらしい。Ｖの家に押し入って，Ｖをナイフで脅して，その現金を奪ってこい。奪った現金の３割はお前のものにしていい。」と指示した。乙は，その指示に従うことにちゅうちょを覚えたが，組内で上の立場にいる甲の命令には逆らえないと考えるとともに，分け前も欲しいと思い，甲に対し，「分かりました。」と言った。甲は，乙に対し，現金３万円を渡して，「この金で，Ｖを脅すためのナイフなど必要な物を買って準備しろ。準備した物と実際にやる前には報告をしろ。」と言った。乙は，甲から受け取った現金を使って，玄関扉の開錠道具，果物ナイフ（刃体の長さ約１０センチメートル。以下「ナイフ」という。），奪った現金を入れるためのかばん等を購入した上，甲に対し，準備した物品について報告した。

　その後，乙は，一人で強盗をするのは心細いと思い，丙と一緒に強盗をしようと考えた。乙は，丙に対し，「甲からの指示で，Ｖの家に行って押し込み強盗をやるんだが，一緒にやってくれないか。」と言って甲から指示を受けた内容を説明した上で，「俺がナイフで脅す。それでもＶが抵抗してくるようだったら，お前はＶを痛めつけてくれ。９月１２日午前２時に実行する。その時間にＶの家に来てくれ。お前にも十分分け前をやる。」と言った。しかし，丙は，その日は用事があったことから，乙の頼みを断った。乙は，「仕方ない。一人で何とかなるだろう。」と考え，単独で犯行に及ぶことを決意した。なお，乙は，甲に対し，丙を強盗に誘ったことについては言わなかった。

3　乙は，同月１２日未明，事前に準備したナイフ等を持ってＶ方に向かい，Ｖ方前で甲に電話をかけ，「これからＶ方に入ります。」と伝えた。しかし，甲は，乙からの電話の数時間前に，今回の計画を知った某組の組長から犯行をやめるように命令されていたので，乙に対し，「組長からやめろと言われた。今回の話はなかったことにする。犯行を中止しろ。」と言った。乙は，多

額の現金を入手できる絶好の機会であるし，手元にナイフ等の道具もあることから，甲にそのように言われても，今回の犯行を中止する気にはならなかったが，甲に対し，「分かりました。」とだけ返事をして，その電話を切った。

4　乙は，その電話を切った直後の同日午前2時頃，準備した開錠道具を使用してV方の玄関扉を開錠し，V方に入った。乙は，Vが寝ている部屋（以下「寝室」という。）に行き，ちょうど物音に気付いて起き上がったVに対し，準備したナイフをその顔面付近に突き付け，「金庫はどこにある。開け方も教えろ。怪我をしたくなければ本当のことを言え。」と言った。これに対し，Vが金庫のある場所等を教えなかったため，乙は，Vを痛めつけてその場所等を聞き出そうと考え，Vの顔面を数回蹴り，さらに，Vの右足のふくらはぎ（以下「右ふくらはぎ」という。）をナイフで1回刺した。Vは，乙からそのような暴行を受け，「言うとおりにしないと，更にひどい暴行を受けるかもしれない。」と考えて強い恐怖心を抱き，乙に対し，「金庫は6畳間にあります。鍵は金庫の裏にあります。」と言った。それを聞いた乙は，右ふくらはぎを刺された痛みから床に横たわっているVを寝室に残したまま6畳の部屋（以下「6畳間」という。）に向かった。

5　丙は，予定よりも早く用事が済んだため，兄貴分である乙が強盗するのを手伝おうという気持ちが新たに生じるとともに，分け前がもらえるだろうと考え，V方に行った。丙は，V方の玄関扉が少し開いていたので，同日午前2時20分頃，その玄関からV方に入り，寝室でVが右ふくらはぎから血を流して床に横たわっているのを見た。

　その後，丙は，6畳間にいた乙を見付け，乙に対し，「用事が早く済みました。手伝いますよ。」と言った。乙は，丙に対し，「計画どおりVをナイフで脅したけど，金庫の在りかを教えなかったから，ふくらはぎを刺してやった。あれじゃあ動けねえから，ゆっくり金でも頂くか。お前にも十分分け前はやる。」と言い，丙も，Vは身動きがとれないので簡単に現金を奪うことができるし，分け前をもらえると考えたこともあり，これを了解して「分かりました。」と言った。

　乙は，Vから聞き出した場所にあった鍵を取り出して，これを使って6畳間の金庫の扉を開錠した。そして，乙と丙は，二人で同金庫の中にあった現金500万円を準備したかばんの中に入れ，その後，同日午前2時30分頃，そのかばんを持ってV方から出た。なお，Vは，終始，丙が来たことには気付いていなかった。

　乙は，V方から出た後，某組事務所に行き，甲に対し，言われたとおり犯行を中止した旨の虚偽の報告をした。その後，乙は，Vから奪った現金のうち150万円を丙に分け前として渡し，残りの350万円を自分のものとした。

6　盗みに入る先を探して徘徊中の丁（32歳，男性。なお，甲，乙及び丙とは面識がなかった。）は，同日午前2時40分頃，V方前を通った際，偶然，V方の玄関扉が少し開いているこ

とに気付いた。丁は，Ｖ方の金品を盗もうと考え，その玄関からＶ方に入り，６畳間において，扉の開いた金庫内にＸ銀行のＶ名義のキャッシュカード１枚（以下「本件キャッシュカード」という。）があるのを見付け，これをズボンのポケットに入れた。そして，丁が，更に物色するため寝室に入ったところ，そこには右ふくらはぎから血を流して床に横たわっているＶがいた。丁は，その様子を見て驚いたものの，「ちょうどいい。手に入れたキャッシュカードの暗証番号を聞き出し，現金を引き出そう。」と考え，Ｖに近付いた。

Ｖは，丁に気付き，「何かされるかもしれない。」と考えて，丁に対して恐怖心を抱いた。丁は，横たわっているＶのそばにしゃがみ込んでＶの顔を見たところ，Ｖが恐怖で顔を引きつらせていたので，「強く迫れば，容易に暗証番号を聞き出せる。」と考えた。そこで，丁は，Ｖをにらみ付けながら，「金庫の中にあったキャッシュカードの暗証番号を教えろ。」と強い口調で言った。Ｖは，丁が間近に来たことでおびえていた上，丁からそのように言われ，「言うことを聞かなかったら，先ほどの男にされたようなひどい暴力をまた振るわれるかもしれない。」と考えて，更に強い恐怖心を抱き，丁に対し，「暗証番号は××××です。」と言った。

7　丁は，その暗証番号を覚えると，Ｖ方から逃げ出し，同日午前３時頃，Ｖ方近くの２４時間稼動している現金自動預払機（以下「ＡＴＭ」という。）が設置されたＸ銀行Ｙ支店にその出入口ドアから入り，同ＡＴＭに本件キャッシュカードを挿入した上，その暗証番号を入力して，同ＡＴＭから現金１万円を引き出した。

8　Ｖは，同日午前５時頃，乙から顔面を蹴られたことによる脳内出血が原因で死亡した（なお，乙がＶの右ふくらはぎを刺した行為とＶの死亡とは関連がない。）。

MEMO

【刑事系科目】
〔第1問〕

　本問は，暴力団構成員である乙が，上位の地位にある甲から，Ｖ方に押し入って現金を奪うこと（以下「本件強盗」という。）を指示され，甲から資金提供を受けて開錠道具や果物ナイフ（以下「ナイフ」という。）等必要な道具を購入した後，甲から本件強盗を中止するように言われたものの，これに従わずに前記開錠道具を用いてＶ方に侵入し，Ｖに暴行・脅迫を加えたところ，乙が強盗するのを手伝うために丙がＶ方にやって来たことから，丙と共に現金を奪って逃げた事例と，乙らの逃走後，Ｖ方に侵入した丁が，Ｖのキャッシュカードをポケットに入れた後に血を流して倒れているＶを見付け，同人から同カードの暗証番号を聞き出して逃走し，同カードを用いて現金を引き出すために近くの銀行支店に行き，同支店内において，前記聞き出した暗証番号を使って現金自動預払機（以下「ＡＴＭ」という。）から現金を引き出したという事例（なお，丁の逃走後，Ｖは乙から顔面を蹴られたことによる脳内出血が原因で死亡した。）について，甲乙丙丁それぞれの罪責を検討させることにより，刑事実体法及びその解釈論の知識と理解を問うとともに，具体的な事実関係を分析してそれに法規範を適用する能力及び論理的な思考力や論述力を試すものである。

　以下では，Ｖ方における強盗の実行犯である乙，Ｖ方において乙に加担した丙，乙に本件強盗を指示した甲，その後Ｖ方に侵入した丁の罪責について順に述べることとする。

(1) 乙の罪責

　暴力団組織である某組の構成員である乙は，某年９月１日，同組で組長に次ぐ地位にある甲から，組長からまとまった金を作れと言われているので，Ｖ方金庫内にある数百万円の現金を，Ｖ方に押し入って，Ｖをナイフで脅して奪って来いと指示された上，奪った現金の３割を分け前として与える旨言われた。乙は，当初，逡巡したものの，某組内で上位の地位にある甲からの命令であることや，分け前欲しさから，その命令を受け入れ，その後，甲から渡された現金３万円でＶ方に侵入する際に使う開錠道具，Ｖを脅すために使うナイフ，現金を入れるかばんを購入した上，某組で自身の弟分の地位にある丙に協力を求めたがこれを断られたので，一人でＶ方へ侵入することにした。同月１２日未明，乙は，Ｖ方へ侵入する直前に甲から，本件強盗を中止すると言われたものの，これに従わずに本件強盗を実行し，用意していた開錠道具を用いてＶ方へ入り込んだ上，用意していたナイフを示し，Ｖの顔面を蹴り，Ｖの右足のふくらはぎ（以下「右ふくらはぎ」という。）をナイフで刺すなどしてＶから金庫の場所等を聞き出し，その後，乙が強盗するのを手伝うためにＶ方にやって来た丙と共に金庫内から現金５００万円を取り出して用意していたかばんに入れてＶ方から持ち出し，その後，同現金のうち１５０万円を丙に分け前として渡し，残り３５０万円を自身のものとした。

　まず，乙は，Ｖから現金を奪う目的で，事前に用意した開錠道具を用いてＶ方へ入り込んでいることから，住居侵入罪が成立することを簡潔に指摘する必要がある。

　次に，乙がＶ方金庫内にあった現金を手に入れた行為について，いかなる構成要件に該当するかを確定する必要がある。すなわち，乙は，Ｖに対してナイフを顔面に突き付け，「金庫はどこ

にある。開け方も教えろ。怪我をしたくなければ本当のことを言え。」などと申し向け，それでも金庫の場所等を言わないVから，その場所等を聞き出すためにその顔面を蹴り付け，右ふくらはぎをナイフで刺すなどの有形力を行使していることから，これら乙の行為が強盗罪の暴行・脅迫に該当することにつき，その判断基準や判断要素に関して判例等を意識した上で論じる必要がある。

また，その後Vは死亡しているが，その原因は乙から顔面を蹴られたことによる脳内出血であることから，死亡結果と因果関係のある乙の行為を的確に指摘し，強盗致死罪の成立を論じる必要がある。

そして，罪数についても論じる必要がある。

なお，後に問題となるように，甲について共犯関係の解消を認めると，甲には強盗予備罪が成立することになる。このような結論を採った場合には，乙につき，強盗予備罪の成否，これと強盗致死罪との関係，予備罪の共犯の成否等に関しても的確に論じる必要がある。

(2) 丙の罪責

丙は，某組では乙の弟分の地位にあり，前述のとおり，乙から本件強盗への協力を頼まれたものの，これを実行する日に別の用事があったためにその依頼を断った。しかし，乙が本件強盗を実行する当日である某年9月12日，前記用事が予定よりも早く終わったことから，乙が強盗するのを手伝おうと考え，また，分け前も欲しかったことからV方へ向かい，開いていた玄関からV方内へ入り込んだ。そうしたところ，乙は，V方寝室内の床にVが右ふくらはぎから血を流して横たわっているのを見付け，その後，V方6畳間にいた乙から，乙がVの右ふくらはぎを刺したこと，Vは身動きがとれないので簡単に現金を奪うことができること，分け前をもらえることなどを聞くと，分け前欲しさから，乙を手伝って現金を手に入れることに決めた。その上で丙は，乙と共にV方金庫内から現金500万円を取り出し，これを乙が用意していたかばんの中に入れ，その後，そのかばんを持ってV方から出て，分け前として前記500万円のうち150万円を受け取った。

まず，丙は，乙の強盗行為を手伝う目的で玄関からV方に入り込んでいることから，住居侵入罪が成立することを簡潔に指摘する必要がある。なお，丙の住居侵入罪に関しては，乙との共謀が成立する前のものであり，単独犯となることも端的に指摘する必要がある。

また，丙は，その後，乙と共にV方金庫内にあった現金をV方外へ持ち出しているが，これが容易に可能となったのは，Vが，乙から右ふくらはぎをナイフで刺されて血を流して動けない状態となっていたためであった。既に検討しているように，乙がVの右ふくらはぎをナイフで刺した行為は強盗罪の暴行に該当することから，さらに，丙がVのそのような状況を利用して乙と共に現金を手に入れた行為につき，丙にいかなる犯罪が成立するかを検討する必要がある。

その検討に当たっては，いわゆる承継的共犯の成否を論じる必要があるところ，その際には問題の所在を意識した論述を行う必要がある。すなわち，丙と乙との間の共謀はV方内で成立した現場共謀であることを指摘しつつ，丙が関与する前（共謀成立前）の乙の行為に関して責任を負うことがあり得るのかについて，共犯の処罰根拠を含めて，承継的共犯の問題につき説得的に規範定立を行い，その上で，定立した自説の規範に，具体的な事実を指摘して的確な当てはめを行うことが求められる。

具体的には，承継的共犯について，いわゆる中間説（限定的肯定説）の立場を採った場合には，

丙が乙の先行行為によって生じた状況を自己の犯罪遂行の手段として積極的に利用したか否かを論じる必要がある。この点に関しては，丙が分け前をもらえると考えていたことや，丙はＶが身動きできないので簡単に現金を奪うことができると考えていたことなどの各事実を的確に指摘して結論を導き出すことが求められ，その上で，Ｖの傷害・死亡結果について丙もその責任を負うかにつき，丙が何を利用したのかなどを意識し，理由付けも含め的確に論じることが求められる。

　また，承継的共犯について，いわゆる全面的否定説の立場を採った場合には，丙に窃盗罪が成立することになると考えられる。その結論を導くに当たっては，Ｖは丙が関与する前に既に乙の行為によって反抗を抑圧されており，丙はＶに一切の暴行・脅迫を加えておらず，かつ，Ｖも丙の存在を認識していないことなどの各事実を的確に指摘して説得的に論じることが求められ，さらに，乙とはいかなる範囲で共同正犯が成立するのかをも含め的確に指摘する必要がある。

　なお，丙の罪責に関しては，前述以外にも，乙と丙は強盗罪の実行行為の一部を共同しているとして強盗罪の範囲で共同正犯が成立するとする見解や，丙には窃盗罪の他に強盗罪の幇助犯が成立するとする見解などが存する。

　このように種々の見解が存することから，承継的共犯の規範定立に当たっては，自説のみを論じるのではなく反対説を意識して論述するのが望ましいものといえ，また，承継的共犯に関しては近時の判例（最二決平成２４年１１月６日刑集６６巻１１号１２８１頁）もあることから，その点も意識した論述ができることがより望ましいものといえる。

　そして，罪数についても論じる必要がある。

(3) 甲の罪責

　甲は，暴力団組織である某組の組長に次ぐ地位にあり，同組組長からまとまった現金を工面するように指示を受けていたところ，Ｖが自宅において，数百万円の現金を金庫に入れて保管していることを知り，この現金を手に入れようと計画した上，配下組員の乙に対して，Ｖ方へ押し入り，ナイフで脅してその現金を奪ってくるように指示し，ナイフなど必要な物を購入するための資金として現金３万円を交付した。その後，甲は，乙からナイフなど，同現金で購入した物について報告を受けた後，某年９月１２日未明，乙からこれからＶ方に押し入る旨を告げられた際，乙に対して，組長からの命令として本件強盗を中止するように言った。しかしながら，乙は，これに従わず，準備していたナイフなどを用いて本件強盗を実行し，その後Ｖ方にやってきた丙と共にＶ方から現金５００万円を持ち出して手に入れた。

　まず，甲は，乙に対して本件強盗の実行を持ち掛け，乙はこれを了承しているところ，甲と乙との間に共謀が成立していることを論じる必要がある。その際には，甲が乙に対してＶが金庫内に多額の現金を保管している旨の情報を提供したこと，甲が乙に対してＶから現金を奪う際にはナイフを用いるように指示したこと，甲が乙に対してナイフなど必要な道具を購入するための資金として現金３万円を提供したこと，乙は分け前欲しさもあり甲の指示を了承したこと，乙は甲の配下組員であること，甲はＶから手に入れた金員の７割を手にすることにしていたこと，甲は組長からの指示で現金を手に入れる必要があったことなどの各事実を指摘した上，これらの事実を用いて共謀共同正犯が成立することをその要件を踏まえて論じることが求められる。

　そして，甲は，その後，乙に対して中止するように言ったにもかかわらず乙が本件強盗を実行していることから，甲が乙の実行した本件強盗に関してその責任を負うのか，共犯関係からの離脱が問題となる。これを論じる際には，共犯の処罰根拠を意識した問題の所在の摘示及び規範の

定立が求められる。

　その上で，甲の離脱を認めるか否かに関しては，甲と乙のやりとり（中止指示と乙の了承を前提に，甲が道具の回収指示をしていないこと），甲から渡された現金３万円で乙が用意したナイフや開錠用具，かばんといった道具の重要性，甲が首謀者であること，甲から乙への中止指示が犯行直前であり，かつ，その指示方法も，組長から中止指示を受けて直ちに告げたわけではなく，乙が電話をかけてきた際に告げたものであることなどの各事実を踏まえ，定立した規範にこれら事実を的確に当てはめて結論を導き出す必要がある。その結論としては，心理的因果性は除去されていたとしても物理的因果性が除去されていないとして離脱を認めないとするもの，心理的因果性が除去されていることに重点を置き離脱を認めるものなどがあり得るが，離脱を認める場合には，物理的因果性が残っているにもかかわらず離脱を認めると考えた理由につき事案に即してより説得的に論じることが求められる。

　甲の離脱を認めないとの結論を採った場合には，Ｖが乙の行為により死亡している点に関しても甲がその責任を負うのかを，理由を含めて簡潔に論じる必要がある。さらに，甲と丙との間に共謀が成立するのかについても，いわゆる順次共謀の考え方（判例として最大判昭和３３年５月２８日刑集１２巻８号１７１８頁等がある。）に従って論述することが求められる。なお，この場合において，丙につき承継的共犯を否定して窃盗罪の成立を認めたときには，甲に関して共犯間の錯誤も問題となり得るところである。

　これに対し，甲の離脱を認めるとの結論を採った場合，甲には強盗予備罪が成立するとの結論が導き出される。その場合には，乙との間で強盗予備罪の共同正犯が成立するかを端的に論じる必要がある。さらに，甲に予備罪の中止等も問題となり得るところである。

　そして，罪数についても論じる必要がある。

(4)　丁の罪責

　丁（甲，乙及び丙とは面識がなかった。）は，窃盗に入る先を探して徘徊中，Ｖ方前を通った際に，Ｖ方の玄関扉が少し開いていることに気付いた。そこで丁は，Ｖ方から金品を盗もうと考えてＶ方に入り込み，その後，Ｖ方６畳間にあった扉の開いた金庫内からＸ銀行のＶ名義のキャッシュカード（以下「カード」という。）を取り出して自身のズボンのポケットに入れ，更に物色するためＶ方寝室に行ったところ，そこで右ふくらはぎから血を流して床に横たわっているＶを発見した。丁は，Ｖからカードの暗証番号を聞き出そうと考え，「暗証番号を教えろ」などと強い口調で言ってこれを聞き出し，その後，Ｖ方から逃げ出して，同カードを用いて現金を引き出すために，近くの２４時間稼動しているＡＴＭが設置されているＸ銀行Ｙ支店に出入口ドアから入り，同ＡＴＭに同カードを挿入した上，暗証番号を入力して現金１万円を引き出した。

　まず，丁は，Ｖ方から金品を盗み出す目的で，開いていた玄関扉からＶ方へ入り込んでいることから，住居侵入罪が成立することを簡潔に指摘する必要がある。

　次に，丁がＶのカードをズボンのポケットに入れた点に関しては，その財物性，窃盗罪の既遂時期などについて端的に論じることが求められる。

　さらに，丁は，その後，右ふくらはぎを刺されて横たわっているＶに対し，強い口調で迫ってＶのカードの暗証番号を聞き出しているところ，この行為がいかなる構成要件に該当するかを確定する必要がある。この点に関しては，Ｖのカードの暗証番号が刑法上保護されるべき財産上の利益に該当するか否かに加え（カードとその暗証番号を併せ持つことは財産上の利益に該当する

とした裁判例として東京高判平成２１年１１月１６日判例時報２１０３号１５８頁がある。），丁がＶに申し向けた文言が強盗罪の実行行為としての脅迫に該当するか否かが問題となるところである。その結論としては，暗証番号の利益性を肯定すれば２項強盗罪あるいは２項恐喝罪が，これを否定すれば強要罪等が成立するが，いずれの結論を採ったとしても，問題点を意識した上で，理論的に矛盾なく論じられていることが求められる。

　また，丁が，Ｖのカードを用いて現金を引き出すためにＸ銀行Ｙ支店の出入口ドアから店内に入り，同カードを使ってＡＴＭから現金を引き出した点については，建造物侵入罪及び窃盗罪の各成否に関して，簡潔に論ずる必要がある。

　そして，罪数についても論じる必要がある。

採点実感等に関する意見

1 出題の趣旨について

既に公表した出題の趣旨のとおりである。

2 採点の基本方針等

本問では，比較的長文の具体的事例に基づき甲乙丙丁それぞれの罪責を問うことにより，刑法総論・各論の基本的な知識と問題点についての理解の有無・程度，事実関係を的確に分析・評価し，具体的事実に法規範を適用する能力，結論の妥当性，その結論に至るまでの法的思考過程の論理性等を総合的に評価することを基本方針として採点に当たった。

すなわち，本問は，暴力団構成員である乙が，上位の地位にある甲から，Ｖ方に押し入って現金を奪うこと（以下「本件強盗」という。）を指示され，甲から資金提供を受けて開錠道具や果物ナイフ（以下「ナイフ」という。）等必要な道具を購入した後，甲から本件強盗を中止するように言われたものの，これに従わずに前記開錠道具を用いてＶ方に侵入し，Ｖに対し暴行・脅迫を加えたところ，乙が強盗するのを手伝うために丙がＶ方にやって来たことから，丙と共に現金を奪って逃げたという事例と，乙らの逃走後，Ｖ方に侵入した丁が，Ｖ名義のキャッシュカード（以下「カード」という。）をズボンのポケットに入れた後に右ふくらはぎから血を流して倒れているＶを見付け，Ｖから同カードの暗証番号を聞き出して逃走し，同カードを用いて現金を引き出すために近くのＸ銀行Ｙ支店に行き，同支店内において，前記聞き出した暗証番号を入力して現金自動預払機（以下「ＡＴＭ」という。）から現金を引き出したという事例（なお，丁の逃走後，Ｖは乙から顔面を蹴られたことによる脳内出血が原因で死亡した。）について，甲乙丙丁それぞれの罪責を問うものであるところ，これらの事実関係を法的に分析した上で，事案の解決に必要な範囲で法解釈論を展開し，問題文に現れた事実を具体的に摘示しつつ法規範に当てはめて妥当な結論を導くこと，さらには，甲乙丙丁それぞれの罪責についての結論を導く法的思考過程が相互に論理性を保ったものであることが求められる。

甲乙丙丁それぞれの罪責を検討するに当たっては，それぞれの行為や侵害された法益等に着目した上で，どのような犯罪の成否が問題となるのかを判断し，各犯罪の構成要件要素を検討し，問題文に現れた事実を丁寧に拾い出して当てはめ，犯罪の成否を検討することになる。ただし，論じるべき点が多岐にわたることから，事実認定上又は法律解釈上の重要な事項については手厚く論じる一方で，必ずしも重要とはいえない事項については簡潔な論述で済ませるなど，答案全体のバランスを考えた構成を工夫することも必要である。

出題の趣旨でも示したように，乙の罪責の検討に当たっては，乙が，Ｖ方に侵入し，Ｖに対してナイフを使って暴行・脅迫を加えて怪我をさせた上，Ｖ方から現金を持ち出した行為に関しては，住居侵入罪が成立することを簡潔に論じた上で，まず，乙がＶに対して加えた暴行・脅迫が強盗罪の実行行為に該当することを論じ，さらにその後，Ｖが死亡した点については，死亡結果と因果関係のある乙の行為を的確に指摘し，強盗致死罪が成立する旨を論じることが求められていた。

丙の罪責の検討に当たっては，丙が，Ｖ方に侵入し，乙に加担して，乙と共にＶ方から現金を奪っ

た行為に関して，乙同様，住居侵入罪が成立することを簡潔に論じた上で，承継的共犯の成否を論じることが求められていた。そして，その際には，承継的共犯についての規範を示し，承継的共犯の成立を肯定した場合には，Vの死亡結果についてまで丙が責任を負うのか，承継的共犯の成立を否定した場合には，丙にはいかなる犯罪が成立するのかについて，問題文に現れた事実を前記規範に当てはめて説得的に論じることが求められていた。

甲の罪責の検討に当たっては，まず，甲が何らの実行行為を行っていないことから，共謀共同正犯の肯否を簡潔に論じた上で，問題文に現れた事実を当てはめて甲の共同正犯性を肯定し，次に，甲が乙に対して本件強盗の中止を指示したにもかかわらず乙がこれを実行した点に関して，甲について共犯関係からの離脱が認められるかについてその判断基準を示しつつ論じ，離脱を認めない場合にはVの死亡結果についても甲が責任を負うのかや，丙との共謀の成否について，離脱を認めた場合には甲に強盗予備罪が成立することを指摘した上で，予備罪の共同正犯の成否等について，問題文に現れた事実を的確に当てはめて論じることが求められていた。

丁の罪責の検討に当たっては，丁がV方へ侵入した行為に関して住居侵入罪が成立することを簡潔に論じた上で，V方の金庫内からカードを盗み出した後に，右ふくらはぎから血を流して倒れているVから同カードの暗証番号を聞き出した行為に関して，カードについての窃盗罪の成否，暗証番号の財産上の利益該当性，暗証番号を聞き出した行為の強盗罪の実行行為該当性を，問題文に現れた具体的事実を指摘しつつ論じ，さらにその後，同カードを使ってX銀行Y支店内に設置されたATMから現金を引き出した行為に関して，建造物侵入罪の成否及び窃盗罪の成否を簡潔に論じることが求められていた。

3 採点実感等

各考査委員から寄せられた意見や感想をまとめると，以下のとおりである。

(1) 全体について

本問は，前記2のとおり，論じるべき点が多岐にわたることから，各論点の体系的な位置付けを明確に意識した上，厚く論じるべきものと簡潔に論じるべきものを選別し，手際よく論じる必要があった。すなわち，甲乙丙丁それぞれの罪責を論じるに当たって検討が必要であると思われる論点には，重要性の点において軽重があり，その重要度に応じて論じる必要があったが，これを考慮することなく，必ずしも重要とは思われない論点に論述の多くを費やした答案も見受けられた。

本問を論じるに当たって必要とされている論点全てに触れた少数の答案を含め，総じて，規範定立部分についてはいわゆる論証パターンをそのまま書き写すことに終始しているのではないかと思われるものが多く，論点の正確な理解ができているのかに不安を覚える答案が目に付いた。

法的三段論法については，大多数の答案においては意識されていると思われたものの，中には，問題文に現れた事実を抜き出しただけで，その事実が持つ法的意味を特段論じずに結論を記載するという答案も少なからず見受けられた。前述の論点の正確な理解とも関係するところであり，規範定立を怠らないのは当然としても，結論に至るまでの法的思考過程を論理的に的確に示すことが求められる。

なお，本問で罪責の問われている者は甲乙丙丁と複数のため，答案を構成する際には，各人において論じるべき点の相互関係に留意した上，各人の論じる順序を検討した方がよいと思わ

れたが，ほぼ全ての答案が，乙丙甲丁等，適宜の順に応じて論じることができていた。

(2) 乙の罪責について

乙の罪責を検討するに当たって論じるべきと思われる点は，①住居侵入罪の成否，②Ｖに対する強盗致死罪の成否である。

まず，①の点については，ほとんどの答案で触れられていたが，これを長々と論じる答案も若干ではあるが見受けられた。本問で乙に住居侵入罪が成立することについては特に争いのないところであるため，同罪の保護法益を指摘しつつ事実を当てはめて簡潔に論じることが求められていた。論じるべき点の軽重を的確に判断し，質量ともに適切な論述ができるよう意識すべきである。

次に，②の点については，大多数の答案が，乙がＶに対して加えた，ナイフを顔面付近に突き付けた脅迫行為，顔面を数回蹴った暴行行為，右ふくらはぎをナイフで刺した暴行行為等は，いずれも強盗罪の実行行為に該当するとした上，その後，Ｖが死亡した点に関し，乙が顔面を蹴った行為とＶの死亡結果との因果関係を認め，強盗致死罪が成立するとの結論を的確に導き出すことができていた。

前記暴行・脅迫に関し，これらが強盗罪の実行行為に該当するか否かについて長々と論じる答案も散見されたが，これらの該当性についてはほぼ争いがないと思われるので，強盗罪の実行行為に関する最高裁判例（最二判昭和２４年２月８日刑集３巻２号７５頁等）に従って端的に論じることで十分であるところ，大多数の答案はそれができていた。ところで，本件におけるＶの死亡結果については前記のとおり乙の強盗罪の実行行為たる暴行（顔面を蹴った行為）から生じたものである。それにもかかわらず，強盗の機会性を論じる答案が少なからずあったが，このような答案は，強盗罪についての基本的な理解が不十分であると認められた。

なお，強盗致死罪の成否を論じる前に，強盗予備罪の成否を論じる答案が相当数存在した。これは時系列に沿って犯罪の成否を論じたためだと思われるが，本当にこの点を論じる必要があるかについて的確に意識されていた答案は少数であった。すなわち，後に甲の罪責について検討する中で，甲について共犯関係からの離脱を認め，甲には強盗予備罪が成立するとの結論を採った場合には，乙に関して強盗予備罪の成否を検討しておくことは意味があると思われる。しかしながら，それ以外の場合にまで，この点を論じる意味があったのかについては疑問があるところである。

さらに，乙の罪責に関して，前記以外にも，Ｖの死亡結果に関する乙の殺意の有無を長々と論じる答案や，乙が，甲に対し，Ｖから現金を強奪したことを告げずにこれを丙と分け合ったことについての詐欺罪の成否や横領罪の成否を論じる答案が少数ながら存在した。このうち，殺意については，本問の事実関係からは殺意を認めるのが困難であることは明らかであることから，そもそも本問でこれを論じる必要があるのか，仮にこの点を論じるとしてもどの程度の分量が適切であるのかについて的確に判断すべきであったし，詐欺罪や横領罪の成否については，そもそも本問でこれらを論じる必要があるのかについてやはり的確に判断すべきであった。

(3) 丙の罪責について

丙の罪責を検討するに当たって論じるべきと思われる点は，①住居侵入罪の成否，②乙の強盗行為に途中から加担して現金を手に入れたことに関する承継的共犯の成否である。

まず，①の点については，乙の罪責のところで述べたのと同様に簡潔に論じることが求められ

ていたが，大多数の答案はその旨の論述ができていた。

次に②の点については，承継的共犯についての問題の所在を意識しつつ，的確な規範定立を行うことが求められていたところ，大多数の答案は相応に論述されていたが，いわゆる論証パターンに沿った論述に終始していると思われるものがほとんどであり，共犯の処罰根拠を含め，承継的共犯の問題の所在について意識した上で的確に論述されていると認められた答案は少数であった。また，承継的共犯の肯否に関しては，いわゆる中間説（限定的肯定説）を採るものがほとんどであったが，規範定立と事実の当てはめが一致していない答案も少なからず見受けられたところであり，これらの答案は，事実を拾って説得的に論じるとの意識が乏しいと思われた。なお，承継的共犯に関しては，近時の最高裁判例（最二決平成２４年１１月６日刑集６６巻１１号１２８１頁）が存在するところ，同判例を意識して論述していた答案は少数であったが，いわゆる重要判例のある問題点については，これを意識して論述することがより望ましいものといえる。

丙につき承継的共犯の成立を肯定した場合には，次に丙がＶの死亡結果について責任を負うかを論じる必要があったところ，理由もなく丙がＶの死亡結果について責任を負うとした答案が相当数存在したが，この結論が妥当かは疑問なところであり，このような答案については，承継的共犯を正確に理解できているのか，疑問を抱かざるを得なかった。

また，全面的否定説の立場を採って承継的共犯を否定するなどして，丙について窃盗罪の成立を認めた場合には，Ｖは丙が加担する前に既に乙の暴行・脅迫によって反抗を抑圧されており，丙はＶに対して一切の暴行・脅迫を加えておらず，かつ，Ｖも丙の存在を認識していないことなどの，問題文に現れた事実を指摘して説得的に論じた上で，乙とはいかなる範囲で共同正犯が成立するのかを検討し，これらを的確に論述することが求められていたところ，前者については概ね指摘して論述することができていても，後者の共同正犯の成立範囲についてまで検討できていた答案は少数であった。これは各論点の体系的位置付けや論点相互間の理論的結び付きについての理解が不十分なためではないかと思われた。

(4) 甲の罪責について

甲の罪責を検討するに当たって論じるべきと思われるものは，①甲乙間の共謀の成否，甲乙間に共謀が成立するとして，②その後，甲は，乙が本件強盗を実行する前に中止を指示していることから甲について共犯関係からの離脱が認められるか否か，③その検討結果を踏まえた成立罪名，さらに，④甲について共犯関係からの離脱が認められないとした場合には，甲丙間における共謀の成否である。

①の点については，甲と乙の立場や乙に対する甲の指示内容等，問題文に現れた事実を踏まえて共謀共同正犯の成否を論じる必要があったところ，大多数の答案は，規範を定立した上，甲から乙への情報提供，方法指示及び資金提供や乙が分け前欲しさから加担したことなどの問題文に現れた事実を指摘しつつ，共謀共同正犯が成立する旨を論じることができていた。

②の点については，共犯関係からの離脱を論じるに当たって，問題の所在を意識しつつ的確な規範定立を行うことが求められていたところ，共犯の処罰根拠も含め，大多数の答案は相応に論述されていたが，他の論点と同様，単にいわゆる論証パターンに従って論述しているにすぎないと思われたものが相当数見受けられた。さらに，定立した規範へは，甲と乙のやりとり（中止指示と乙の了承を前提に，甲が乙に対し，開錠道具やナイフ，かばんといった道具の回収指示をしていないこと），甲から渡された現金３万円で乙が購入した開錠道具やナイフ等の道具の重要性，

甲が首謀者であること，甲から乙への中止指示が犯行直前であり，かつ，その指示方法も，組長から中止指示を受けて直ちに告げたわけではなく，乙が電話をかけてきた際に告げたものであることなどの問題文に現れた事実を指摘した上で，心理的因果性及び物理的因果性に着目して結論を導き出すことが求められていた。多くの答案では，前記各事実の指摘は概ねできていたが，その答案のほとんどが，その後，単に，心理的因果性が除去されても物理的因果性が除去されないため離脱は認められないと指摘するにとどまっており，その場合に共犯関係からの離脱が認められない理由についてまで説得的に論述できていた答案は少数であった。

　また，前記各事実の指摘が不十分なまま，安易に，甲について共犯関係からの離脱を認めた答案も少なからず存在した。甲について共犯関係からの離脱を認めた場合には，物理的因果性が残っているにもかかわらず離脱を認めると判断した理由につき，問題文に現れた事実を指摘しつつ，より説得的に論じることが求められていたのであるが，このような論述ができていた答案は極めて少数であり，これは論文式試験における事実摘示の重要性についての認識が不十分であるためではないかと思われた。

　③の点については，甲について共犯関係からの離脱を認めないとした場合，Ｖが乙の行為により死亡している点について甲が責任を負うのか，いわゆる結果的加重犯の共同正犯の成否について理由を含めて簡潔に論じる必要があったが，これを的確に論述できていた答案は少数であった。

　これに対して，甲について共犯関係からの離脱を認めるとした場合，甲には強盗予備罪が成立すると考えられるところ，離脱を認めながらも強盗予備罪の成立を検討しない答案が見受けられたし，また，離脱を認めて甲に強盗予備罪が成立することは検討できていたものの，乙との関係で強盗予備罪の共同正犯が成立することについてまで論述できていた答案は少数であった。これは刑法の体系的理解が不十分であるためではないかと思われた。

　④の点，すなわち，甲について共犯関係からの離脱を認めないとした場合，甲丙間に共謀（順次共謀）が成立するかについては，その結論はさておき，相当数の答案で論述されていた。受験生においては，順次共謀の考え方（判例として最大判昭和３３年５月２８日刑集１２巻８号１７１８頁等がある。）を含め，刑法上の基本的な概念については，その理解をより一層深めてもらいたい。

　なお，甲に関しては，共謀の射程論を論じた答案や，共犯関係からの離脱を論じずに中止犯の成否を論じた答案が少数ながら存在したが，これらは刑法上の基本的な概念についての理解を誤っていると思われた。

(5) 丁の罪責について

　丁の罪責を検討するに当たって論じるべきと思われる点は，①Ｖ方へ侵入した点についての住居侵入罪の成否，②丁がＶ方内で行った行為についての窃盗罪及び強盗利得罪の各成否，③Ｖ名義のカードとＶから聞き出した暗証番号を使い，Ｘ銀行Ｙ支店内に設置のＡＴＭから現金を引き出した行為についての建造物侵入罪及び窃盗罪の各成否である。

　まず，①の点については，これまで述べてきたのと同様に簡潔に論じることが求められていたが，大多数の答案はその旨の論述ができていた。

　次に，②の点について，丁がＶ名義のカードをズボンのポケットに入れた点に関しては，カードの財物性，窃盗罪の既遂時期などについて端的に論じることが求められており，大多数の答案は，カードの財物性が肯定されることを前提に，窃盗罪の成否を検討することができていたが，

既遂時期に関して明確に論述できていた答案は少数であった。

また，丁が，Ｖ方内において，右ふくらはぎから血を流して横たわっているＶに対し，強い口調で迫ってＶからカードの暗証番号を聞き出した点に関しては，これがいかなる構成要件に該当するかを論じることが求められていたところ，この点に関しては，Ｖ名義のカードの暗証番号が刑法上保護されるべき財産上の利益に該当するか否かに加え，丁がＶに申し向けた文言が強盗罪の実行行為としての脅迫に該当するか否かが問題となり得る点であった。

これらの点に関しては，暗証番号の利益性を肯定すれば２項強盗罪あるいは２項恐喝罪が，これを否定すれば強要罪等が成立すると考えられるところ，いかなる結論を採るかはさておき，これらの問題点を意識した上で，論理的に矛盾なく相応の分量で論じていれば十分であり，多数の答案はそれができていた。しかしながら，結論を示すのみで，思考過程を示すことができていない答案も相当数存在した。

さらに，③の点については，建造物侵入罪の成否及び窃盗罪の成否を簡潔に論じることが求められていたところ，大多数の答案は論点の重要性に応じた論述ができていた。

(6) その他

例年指摘しているところではあるが，字が乱雑で判読しづらい答案も少数ながら存在したし，漢字に間違いのある答案も散見された。時間的に余裕がないことは承知しているところであるし，達筆であることまでを求めるものではないものの，採点者に読まれるものであることを意識し，大きめで読みやすく丁寧な字で書かれることが望まれる。

(7) 答案の水準

以上を前提に，「優秀」「良好」「一応の水準」「不良」という答案の４つの水準を示すと，以下のとおりである。

「優秀」と認められる答案とは，本問の事案を的確に分析した上で，本問の出題の趣旨や前記採点の基本方針に示された主要な問題点について検討を加え，成否が問題となる犯罪の構成要件要素等について正確に理解するとともに，必要に応じて法解釈論を展開し，問題文に現れた事実を具体的に摘示して当てはめを行い，甲乙丙丁それぞれの刑事責任について，論理的に矛盾せずに妥当な結論を導いている答案である。特に，問題文に現れた具体的事実の持つ意味を論じつつ当てはめを行っている答案は高い評価を受けた。

「良好」と認められる答案とは，本問の出題の趣旨及び前記採点の基本方針に示された主要な問題点について理解できており，甲乙丙丁それぞれの刑事責任について論理的に矛盾せずに妥当な結論を導くことができているものの，一部の問題点についての論述を欠くもの，主要な問題点の検討において構成要件要素の理解が一部不正確であったり，必要な法解釈論の展開がやや不十分であったり，必要な事実の抽出やその意味付けが部分的に不足していると認められたものである。

「一応の水準」と認められる答案とは，事案の分析が不十分であったり，複数の主要な問題点についての論述を欠くなどの問題はあるものの，論述内容が論理的に矛盾するところはなく，刑法の基本的な理解について一応ではあるもののこれを示すことができている答案である。

「不良」と認められる答案とは，事案の分析がほとんどできていないもの，刑法の基本概念の理解が不十分であるために，本問の出題の趣旨及び前記採点の基本方針に示された主要な問題点を理解できていないと認められたもの，事案の解決に関係のない法解釈論を延々と展開している

もの，問題点には気付いているものの結論が著しく妥当でないもの，論述内容が首尾一貫しておらず論理的に矛盾しているもの等である。

4　今後の法科大学院教育に望むこと

　刑法の学習においては，刑法の体系的な理解，すなわち刑法の基本概念の理解を前提に，個々の論点の問題の所在を理解するとともに，各論点の位置付けや相互の関連性を十分に理解することが必要不可欠である。これらができていなければ，的確かつ説得的な論述はできない。

　また，これまでも繰り返し指摘しているところであるが，判例学習の際には，結論のみならず当該判例の前提となっている具体的事実を意識し，結論に至るまでの理論構成を理解し，その判例が述べる規範の刑法の体系上の位置付け，規範が妥当する範囲について検討し理解することが必要である。

　今回の論文式試験では，主要な論点について暗記していたいわゆる論証パターンを単にそのまま書いたにすぎないように思われる答案が見受けられたが，それは法的思考能力を身に付けるために必要な，前記に指摘した諸点の重要性に関する理解・認識が不十分であるためではないかと思われる。

　このような観点から，法科大学院教育においては，まずは刑法の基本的知識及び体系的理解の修得に力点を置いた上，判例学習等を通じ具体的事案の検討を行うなどして，正解思考に陥らずに幅広く多角的な検討を行う能力を涵養するとともに，論理的に矛盾しない，事案に応じた適切で妥当な結論を導き出す能力を涵養するよう，より一層務めていただきたい。

平成28年・司法

第1 乙の罪責
1 まず, 強盗目的で, V方の玄関扉を開錠し, V方に入った行為につき, 住居侵入罪（130条前段, 60条）が成立する。なぜなら,「侵入」とは, 管理権者の意思に反する立ち入りをいうところ, 強盗目的での立ち入りはVの推定的意思に反するものだからである。なお, 後述のように甲との間で共同正犯（60条）が成立する。
2 次に, Vの顔面を数回蹴り, さらに右ふくらはぎをナイフで1回刺し, 丙とともに現金500万円を持ちだし, Vを死亡させた行為につき, 強盗致死罪の共同正犯（240条, 236条1項, 60条）が成立しないか。
⑴ まず, 236条1項にいう「暴行」とは, 相手方の反抗を抑圧するに足りる程度の有形力の行使をいうところ, その判断は, 社会通念に基づき客観的になされる。
　本件で, 被害者であるVは40歳であるのに対し, 乙は23歳と若く, 体力的に勝るものと考えられる。そして, 顔面という人の枢要部を数回蹴り, ナイフという殺傷能力の高いもので右ふくらはぎを刺している。右ふくらはぎは, 人の急所ではないものの, かかる刺突行為はその前の「怪我をしたくなければ本当のことを言え。」という言動と相俟って, 従わなければさらなる刺突に及ぶことを推測させるものといえる。そうだとすれば, 顔面殴打と刺突行為は, Vの反抗を抑圧するに足りる程度の有形力の行使といえ,「暴行」にあたる。
⑵ そして, これによりVは「更にひどい暴行を受けるかもしれない。」と考えて強い恐怖心を抱いているから, 実際に反抗を抑圧されたといえ

● 「侵入」の解釈を示しつつ, 住居侵入罪が成立することを簡潔に指摘できている点で, 出題趣旨に合致する。

● 出題趣旨によれば, 強盗罪の暴行・脅迫について,「その判断基準や判断要素に関して判例等を意識した上で論じる」必要があるところ, 本答案は,「『暴行』とは, 相手方の反抗を抑圧するに足りる程度の有形力の行使をいうところ, その判断は, 社会通念に基づき客観的になされる」として, 判例（最判昭24.2.8）を意識した判断基準を述べており, 出題趣旨に合致する。もっとも, 本問の事実関係からすれば, 乙の行為が強盗罪の「暴行」に該当することにほとんど争いはないため, やや冗長である（ただし, 具体的な評価まで加えられている点は良い）。

る。そして, かかる反抗抑圧状態の下, 乙は丙とともに, 現金500万円を金庫から自己のかばんの中に入れており, この時点で500万円に対する支配力を取得したといえ, この時点で「強取」したといえる。よって, 基本犯たる強盗罪が成立する。
⑶ そして, Vは死亡しているところ, その死因は乙から顔面を蹴られたことによる脳内出血であるから, 乙の「暴行」との間に因果関係が認められる。よって, 強盗致死罪が成立する。後述のように, 甲, 丙との間で共同正犯が成立する。
3 以上より, 乙には, ①住居侵入罪, ②強盗致死罪が成立し, 両者は, 社会類型上手段, 目的の関係にあるから, 牽連犯（54条1項後段）となる。
第2 丙の罪責
1 まず, 乙の強盗を手伝う目的でV方に入った行為について, Vの意思に反する立ち入りといえるから, 住居侵入罪が成立する。なお, 後述のように, かかる時点では乙, 丙間に共謀は成立していないことから, 共同正犯は成立しない。
2 次に, 乙とともに金庫から500万円を持ち出した行為につき, 強盗致死罪の共同正犯が成立しないか。
⑴ この点, 60条の一部実行全部責任の根拠が, 正犯意思の下, 共犯者との相互利用補充関係に基づき結果に対し因果的寄与を果たし, もって自己の犯罪を実現したことにあることに鑑み, 共同正犯が認められるためには, ①共謀, ②共同実行の事実が必要と解される。
　本件では, ①まず, 乙が「甲からの指示で…強盗をやるんだが, 一緒

● Vの死因が乙から顔面を蹴られたことによる脳内出血であることを指摘できている点で,「死亡結果と因果関係のある乙の行為を的確に指摘し, 強盗致死罪の成立を論じる必要がある」とする出題趣旨に合致する。

● 住居侵入罪が成立することを簡潔に指摘しているのみならず, 単独犯となることを端的に指摘することもできている点で, 出題趣旨に沿う論述ができている。

にやってくれないか。」という誘いに対し，丙はこれを断っている。したがって，乙が誘った時点では共謀は成立していない。

その後，V方において，丙が乙に対し「用事が早く済みました。手伝いますよ。」と言ったのに対し，「ゆっくり金でも頂くか。お前にも十分分け前はやる。」と答えている。したがって，かかる時点で強盗罪の共謀が成立したといえる。

そして，②５００万円を共同して持ち出しているから，財物奪取の共同実行は認められる。

(2) もっとも，本件乙の「暴行」は両者間に共謀が成立した以前になされているため，これを丙に帰責できないのではないか。いわゆる承継的共同正犯の成否が問題となる。

ア この点，前述のように６０条の根拠は，相互利用補充関係に基づく自己の犯罪の実現という点にある。そうだとすると，①共犯者の先行行為を自己の犯罪の遂行手段としてこれを積極的に利用する意思の下，②実際にこれを利用したという関係が認められる場合には，相互利用補充関係が観念でき，上記根拠が妥当するため，先行行為も含めて共犯者に帰責することができるものと解する。

イ 本件につきみると，①乙は丙に対し，ナイフで「ふくらはぎを刺してやった。」と伝え，丙は実際にVが右ふくらはぎから血を流して床に横たわっているのを見ており，乙の「暴行」の存在を認識している。その上で乙の「あれじゃあ動けねえから，ゆっくり金でも頂くか。」という誘いに対し，これを了解して「分かりました。」と言っていることからすれば，丙には，乙の「暴行」及びそれによって生じ

た反抗抑圧状態を積極的に利用する意思があったといえる。

さらに，②Vが反抗抑圧状態にあったからこそ，丙は容易に５００万円を持ち出すことができたのであるから，乙の「暴行」を実際に積極的に利用したという関係が認められる。

ウ よって，乙の「暴行」を丙に帰責でき，丙には強盗罪の共同正犯が成立する。

(3) では，Vの致死結果についても丙に帰責できるか。当該結果は，乙のふくらはぎの刺突ではなく，顔面の打撃を原因として生じている。そして，丙はふくらはぎの刺突行為は認識しているものの，当該顔面の打撃の存在は認識していない。そうすると，顔面の打撃という先行行為については，丙による積極的利用は認められず，そこから生ずる結果を丙に帰責できないとも思える。

しかし，共同正犯の成否は構成要件レベルの問題であるから，およそ「暴行・脅迫」の存在を認識しつつ，これを積極的に利用したといえるならば，当該「暴行」すべてにつき帰責できると考えるべきで，このように考えたとしても責任主義に反しない。

(4) したがって，本件で丙は甲の顔面殴打行為についても帰責され，強盗致死罪が成立する。なお，甲の罪責において述べるように，甲との間にも共同正犯が成立する。

3 以上より，丙には，①住居侵入罪，②強盗致死罪が成立し，両者は牽連犯となる。

第3 甲の罪責

1 乙の住居侵入及び乙，丙による強盗行為につき，住居侵入罪及び強盗

● 承継的共犯の成否を論じるに当たり，本答案は，①丙乙間の共謀がV方内で成立した現場共謀であることを認定しつつ，②乙の暴行が現場共謀以前に行われているため，丙の責任の範囲が問題となることを丁寧に論述できており，承継的共犯の問題の所在を意識した論述ができている。また，本答案は，承継的共犯の成否を判断するための規範を定立するに当たり，中間説（限定的肯定説）を共犯の処罰根拠（60）から説得的に展開できている。

● 出題趣旨によれば，①「丙はVが身動きできないので簡単に現金を奪うことができると考えていたこと」，②「丙が分け前をもらえると考えていたこと」等の事実を指摘して結論を導き出す必要があった。本答案は，明示的にこれらの事実を指摘できておらず，これらの事実を指摘できるとなお良かった。

● 出題趣旨によれば，「Vの傷害・死亡結果について丙もその責任を負うかにつき，丙が何を利用したのかなどを意識し，理由付けも含め的確に論じること」が求められている。本答案は，丙が積極的に利用したのは乙の「ふくらはぎの刺突行為」であって，Vの死因となった「顔面の打撃」ではないとして，本問の事案に即した具体的な検討を加えつつ，構成要件レベルにおける乙の「暴行」を積極的に利用した以上，たとえ具体的に認識していない「暴行」から生じた結果が帰責されたとしても，責任主義に反しないという自説を論

致死罪の共同正犯が成立しないか。甲は自ら実行行為をしていないため、いわゆる共謀共同正犯の成否が問題となる。

2　この点、前述のように60条の根拠は、正犯意思の下、相互利用補充関係に基づく因果的寄与をなすことで自己の犯罪を実現したという点にある。そうだとすれば、①正犯意思の下、②共謀をなし、③これに基づく実行行為が存在する場合には、相互利用補充関係に基づく因果的寄与を果たしたといえることから、共同正犯が成立しうるものと解するべきである。そして、①正犯意思の有無は、動機、犯罪遂行の上で果たした役割の重要性、人的関係、経済的利益を総合考慮して判断する。

⑴　本件につきみると、①まず、甲は組長からまとまった金を作れと指示されており、甲の組長に次ぐ立場という地位に鑑みれば、強盗をなす動機として十分である。また、甲は乙に強盗の実行を指示するとともに、現金3万円という犯行の準備資金をあたえており、その果たした役割は重要なものである。また、乙は甲の配下にある組員で、甲が自由に支配できる者と評価でき、その経済的利益は数百万円のうちの7割と大きい。そうすると、甲は、本件強盗を自己の犯罪として実現しようという意思を有していたといえ、正犯意思が認められる。

⑵　次に、②共謀の成否を検討する。まず、甲の「Vの家に押し入って、Vをナイフで脅して、その現金を奪ってこい」という指示に対し、乙は「分かりました」と答えているから、甲・乙間に共謀が成立している。

　　これに対し、甲・丙間には直接の共謀関係は存在しない。しかし、共謀が特定の共犯者を介して順次形成されたという場合でも、心理的・物理的因果性を及ぼすことによる因果的寄与を認めることができるから、

共謀は成立するものと解される。本件につきみると、丙も甲の配下にある同組の組員であり、乙は丙の兄貴分であることからすると、甲・丙間には、乙を中間者とした上下関係を観念できる。さらに、乙は、当初の丙に対する誘いの際に、「甲からの指示で」と述べている。そして、本件V方での乙・丙間の共謀は、当初の乙の誘いがあったからこそ形成されたものとみることができる。そうすると、甲の乙に対する指示は、乙を介して、丙にも及んだと評価でき、甲・丙間にも共謀の成立を認めることができる。

　　したがって、本件では、甲・乙間、甲・丙間と順次共謀が成立している。

3　もっとも、本件で甲は乙に対し、「犯行を中止しろ」と伝えている。これにより、上記共謀は解消され、乙・丙の実行行為は③共謀に基づくものといえないのではないか。いわゆる共犯からの離脱が問題となる。

⑴　この点、60条の根拠が前述のように、相互利用補充関係の下で因果的寄与を果たしたという点にあることからすれば、自己の及ぼした心理的・物理的因果性を完全に解消したと評価できる場合には、以後の実行行為は共謀に基づくものといえず、共犯者に帰責できないと解する。

　　かかる観点から、基本的には、実行の着手前の離脱については、離脱の意思表示および共犯者の承諾で足り、着手後の離脱については、積極的な犯行継続防止措置を要すると解する。他方、共謀者が当該犯行に関する首謀者としての地位にある場合には、その因果的寄与の大きさに鑑み、実行の着手前でも、積極的な犯行継続防止措置を要すると解する。

⑵　本件につきみると、甲は乙に本件犯行を指示した者であり、犯行のきっかけを作っている。そして、「ナイフで脅して」現金を奪うという具

● 理的に一貫して展開しており、上記出題趣旨に合致する。

● 正犯意思の検討に関して、下位規範を定立した上で、それに沿って丁寧に当てはめることで、説得的な論述となっている。

● 出題趣旨で挙げられている各事実を摘示できている。

● 甲丙間における順次共謀の成否の検討に際し、本答案は、順次共謀の考え方（最大判昭33.5.28／百選Ⅰ［第7版］〔75〕）に従い、本問の事案に即して具体的に論述できており、出題趣旨に合致する。特に、「本件V方での乙・丙間の共謀は、当初の乙の誘いがあったからこそ形成されたものとみることができる。」との論述は、丙が、一旦は乙の誘いを断り、後に「乙が強盗するのを手伝おうという気持ちが新たに生じ」たという本問の事案の特殊性を踏まえた論述といえる。

● 出題趣旨によれば、共犯からの離脱の問題に関して、共犯の処罰根拠を意識した規範の定立が求められているところ、本答案は、60条の根拠から論理的に離脱の可否の基準を導き出しており、出題趣旨に合致する。また、離脱者が首謀者である場合には、実行の着手前であっても積極的な犯行継続防止措置を要するとして、本問に即した規範まで定立できている。

体的な犯行計画を自ら決定しており，また，３万円という準備資金も与えている。さらに，乙は甲の配下の組員である上，「実際にやる前には報告しろ。」と乙に指示しており，犯罪の遂行を自らコントロールしようとしている。そうすると，甲は本件犯罪の首謀者たる地位にあるといえる。にもかかわらず，「犯行を中止しろ」と指示したのみで，与えた資金で準備した犯行道具を回収する等の積極的な犯行継続防止措置を講じていない。したがって，甲の及ぼした物理的因果性はいまだ解消されたとはいえず，乙・丙の実行行為は，甲との共謀に基づくものである。

4　以上より，甲には住居侵入罪につき乙と共同正犯が，強盗致死罪につき乙・丙と共同正犯がそれぞれ成立する。そして，両罪は牽連犯となる。

第4　丁の罪責

1　まず，Ｖ方の金品を盗む目的で，玄関からＶ方に入った行為につき，住居侵入罪が成立する。

2　次に，Ｖ方で本件キャッシュカードを自己のズボンのポケットに入れた行為につき，窃盗罪（２３５条）が成立する。「窃取」とは，財物の支配を占有者の意思に反して自己の下に移転することをいうところ，キャッシュカードという小さい財物をズボンのポケットに入れれば，その支配をＶの意思に反して自己に移したと評価でき，「窃取」したといえるからである。

3　次に，Ｖをにらみつけながら，「キャッシュカードの暗証番号を教えろ。」と強い口調でいい，暗証番号を聞き出した行為につき，強盗利得罪（２３６条2項）が成立しないか。

(1)　まず，同条にいう「脅迫」とは，相手方の反抗を抑圧するに足りる程

度の害悪の告知をいうところ，その判断は，当該客観的状況を前提に社会通念に従い判断する。したがって，すでに反抗抑圧状態にある者に対し，これを維持・継続させるような害悪の告知も「脅迫」にあたる。

本件で，Ｖは乙の右ふくらはぎの刺突等によりすでに反抗抑圧状態にある。そして，Ｖをにらみつけ，「暗証番号を教えろ」と強い口調でいえば，通常，Ｖをして従わなければさらなる危害が加えられると考えるものといえる。そうすると，上記発言は，Ｖの反抗抑圧状態を維持・継続せしめる，黙示的な害悪の告知といえ，「脅迫」にあたる。

(2)　さらに，「財産上不法な利益を得た」といえるためには，1項の財物奪取と同視しうる程度の明確な利益移転を要するというべきである。そして，ここにいう「利益」は，具体的かつ現実的なものであることを要すると解する。

本件で，キャッシュカードの暗証番号を聞き出せば，すでにキャッシュカードを所持していることから，ＡＴＭ等で事実上自由に金銭を引き出せるという地位に立つことになり，これは具体的かつ現実的なものである。よって，丁が暗証番号を聞き出したことは「財産上不法な利益を得た」といえる。

(3)　したがって，丁には強盗罪が成立する。

4　さらに，Ｙ支店のＡＴＭで現金1万円を引き出した行為につき，Ｙの意思に反する財物移転として，窃盗罪が成立する。

5　以上より，丁には，①住居侵入罪，②Ｖに対する窃盗罪，③強盗罪，④Ｙに対する窃盗罪が成立し，②は③に吸収，これと①は牽連犯，④とは併合罪となる。　　　　　　　　　　　　　　　　　　　　　　以　上

● 物理的因果性が解消されたか否かについて，問題文の各事実を摘示した上で，詳細な検討がなされている。もっとも，心理的因果性が解消されているかについても検討できると，さらに良かった。

● 甲の離脱を認めないとの結論を採った場合でも，甲はＶの死亡結果について責任を負うとするのであれば，結果的加重犯の共同正犯の成否について理由を含めて簡潔に論じる必要があった（再現答案②参照）。

● 「窃取」に該当するかどうかを検討する中で，窃盗罪の既遂時期についても端的に論じられており，出題趣旨に合致する。

● 強盗罪（236Ⅱ）における「脅迫」について，第三者により反抗抑圧状態が既に作出されていたという本問の特殊性を踏まえた規範が定立されており，適切である。

● 「ＡＴＭ等で事実上自由に金銭を引き出せるという地位」を「財産上……の利益」(236Ⅱ)とする本答案の論述は，裁判例（東京高判平21.11.16／H23重判〔4〕）に沿うものであり，出題趣旨に合致する。

● 罪数についても，各人それぞれの論述箇所において端的に指摘できている。

第1　乙の罪責について
1　乙が，V方に入った行為について，乙は強盗目的であったため，V方の住居権者Vの意思に反する立ち入りであり，「住居」に「侵入」したといえる。
　　よって，乙に住居侵入罪（130条前段）が成立する。
2(1)　乙が，Vの顔面を数回蹴り，Vの右ふくらはぎをナイフで1回刺した後に，現金500万円をV方から持ち去った行為に，強盗致死罪（240条後段）が成立しないか検討する。
　(2)　「強盗」
　　　乙は，①ナイフを突きつけ，②Vの顔面を蹴り，③右ふくらはぎをナイフで1回刺すという行為をしている。①はナイフという殺傷能力のある凶器を人体の枢要部に突き付ける行為であり，②も人体の枢要部に対する重大な攻撃である。③についても，大きな痛みを伴うものであるから，相手方の反抗を抑圧するに足る「暴行」（236条1項）であるといえる。
　　　乙は，Vの所有物である現金500万円をV方から持ち去っているので，「他人の財物」を「強取」している。
　　　よって，乙には強盗罪（236条1項）が成立するので，「強盗」といえる。
　(3)　Vは，乙から顔面を蹴られたことによる脳内出血が原因で「死亡」している。よって，乙に強盗致死罪が成立する。なお，乙は傷害の故意をもって，Vの脚をナイフで刺しているので，強盗傷人罪が成立しうるが，より結果の重い強盗致死罪に吸収されることにな

る。共犯関係については，後述のように，丙との関係では強盗致死罪の限度で共同正犯（60条）が，甲との関係では住居侵入罪と強盗致死罪の共同正犯が成立する。
第2　丙の罪責について
1　まず，丙がV方に入った行為は「侵入」に当たるので，同行為につき住居侵入罪が成立する。
2　本件では，丙が乙に手伝うといい，乙が丙に金をいただくというと，丙は承諾している。したがって，意思の連絡があり，かつ丙にも分け前がもらえることから，丙に正犯意思も認められる。したがって，現場共謀が存在する。そして，実行行為も存在する。したがって，少なくとも乙丙間には窃盗罪（235条）の共同正犯が成立する。
3(1)　では，丙は暴行脅迫は行っていないが，反抗抑圧状態を利用しているので，強盗致死罪の共同正犯を成立させることはできないか。承継的共同正犯の成否が問題となる。
　(2)　共同正犯において一部実行全部責任が認められる（60条）根拠は，行為者間の相互の与える結果への因果性に求められる。そこで，原則として，後行者は先行行為については因果性を及ぼせるわけではないので，関与前の行為については帰責されない。ただし，後行者が先行者の行為及び結果を自己の犯罪遂行の手段として積極的に利用した場合には，相互の因果性によって犯罪を実現したといえるから，後行者にも関与前の行為及び結果を含めて共同正犯の成立を肯定してよい。

● 住居侵入罪が成立することについて，簡潔に指摘できており，出題趣旨に合致する。

● 出題趣旨は，強盗罪の「暴行」につき，「その判断基準や判断要素に関して判例等を意識した上で論じる必要がある」としているところ，本答案は，各行為の客観的性質を基準に被害者の反抗を抑圧するに足るものか否かを検討しており，判例等（最判昭24.2.8参照）を意識していることがうかがえる。

● 出題趣旨は，強盗致死罪の成否につき「死亡結果と因果関係のある乙の行為を的確に指摘」することを求めているところ，本答案は「Vは，乙から顔面を蹴られたことによる脳内出血が原因で『死亡』している」旨論述しており，出題趣旨に合致する。

● 住居侵入罪が成立することについて，簡潔に指摘できている。

● 現場共謀を指摘できている点では出題趣旨に合致するが，いつの時点での現場共謀なのかが不明確であり，事実摘示が不十分である。この点については，再現答案①が参考になる。

● 共犯の処罰根拠に言及した上で，中間説（限定的肯定説）を論理的に導いている点で，出題趣旨に沿う。

(3) 本件における強盗罪は，暴行脅迫と財物奪取が手段と目的の関係にある。ゆえに，財物奪取に加担した丙としては，既に存在している暴行脅迫という手段を積極的に利用したといえる。したがって，承継的共同正犯が成立し，丙にも強盗致死罪の共同正犯が成立する。

第3 甲の罪責について

1(1) 甲は乙に対して，強盗の指示をしている。これに対して，乙は甲に対して分かりましたと答え，これを了承しているのであるから，両者において，「乙がVの家に押し入って，Vをナイフで脅してその現金を奪ってくる」旨の意思連絡がある。また，正犯意思も認められるので，共謀が認められる。そして，実際に強盗が行われているので，共謀に基づく実行行為もある。

甲は実行行為を行っていないが，相互利用補充関係という共犯の本質は変わらないので，強盗罪の共同正犯が成立する。

(2) もっとも，甲は，乙に対して犯行を中止しろと言っており，上記共同正犯関係からの離脱が認められないか。

前記の通り60条の趣旨は，結果への因果性にあるので，かかる結果への因果性の解消が認められる場合には共同正犯関係からの離脱が認められると考える。

本件では，上の立場にある甲は乙に対して犯行を中止しろと言っており，離脱の意思を表明している。そしてこれに対して乙は甲に分かりましたと返事をしており甲の離脱を了解している。本件では，この指示をしたのが住居に侵入する前であったので，離脱の意思表示とその承諾があれば，離脱の意思表示とその承諾だけで足りるようにも思える。

しかし，甲は乙に対してVの自宅には数百万円の現金を入れた金庫があるとの情報を与えている。また，甲は乙に対して，本件犯行に必要なナイフ等を買う資金3万円を与え，乙はすでに凶器を購入してしまっている。乙からナイフ等の準備をした物品についての報告を受けているのである。そうだとすれば，甲が因果性を切断するためには，単に離脱の意思表示をするだけでは足りず，乙からVの自宅の現金についての情報やナイフ等の回収をする必要があったといえる。それにもかかわらず，甲は乙に対して犯行を中止しろと言うのみで乙からかかる情報やナイフ等の回収をなしていないのであるから，因果性の切断は認められない。

よって，離脱は認められない。

2 次に，甲は致死の結果まで帰責されるか。この点，共同正犯において一部実行全部責任が認められる根拠は，結果に対する因果性の寄与にある。そして，結果的加重犯は基本犯の中に加重結果が発生する高度の蓋然性が内包されている犯罪である。基本犯について共同犯行の合意が形成されていれば，加重結果に対し相互に心理的因果性を及ぼしたということができ，共同正犯も成立し得る。

よって，甲は住居侵入罪及び強盗致死罪の共同正犯が成立する。なお，丙との関係であるが，甲は丙と直接意思連絡があるわけではないが，順次共謀により，共犯関係が成立する。

第4 丁の罪責について

● 丙に強盗致死罪の共同正犯を成立させるまでの本答案の論述は，論理展開・当てはめともに不十分である。承継的共犯の成否が本問における主要な争点の1つであることは，本問の事実関係から一見して明らかであるから，再現答案①のような詳細な論述を要する。

● 事実を摘示することなく「正犯意思も認められる」とするのみでは，説得力を欠き，論理展開として不適切である。

● 問題文の具体的な事実を指摘しつつ，共犯関係の離脱が認められるかどうかを詳細に論じることができており，この点は出題趣旨に合致する。もっとも，本問は実行の着手前の離脱に関する事案であるにもかかわらず，どうして「甲が因果性を切断するためには，単に離脱の意思表示をするだけでは足り」ないのか，その理論的な説明（この点は，再現答案①参照）が必要であるように思われる。

● 出題趣旨は，甲の離脱を認めないとの結論を採った場合には，「Vが乙の行為により死亡している点に関しても甲がその責任を負うのかを，理由を含めて簡潔に論じる必要がある」としているところ，本答案は，かかる出題趣旨に合致する論述ができている。

また，甲丙間に順次共謀があったことについても，ごく簡潔ではあるが，言及できている。

1　丁が窃盗目的という不当な目的をもってVの意思に反し，V方に入り「侵入」した行為に住居侵入罪が成立する（①）。
2(1)　次に，カードを窃取したことについては窃盗罪が成立する。さらに，暗証番号を聞き出した点について2項強盗罪が成立しないかという点が問題となる。
　(2)　丁がVをにらみつけながら，「金庫の中にあったキャッシュカードの暗証番号を教えろ」と強い口調で言った行為につき2項強盗罪（236条2項）が成立しないか。
　　　「脅迫」（236条1項）とは相手方の反抗を抑圧するに足りる程度のものが必要である。本件では，丁がVに対して暗証番号を教えろと強い口調で言うのみであり，行為自体を客観的に判断すれば反抗抑圧に足りる程度のものとはいえない。
　　　もっとも，既に被害者が反抗抑圧状態に陥っている以上，暴行・脅迫は，通常の場合に比して程度の低いもので足り，また，自己の作出した反抗抑圧状態を継続させるものであればよい。
　　　本件では，確かに反抗抑圧状態は丁によって作出されたものではない。しかし，行為者丁は，Vが恐怖で顔を引きつらせており，反抗抑圧がなされやすい状況にあることを認識しており，丁はかかる状況を認識し，「ちょうどいい」と思ったのであり，Vに強く迫れば，容易に暗証番号を聞き出せると考え，上記行為に及んでいるため，自己が反抗抑圧状態を作出したと同視してよい。そうであれば，本件Vの強い恐怖心を抱いている状況を加味すれば丁が暗証番号を教えろと強い口調で言った行為も相手方の

反抗を抑圧するに足りる程度の「脅迫」といえる。
　(3)　その結果，暗証番号という「利益」を得たので，2項強盗罪が成立する（②）。
3　丁が他人名義のキャッシュカードから現金を引き出すという不当な目的をもって，X銀行Y支店長の意思に反して，Y支店に入った行為は「侵入」に当たる。そのため，同行為に建造物侵入罪（130条前段）が成立する（③）。
4　丁にはV名義の口座から預金を引き出す権限はない。したがって，無権限者による預金の引き出しは銀行の意思に反するので，預金を引き出した行為について窃盗罪が成立する（④）。
第5　罪数
　乙については，住居侵入罪と強盗致死罪の共同正犯が成立し，両者は手段と目的の関係にあるため，刑法54条1項前段により科刑上一罪となる。丙については，住居侵入罪の単独正犯と，強盗致死罪の共同正犯が成立する。両者は手段と目的の関係にあるため，刑法54条1項前段により科刑上一罪となる。甲については，住居侵入罪と強盗致死罪の共同正犯が成立し，両者は手段と目的の関係にあるため，刑法54条1項前段により科刑上一罪となる。丁については，上記①②③④の罪が成立し，①②と③④がそれぞれ牽連犯となり，両者が併合罪となる。
　　　　　　　　　　　　　　　　　　　　　　　　　　　以　上

● カードを窃取した点につき，「財物性，窃盗罪の既遂時期」も端的に論じる必要があった。

● 暗証番号を聞き出した行為について，2項強盗罪あるいは2項恐喝罪のいずれかの成否が問題となるが，重い強盗罪から検討できている点で，適切である。もっとも，「カードの暗証番号が刑法上保護されるべき財産上の利益に該当するか」という出題趣旨について検討できていない。

● 「自己の作出した反抗抑圧状態を継続させるものであればよい」との規範は，裁判例（大阪高判平元.3.3）を意識したものと思われるが，当該裁判例の事案は，加害者の暴行・脅迫により被害者が反抗抑圧された後，加害者が財物奪取意思を生じ，改めて被害者の反抗を抑圧しない程度の暴行・脅迫を行ったというものであるから，上記規範が本問にそのまま妥当するかについては疑問の余地がある。また，本答案は，「自己が反抗抑圧状態を作出したと同視してよい」としているが，本問の事案からして，かかる認定には無理がある。

● 「手段と目的の関係にあるため，刑法54条1項前段により科刑上一罪となる」との論述は，牽連犯に関する論述と思われるが，牽連犯の根拠条文は54条1項後段である。54条1項前段は観念的競合の根拠条文である。

● 丙の住居侵入に関して，「単独正犯となることも端的に指摘」できている点で，出題趣旨に合致する。

MEMO

第1　乙の罪責
1　乙が9月12日午前2時ころにV方に立ち入った行為は，「住居」であるV方に，その住居権者であるVの意思に反して立入ったものとして「侵入」にあたり，住居侵入罪（130条前段）が成立する。
2　乙がVの顔面を数回蹴り，ナイフで右ふくらはぎを刺し，Vの現金500万円を奪った行為について，乙に強盗致傷罪（240条前段）が成立し，甲・丙と強盗罪の限度で共謀共同正犯となる。
　　以下で検討する。
　(1)　まず，乙が「強盗」（240条前段）にあたるか。
　　　強盗（236条1項）における暴行・脅迫は相手方の反抗を抑圧する程度のものである必要がある。
　　　本件で，乙はVの顔面という身体の枢要部を数回蹴ったほか，刃体の長さ10センチメートルの殺傷能力の高いナイフでVの右ふくらはぎを刺しており，これは通常相手方の意思を抑圧する程度の暴行といえる。そして，かかる暴行を用いてVの現金500万円という他人の財物を奪っており「強取」したといえる。
　　　したがって，乙は「強盗」にあたる。
　(2)　次に，乙の殺意が認められるか。
　　　殺意とは，生命侵害（死亡）に対する認識・認容をいう。
　　　本件で，乙は，前述のようにVの身体の枢要部である顔を数回蹴っているが，金庫の場所を聞き出そうとしたにとどまり，かかる行為についてVの死亡について認識・認容していなかったと考えられる。また，殺傷能力の高いナイフを用いてVを刺している

が，その刺した場所は人の肢体である右ふくらはぎであり，かかる部分を刺しただけで人が死にいたる可能性は低いから，ナイフで刺した行為においてもVの死亡を認識・認容していなかったと考えられる。
　　　したがって，乙にVに対する殺意は認められない。
　(3)　そして，Vが死亡した原因は乙が顔面を蹴ったことによる脳内出血であるところ，前述のように顔は身体の枢要部であり，顔を数回蹴る行為は，人を死亡させる危険性を含む行為である。そうすると，顔を数回蹴る行為に含まれる人を死に至らしめる危険性が現実化したものといえ，同行為とV死亡との間に因果関係も認められる。
　(4)　したがって，乙には強盗致死罪が成立する。
3　乙に成立する住居侵入罪と強盗致死罪は通例手段と結果の関係にあるため，牽連犯（54条1項後段）となる。
第2　丙の罪責
1　丙が玄関からV方に立ち入った行為につき，丙に住居侵入罪が成立する。
2　丙が，乙と二人で500万円をかばんに入れた行為につき，強盗致死罪の共謀共同正犯が成立するか。
　(1)　乙と丙との間に強盗罪の共謀が認められるか。
　　　共同正犯の処罰根拠は，結果に対する因果性の寄与にある。そして，実行行為を行っていなくとも，共謀と共謀に基づく共謀参加者の実行があれば結果に対する因果性に寄与できるため，罪責

● 　乙に住居侵入罪が成立することについて簡潔に論述できているが，乙が強盗目的である点も指摘できるとより適切である。

● 　本答案は，「乙に強盗致傷罪（240条前段）が成立」するとしているが，後記のとおり，結論として「強盗致死罪が成立する」としており，矛盾している。

● 　本問の事実関係からすれば，乙の行為が強盗罪の「暴行」に該当することにほとんど争いはないため，本答案のような簡潔な論述でも十分と思われる。とはいえ，再現答案①のように判例を意識できると，より説得的である。

● 　本問において，乙のVに対する殺意に関する事情は特に示されておらず，出題趣旨にも特に言及はない。したがって，本答案のこの部分は余事記載であり，評価の対象にならないものと考えられる。

● 　「Vが死亡した原因は乙が顔面を蹴ったことによる脳内出血である」，「乙には強盗致死罪が成立する」としている点で，出題趣旨（「死亡結果と因果関係のある乙の行為を的確に指摘し，強盗致死罪の成立を論じる必要がある」）に合致する。

● 　本問において，丙は現金500万円の奪取という強盗罪の実行行為を分担しているから，丙について共謀共同正犯の成否を検討するのは誤りである。

を問いうる。また、共謀は、相互の意思連絡と正犯意思を内容とする。

　本件で、乙がV方に侵入する前に丙に強盗の計画を持ちかけた時点においては、丙は乙の強盗の計画を認識しているが、乙の頼みを断っており、丙に強盗の故意はなく、乙もそれを認識しているため、乙丙間に強盗に関する意思連絡は認められない。

　したがって、この時点では乙丙間に強盗の共謀は認められない。

　次に、丙が１２日２時２０分ごろにV方に侵入した際に乙丙間に強盗の共謀が認められるか。

　丙は、乙に対し、乙の強盗の計画を認識した上で、「手伝いますよ」と協力する旨の発言をし、これに対して乙がVをナイフで刺したことやこれから金を奪う旨の発言をしている。そして、かかる乙の発言に対して丙が「分かりました」と了承する旨の発言をしていることから、お互いに強盗の故意があることを認識しており、乙丙間に強盗の意思連絡が認められる。さらに、丙は分け前をもらえると考えており、強盗を自己の犯罪として行う意思である正犯意思が認められる。

　したがって、乙丙間に強盗の共謀が認められる。

　そして、実際に乙と丙でVの金庫から５００万円をかばんに入れて奪取している。
(2)　では、丙にVの傷害・死亡の結果まで帰責されるのか。

　この点について、共同正犯の処罰根拠より、先行行為者の行為

の効果を利用して、結果に因果性を寄与した部分についてのみ罪責を負うと解する。

　本件では、丙は、先行者である乙がVをナイフで刺して身動きが取れず反抗抑圧状態にあるという効果を利用して５００万円を奪取している。しかし、乙がVの顔面を殴ったり、右ふくらはぎをナイフで刺して傷害を与えたという効果を利用しておらず、傷害・死亡結果に因果性を及ぼしていない。

　したがって、丙は傷害・死亡結果について罪責を負わない。
(3)　よって、丙は、甲及び乙と強盗罪の限度で共謀共同正犯となる。
3　住居侵入罪と強盗罪は牽連犯となる。
第3　甲の罪責
1　甲が乙へのVへの強盗を指示した行為につき強盗罪の共謀共同正犯が成立しないか。
(1)　まず、甲と乙に強盗の共謀が認められるか。

　甲は乙に対し、Vをナイフで脅して現金を奪うように指示しており、強盗の故意が認められる。また、乙は甲の指示に対して「分かりました」と了承する旨の発言をしており、乙にも強盗の故意が認められる。そして、両者の強盗の故意をそれぞれが認識していることから甲乙間に強盗の意思連絡が認められる。

　そして、甲は組長から金員の工面をするように指示を受けたことから、乙に対して強盗の指示をしており、これは自分が組長の期待に応えるために行ったものである。また、強盗のための現金を乙に与えたり、準備と実行について報告するように指示するな

● 　出題趣旨によれば、「丙と乙との間の共謀は……現場共謀であることを指摘しつつ、丙が関与する前（共謀成立前）の乙の行為に関して責任を負うことがあり得るのか」（承継的共犯の成否）について論じることが求められている。本答案は、乙丙間に強盗の事前共謀は認められない旨述べており、上記出題趣旨に応える前提としての論述といえ、適切である。

● 　上記コメントのとおり、本問では、承継的共犯の成否について検討することが求められているところ、本答案は、Vの顔面を数回足蹴にする等の乙の暴行に関して丙が責任を負うか（強盗罪が成立するか）について検討することなく、いきなり「傷害・死亡結果まで帰責されるのか」（強盗致死傷罪が成立するか）と問題提起している点で、出題趣旨に合致しない。また、「丙が分け前をもらえると考えていたことや、丙はVが身動きできないので簡単に現金を奪うことができると考えていたこと」などの具体的な事実も、十分に指摘できていない。

● 　甲乙間の共謀が成立しているかについては、「甲が乙に対してVが金庫内に多額の現金を保管している旨の情報を提供したこと」、「甲はVから手に入れた金員の７割を手にすることにしていたこと」などの事実も摘示して検討する必要があった。

ど，強盗について重要な役割を担っている。そうすると，甲に強盗を自己の犯罪として行う正犯意思が認められる。

したがって，甲乙間に共謀が認められる。

(2) もっとも，甲は乙がV方に侵入する前に犯行を中止するように指示していることから，共謀の離脱が認められないか。

この点について，共同正犯の処罰根拠は結果に対する因果性の寄与にあるから，離脱が認められるためには自己がもたらした因果性を除去する必要がある。

本件では，甲は，某組において乙の上司にあたるほか，強盗に使うナイフなどを購入するための現金を乙に渡しており，強盗につき物理的な因果性を与えている。さらに，強盗の準備や実行について報告するように述べており，準備や実行の状況を把握できる立場にあった。そして，甲は乙からナイフ等を準備した旨の報告を受けてそれを認識していた。

そうすると，甲が因果性を除去したといえるためには，乙が準備したナイフ等を処分させる必要があった。

しかるに，甲は「犯行を中止しろ」とだけ述べて，乙が「分かりました」と述べたことを漫然と受け止めているため，甲が自己のもたらした因果性を除去したとはいえない。

したがって，甲に共謀の離脱は認められない。

(3) そして，甲は乙への指示にあたりナイフで脅すように述べるにとどまっているため，乙がナイフでVを刺したり，顔面を蹴って死亡させたことは共謀の射程外である。

● 本答案は，物理的因果性に着目して具体的な検討がなされているが，出題趣旨は「心理的因果性は除去されていたとしても物理的因果性が除去されていないとして離脱を認めないとするもの，心理的因果性が除去されていることに重点を置き離脱を認めるものなどがあり得る」としているため，心理的因果性が除去されているかについても検討しておくべきであった。

したがって，甲はVの傷害・死亡について罪責を負わない。

(4) また，丙とは直接強盗の共謀をしていないが，乙丙間の共謀により，丙がもたらした結果に対しても因果性を与えることができるため，順次共謀によって罪責を負う。

2 したがって，甲は，乙・丙との間で強盗の限度で共謀共同正犯となる。

第4 丁の罪責

1 丁がV方に立ち入った行為につき住居侵入罪が成立する。

2 丁がV方の玄関で本件キャッシュカードをズボンのポケットに入れた行為につき窃盗罪が成立する。

Vは身動きが取れなくなっているものの，本件キャッシュカードはV方内にあり，Vの占有は失われていないからである。

3 丁がVに対して強い口調で暗証番号を教えるように言って暗証番号を聞き出した行為について，丁に2項強盗罪（236条2項）が成立する。

丁は，乙が顔を蹴ったり，ナイフで刺したりして身動きが取れない状態のVに対して強い口調で暗証番号を教えるように発言しており，これは反抗抑圧状態を維持利用するものであって，強盗罪における脅迫に該当する。

また，暗証番号は，対応するキャッシュカードとともに取得することにより，現金を確実かつ迅速に引き出すことのできる地位を獲得することができるため，財産上の利益に該当する。

よって，丁に2項強盗罪が成立する。

● 「共謀の射程」とは，実行行為が当初の共謀に基づくものと評価すべきか，それとも共謀とは無関係に行われたものと評価すべきかという問題である。本問は，甲が強盗を指示し，乙が実際に強盗に及ぶ（そして，結果的にVが死亡する）という事案であるから，乙の実行行為が当初の共謀に基づくことは明らかであり，共謀の射程は問題とならない。

● Vが身動きを取れなくなっている状態であっても，キャッシュカードにVの占有が及んでいることは当然の前提であり，「Vの占有は失われていない」としてしまうと，丁がキャッシュカードをズボンのポケットに入れた時点でも窃盗罪は成立しないのではないかとの誤解を与えかねない点で，不適切である。

● Vは既に第三者により反抗抑圧状態が作出されていたという本問の事案の特殊性を指摘できているが，なぜ「反抗抑圧状態を維持利用するもの」でも「脅迫に該当する」ことになるのか，その理由が述べられていない。

4 　丁がＡＴＭから現金１万円を引き出した行為につき，銀行に対する
　 窃盗罪が成立する。
5 　１と２・３が牽連犯となり，これと４は併合罪となる。

以　上

● 　丁がＶのカードを用いて現金を引き出すために，Ｘ銀行Ｙ支店に入った行為につき，建造物侵入罪の成否を簡潔に論ずる必要があった。

● 　丁の罪数について，２のＶに対する窃盗罪と３のＶに対する２項強盗罪の関係が説明されていない。

第1　乙の罪責
1　乙がV方という「人の住居」にVの意思に反して入った行為は，「侵入」に当たる。そのため，同行為につき住居侵入罪（１３０条前段）が成立する。
2　次に，乙がVの顔面を数回蹴り，Vの右ふくらはぎをナイフで１回刺した行為につき強盗致死罪（２４０条後段）が成立しないか。
(1)ア　「暴行」（２３６条１項）とは，相手方の反抗を抑圧するに足りる程度のものであることが必要である。本件行為がなされたのは，午前２時という深夜であるし，寝室という他者の立ち入りが想定されていない場においてであり，人が反抗を抑圧されやすい状況下であるといえる。そして，乙がなした行為自体も顔面という急所を数回蹴るのみならず，刃体の長さ約１０センチメートルという殺傷力を有するナイフで右ふくらはぎを刺したものであり，危険性の大きな行為である。そのため，乙の上記行為は相手方の反抗を抑圧するに足りる程度のものであるといえるので，「暴行」に当たる。
　イ　また，Vは乙の上記行為により，言うとおりにしないとさらにひどい暴行を受けるかもしれないと考えて強い恐怖心を抱いているのであり，反抗が抑圧されている。
　ウ　そして，同暴行により乙が直接的に取得したのは金庫及び鍵の情報であるものの，これによりほぼ確実に乙は，金庫内の５００万円を取得できるのであり，現に乙は５００万円を取得しているのであるから，５００万円という「財物を強取した」と

いえる。
　エ　そのため，乙は「強盗」（２４０条）に当たる。
(2)　そして，Vは乙から顔面を蹴られたことによる脳内出血が原因で死亡しており，乙は強盗の手段たる暴行によりVを「死亡させた」といえる。
　　よって，乙の上記行為に同罪が成立する。
3　以上より，乙には前記１，２の罪が成立し，両罪は目的手段の関係にあるので牽連犯（５４条１項後段）となる。
第2　丙の罪責
1　まず，丙がV方に入った行為は「侵入」に当たるので，同行為につき住居侵入罪が成立する。
2(1)　次に，丙は金庫内の５００万円を乙とともにかばんの中に入れているが，かかる行為は上記乙の強盗行為の幇助犯（６２条１項）ないし共同正犯（６０条）にあたらないか。
　　この点，両者の区別は自己の犯罪を実現したか，他人の犯罪に加功したにすぎないかによってなされる。本件で丙は，形としては兄貴分である乙の行う犯罪の「手伝い」をするというものであり，かかる乙の犯罪に加功したに過ぎないとも思える。しかし，そもそも本件丙の行為が丙自身の積極的な意思に基づいてなされたものであること，これによって受ける対価は３割と決して少ないものではないこと等に鑑みれば，丙による本件行為は乙との共同正犯を構成するというべきである。
(2)　もっとも，本件で丙自身は，Vに対して「暴行又は脅迫」をなし

● 　乙に住居侵入罪が成立することについて簡潔に論述できているが，乙が強盗目的である点も指摘できるとより適切である。

● 　本問の事実関係からすれば，乙の行為が強盗罪の「暴行」に該当することにほとんど争いはない。そのため，本答案のように，紙面を多めに割いてまでこの点を論述するのは得策ではない。また，比較的長めの論述であるにもかかわらず，再現答案①のように，判例（最判昭24.2.8）を意識して「社会通念に基づき客観的に」判断する旨論じられているわけでもなく，バランスを失する論述となってしまっている。

● 　「死亡結果と因果関係のある乙の行為を的確に指摘し，強盗致死罪の成立を論じる必要がある」とする出題趣旨に合致する。

● 　本答案は，甲について共犯関係の解消を認めている。その場合，出題趣旨によれば，「乙につき，強盗予備罪の成否，これと強盗致死罪との関係，予備罪の共犯の成否等」を論じる必要がある。本答案は，甲の罪責で乙との強盗予備罪の共謀共同正犯の成立を認めているが，この場合には，乙の罪責でもその旨を言及した上で，強盗致死罪との関係を論じておく必要がある。

● 　丙は現場共謀に基づいて実行行為の一部（財物奪取）を行っているから，幇助かどうかを検討するまでもなく，端的に共同正犯の成否の検討

ていない。また，Vは終始，丙が来たことには気付いていないのであり，丙の存在をもって「脅迫」等に当たると解することもできない。そのため，丙には同罪の共同正犯が成立しないのではないか。承継的共同正犯の成否が問題となる。

ア　ここに，後行者が先行者の行為及び結果を自己の犯罪遂行の手段として積極的に利用する意思の下，現にこれを利用した場合には，前記60条の趣旨が妥当するので，承継的共同正犯が成立すると考える。

イ　本件で丙は，Vが寝室で右ふくらはぎから血を流して横たわっているのを見ている。そして，かかる状況下で丙は，乙からVは身動きがとれないので簡単に現金を奪うことができると言われて，わかりましたと現金取得を了解しているのである。そのため，丙は，先行者乙の行為及びそれによりもたらされたVの反抗抑圧状態を自己の犯罪遂行の手段として積極的に利用する意思を有する。

そして，丙はかかる状況下で500万円を取得することにより，現にこれを利用しているのである。したがって，丙には強盗罪の共同正犯が成立する。

この点，致死について丙の負う責任について問題となるようにも思えるが，丙はあくまでVの反抗抑圧状態を利用したに過ぎず，死の結果を利用したということはできないため，丙はVの死についてはなんら責任を負うことはない。

3　以上より，丙には前記1，2の罪が成立し，両罪は牽連犯となる。

第3　甲の罪責

1　甲が乙に対して，Vをナイフで脅してその現金を奪ってこいと指示した行為につき強盗致死罪が成立しないか。間接正犯の実行行為性が問題となる。

(1)　ここに，間接正犯は利用者が被利用者を道具のように一方的に支配利用する犯罪類型であるので，かかる一方的支配利用関係が認められる場合には，間接正犯の実行行為性が認められると考える。

(2)　本件で，確かに乙は暴組において組長に次ぐ立場にあり，組内で上の立場にいる甲の命令には逆らえないと考え犯罪の決意をなしており，一方的支配利用関係が認められるとも思える。しかし，本件では乙は分け前もほしいとも思い，本件犯罪を決意している。そして，後述の通り，甲が乙に対して本件犯行の中止を指示したのにもかかわらず，これを続行したことからすれば，乙は分け前目的で本件犯罪をなしたといえる。

したがって，一方的支配利用関係は認められないので同罪の間接正犯は成立しない。

2(1)　そうだとしても，上記甲に住居侵入罪及び強盗致死罪の共同正犯が成立しないか。前述の基準に当てはめる。

ア　本件で，甲は乙に対してVの家に押し入って，Vをナイフで脅してその現金を奪ってこいと指示をなし，乙は，甲に対して分かりましたと答え，これを了承しているのであるから，両者において，「乙がVの家に押し入って，Vをナイフで脅してその現金を奪ってくる」旨の共謀がある（①充足）。

に入るべきである。

● 出題趣旨によれば，承継的共犯を論じる際には，まず「丙と乙との間の共謀はV方内で成立した現場共謀であることを指摘」する必要があるが，本答案は，共謀の成立時点についての指摘がない。仮に，事前共謀が成立していた場合，丙が暴行・脅迫を担当していないことは問題とならないため，この点を明らかにする必要がある。また，出題趣旨は承継的共犯に関し「共犯の処罰根拠を含めて」論じることを求めているところ，本答案は「前記60条の趣旨が妥当する」と論述しながら，以前に60条の趣旨に言及しておらず，出題趣旨の要求に応えられていない。

● 「Vの傷害・死亡結果について丙もその責任を負うかにつき，丙が何を利用したのかなどを意識し，理由付けも含め的確に論じることが求められる」との出題趣旨に合致する。

● 本問において，乙は実行に着手する前に甲から「犯行を中止しろ。」と言われており，その後に行われた乙の犯行を捉えて，甲に強盗致死罪の間接正犯が成立するかどうかを問題とすることは明らかに不合理である。出題趣旨は，「共謀共同正犯が成立することをその要件を踏まえて論じることが求められる」としており，甲の罪責で検討すべき中心的な論点は，共謀共同正犯の成否，及び甲に共犯からの離脱が認められるかどうかであるから，間接正犯の成否を問題とせず，端的に上記論点の検討に入るべきである。

● 「前述の基準に当てはめる」としているが，以前に共謀共同正犯の成立要件等について言及している部分はない。また，以下の「①充足」「②要件」等の記述も，これに対応した記述がないため，論理展開が把握で

イ　次に，確かに，上記共謀においてはナイフの使用は想定されておらず，ナイフで刺した行為によりVの死亡結果が発生していた場合には，共謀との因果性がなく，②要件をみたさないとも思える。しかし，本件で乙がVの右ふくらはぎを刺した行為とVの死亡とは関連がなく，乙がVの顔面を蹴った行為により死亡結果が生じているのである。そして，ナイフでVを脅すことを予定していたのであれば，ナイフを用いずVの顔面を蹴る行為も上記共謀において想定されていたといえる。したがって，乙がVの顔面を数回蹴った行為は，乙がVの家に押し入る行為と同様，共謀との因果性が認められるので，共謀に基づく実行行為といえる（②充足）。

ウ　次に，甲は本件犯罪を計画し，乙にその実行を指示した首謀者であるし，V宅の金庫内に数百万円の現金があるとの本件犯罪をなすことを乙が決意する情報を与えている。また，甲は本件ナイフ等の，乙が本件犯罪に必要な物を買う資金も乙に与えているので，本件犯罪において重要な役割を担っている。さらに，本件犯罪は，当初は甲が組長から金を作れと言われたことに起因して，かかる甲のためになされることが想定されていたのであり，甲は，本件犯罪に対して強い利害関係も有しているといえる。そのため，③要件もみたし，甲に上記罪の共同正犯が成立しうる。

(2)　もっとも，甲は，その犯行の実行に着手する以前に，乙に対して犯行の中止命令を下しているが，これをいかに評価すべきか。

ア　この点，一度は自ら犯行命令を下し共謀を成立させている以上，後から中止を命じたとしても共謀の成否には影響しないようにも思える。

イ　確かに，甲が組織において組長に次ぐ立場にあり，乙にとってその命令は限りなく絶対的なものに近いものであることを考えれば，その支配力は強大であり，一度下した命令との関係でその因果性を遮断することは容易ではない。

ウ　しかし，裏を返せば，同じ甲のする命令である以上，後からなされた中止命令についても，かかる犯行命令と同様の強い支配力が及ぶはずである。

そうであるとすれば，後からなされた犯行中止命令によって当初の犯行命令は完全に撤回されたとみることが妥当であり，これによって一度成立した共謀も消滅するものと解することが相当である。

(3)　したがって，上記③要件を欠くこととなるため，甲には共謀共同正犯は成立しない。

3　ここで，共謀共同正犯は不成立であるが，中止命令を下すまでは強盗行為に関与したことは事実である。

そこで，強盗予備（237条）については上記①～③要件を充足し，乙との関係において共謀共同正犯となる。

この点，中止犯（43条）については，予備の中止が可罰性を欠くため，成立しない。

第4　丁の罪責

きない。

●　本答案は，おそらく共謀の射程について検討しているものと思われるが，本問は，甲が強盗を指示し，乙が実際に強盗に及ぶ（そして，結果的にVが死亡する）という事案であるから，共謀の射程が問題となることはない。ここでは，共犯からの離脱について検討することが求められていた（再現答案①参照）。

●　ウで論じられている③要件とは，正犯意思又は重要な役割であると思われる。この点に関しては，出題趣旨で指摘することが求められている事実をほぼ摘示できている。もっとも，「甲はVから手に入れた金員の7割を手にすることにしていたこと」も指摘できるとより適切なものとなった。

●　本答案は，共犯からの離脱の論点について正しく理解できていないため，明確に問題の所在を提示することができていない。そのため，一見して何の論点について検討しているのかが分からない論述となっている。出題趣旨によれば，共犯からの離脱が問題となり，共犯の処罰根拠を意識した問題の所在の摘示，及び規範の定立が求められているところ，本答案は，共犯の処罰根拠を示せていないだけでなく，規範も定立できていない。さらに，「一度成立した共謀も消滅する」旨論述しているが，その理論的な位置付けも不明である。

●　強盗予備に言及している点は出題趣旨に沿うが，どの行為が強盗予備に該当するかは明確にすべきである。

●　「中止犯（43条）については，予備の中止が可罰性を欠くため，成立しない」との一文は論旨不明である。

1　丁が窃盗目的という不当な目的をもってVの意思に反し，V方に入り「侵入」した行為に住居侵入罪が成立する。

2　丁が本件キャッシュカードというVが所有する「他人の財物」をズボンのポケットに入れ，Vの意思に反して自己の占有下に移転させた行為は「窃取」に当たる。そのため，同行為に窃盗罪（２３５条）が成立する。

3　次に，丁がVをにらみつけながら，「金庫の中にあったキャッシュカードの暗証番号を教えろ」と強い口調で言った行為につき２項強盗罪（２３６条２項）が成立しないか。

(1)　「脅迫」（２３６条１項）とは，相手方の反抗を抑圧するに足りる程度のものが必要であるところ，本件では，行為者丁は，Vが恐怖で顔を引きつらせており，反抗が抑圧されやすい状況にあることを認識している。そして，丁はかかる状況を認識し，Vに強く迫れば，容易に暗証番号を聞き出せると考え，上記行為に及んでいるため，Vの本件状況も加味できる。本件Vの強い恐怖心を抱いている状況を加味すれば，丁が暗証番号を教えろと強い口調で言った行為も相手方の反抗を抑圧するに足りる程度の「脅迫」といえる。

(2)　また，本件でVは丁の上記脅迫により，言うことを聞かなかったら，またひどい暴行を振るわれるかもしれないと考えて，さらに強い恐怖心を抱き，反抗が抑圧されている。

(3)　次に，確かに，本件で丁が取得したのは暗証番号という単なる４桁の数字にすぎないので「財産上不法の利益」には当たらないとも思える。しかし，本件で丁は，本件キャッシュカードを取得してい

るのであり，暗証番号の取得により，本件キャッシュカードから払戻しを受ける地位を取得する。そして，Vは丁が払戻しを受ける地位を取得することに対応して，本件キャッシュカードを通じてなす現金の占有が弱まり，キャッシュカードから自己の金銭が払い戻される危険を有する地位に立たされるのである。

したがって，本件暗証番号は「財産上不法の利益」に当たるといえる。

(4)　よって，丁の上記行為に同罪が成立する。

4　丁が他人名義のキャッシュカードから現金を引き出すという不当な目的をもって，X銀行Y支店長の意思に反して，Y支店に入った行為は「侵入」に当たる。そのため，同行為に建造物侵入罪（１３０条前段）が成立する。

5　また，銀行としても，丁が有する本件キャッシュカードが盗まれたものであることを知っていれば，口座凍結等の処置をなしたといえる。そのため，丁がＡＴＭから現金１万円を引き出した行為は，X銀行の意思に反して財物を自己の占有下に移す「窃取」に当たるので，同行為に銀行に対する窃盗罪が成立する。

以　上

この点については，「予備罪は，予備行為によって直ちに犯罪が完成する以上，中止する余地はない」などと論述すべきである。

●　出題趣旨は，「丁がVに申し向けた文言が強盗罪の実行行為としての脅迫に該当するか否かが問題となる」としているところ，本答案は，この問題について論述することができてはいるが，第三者により反抗抑圧状態が既に作出されていたという本問の事案の特殊性を踏まえた規範が定立できておらず，出題趣旨に十分に合致するとはいえない。

●　本答案が「暗証番号の取得により，本件キャッシュカードから払戻しを受ける地位を取得する」として，暗証番号の利益性を肯定している点は，出題趣旨に挙げられた裁判例（東京高判平21.11.16／H23重判〔４〕）を踏まえたものであり，出題趣旨に合致する。

●　建造物侵入罪及び窃盗罪の各成否に関して，簡潔に論ずることができている。

●　丁には複数の犯罪が成立しているため，罪数関係について示す必要があった。

平成29年

[刑事系科目]

〔**第1問**〕（配点：１００）

　　以下の事例に基づき，甲及び乙の罪責について，具体的な事実を摘示しつつ論じなさい（建造物侵入罪及び証拠隠滅罪並びに特別法違反の点は除く。）。

1　会社員甲（２８歳，男性，身長１６５センチメートル，体重７０キログラム）は，毎月２５日，勤務先から給料２３万円を支給されていたが，預貯金はなかった。甲は，某年８月２５日に支給された給料の大半を遊興に費消したため，９月１０日には，手持ちの金がほとんどなくなってしまった。

2　甲は，９月１２日午後１時，自宅近くのショッピングモール内にある時計店で，以前から欲しかった限定品の腕時計Ｘ（販売価格１０万円）が，１個だけ販売されているのを見付けた。甲は，手持ちの金がなかったため，勤務先会社の同僚Ａ（２８歳，男性，身長１７０センチメートル，体重６５キログラム）から金を借りて腕時計Ｘを購入しようと考えた。甲は，同日午後１時５分，同時計店内でＡに電話をかけ，「腕時計Ｘを買いたいので１０万円貸してほしい。」と頼んだところ，Ａからは金がないと言われて断られた。しかし，甲は，どうしても腕時計Ｘが欲しかったため，引き続きＡに対して，「クレジットカードを貸してくれないか。そのクレジットカードで腕時計Ｘを買いたい。使った分の金は９月２５日の給料で支払うし，腕時計Ｘを買うほかには絶対使わない。」と頼んだ。Ａは，甲の言うことを信じ，甲に対して，Ｂ信販会社が発行したＡ名義のクレジットカード（以下「本件クレジットカード」という。）を腕時計Ｘを購入するためだけに利用することを条件として貸すことにした。なお，本件クレジットカードは，Ｂ信販会社が所有するものであり，Ｂ信販会社の規約には，会員である名義人のみが利用でき，他人への譲渡，貸与等が禁じられていることや，加盟店は，利用者が会員本人であることを善良な管理者の注意義務をもって確認することが定められている。

3　同日午後２時，甲は，Ａと会って本件クレジットカードを受け取り，同日午後３時，前記時計店に戻った。甲は，同時計店に戻った後に新たに見付けた腕時計Ｙ（販売価格５０万円）を，交際相手へプレゼントするために購入したいと考えた。甲は，本件クレジットカードを腕時計Ｘを購入するためだけに利用するというＡとの約束に反すること，今後，Ａに合計６０万円を支払うことができる確実な見込みがないことをそれぞれ認識しつつ，同日午後３時１５分，応対した同時計店店主Ｃに対し，腕時計Ｘと腕時計Ｙの購入を申し込んだ。その際，甲は，Ｃに対し，Ａ本人であると装って本件クレジットカードを手渡した上，Ｃの求めに応じ，Ｂ信販会社の規約に従い利用代金を支払う旨の記載がある売上票用紙の「ご署名（自署）」欄にＡの名前をボールペンで記入して手渡した。Ｃは，その署名を確認し，甲がＡ本人であって，本件クレジットカードの正当な利用権限を

有すると信じ，甲に対して，腕時計Ｘと腕時計Ｙを合計６０万円で売却した。甲は，購入した腕時計Ｘと腕時計Ｙを持って同時計店を出た後，同日午後５時，交際相手と会って，同人に腕時計Ｙをプレゼントした。

4　甲は，同日午後６時，Ａと会って本件クレジットカードを返却した。その際，甲は，Ａに対して，本件クレジットカードを利用し，腕時計Ｘ以外にも，交際相手へプレゼントするために腕時計Ｙを購入したこと，それらの購入金額の合計が６０万円であったことを話した上で，「６０万円は絶対支払う。」と言った。Ａは，甲が約束を破り，本件クレジットカードを利用して腕時計Ｙを購入したことから甲に対する怒りを覚えたものの，「使ってしまったものは仕方がない。金の支払を受けられれば良い。」と思い，甲から６０万円が支払われるのを待つことにした。

5　その後，甲は，Ａに支払う６０万円を用意するため，複数の知人に借金を申し込んだが，誰からも金を借りられず，６０万円を用意できないまま９月２５日の給料日を迎えた。甲は，同日，Ａに対して，「来月まで支払を待ってほしい。」と頼んだ。Ａは，甲の頼みを聞いて，１０月２５日の給料日まで甲の支払を待つことにした。その後も，甲は，Ａに支払う６０万円を用意するため，複数の知人に借金を申し込んだが，誰からも金を借りられず，６０万円を用意できないまま１０月２５日の給料日を迎えた。Ａは，同日以降，何度も，甲に対して６０万円を支払うように求めたが，甲は，適当な理由をつけてＡに金を支払わなかった。そのためＡは，甲に対する怒りを募らせた。

　　　１１月１０日，Ａ名義の銀行口座から，腕時計Ｘと腕時計Ｙの代金６０万円を含む本件クレジットカードの９月分の利用代金が引き落とされた。高額の支出のため生活費に困ったＡは，甲に対する怒りを更に募らせ，甲に対して６０万円を支払うように強く求めた。甲は，Ａの甲に対する怒りがかなり強くなっていることを知り，同月１５日，複数の金融業者から借りて現金６０万円を用意し，これをＡに支払った。しかし，Ａの甲に対する怒りは収まらず，Ａは，顔を合わせるたびに甲に対して，「さんざん迷惑掛けやがって。これで済んだと思うなよ。」などと嫌みを言っていた。

6　甲は，１１月２０日午後８時，知人乙（２５歳，男性，身長１７５センチメートル，体重７５キログラム）と飲食店で飲食していたところ，偶然，Ａが同店にやって来た。Ａは，甲を見付けると，甲に対して，「のんきに飯なんか食いやがって。金もないくせに。」などと嫌みを言い始めた。甲は，Ａの言動に嫌気がさし，同店から徒歩で１５分の所にある，甲が一人で暮らす甲宅で乙と飲食し直すことにし，同日午後８時５分，Ａに気付かれないようにして，乙と同店を出た。

7　Ａは，同日午後８時１０分，甲が同店から出たことに気付いて怒り，同店から出て甲を追い掛け，同日午後８時１５分，人気のない暗い路上で，乙と歩いている甲に追い付いた。Ａは，甲に対して，「こそこそ逃げやがって，この野郎。」と言いながら，甲の顔面を殴ろうとして，右手の拳骨を甲の顔面に向けて突き出した。これに気付いた甲は，Ａの右手の拳骨をかわしながら，このままではＡから殴られると考え，これを防ぐため，乙に対して，「一緒にＡを止めよう。」と言った。乙は，甲がＡから殴られるのを防ごうと考え，「分かった。」と答えた。そこで，甲と乙が正面からＡに

体当たりしたところ，Ａは路上に尻餅を付いた。しかし，Ａは，すぐに立ち上がり，「この野郎。」と言いながら，再び右手の拳骨で甲の顔面に殴りかかろうとした。甲と乙は，甲がＡから殴られるのを防ごうと考え，再び正面からＡに体当たりしたところ，Ａが路上に仰向けに倒れた。倒れたＡは，「なにするんだ。この野郎。」と大声で言いながら，立ち上がろうとした。その様子を見た甲は，しばらくＡを押さえ付けておけばＡが落ち着き，Ａから殴られることもなくなるだろうと考え，乙に対して，「一緒にＡを押さえよう。」と言った。乙は，甲がＡから殴られるのを防ごうと考え，甲に対して，「分かった。俺は上半身を押さえるから，下半身を押さえてくれ。」と答えた。

　甲は，仰向けに倒れているＡの両膝辺りにＡの足先の方向を向いてまたがり，Ａの両足首を，真上から両手で力を込めて押さえ付けた。乙は，仰向けに倒れているＡの腰辺りにＡの頭の方向を向いてまたがり，Ａの両上腕部を，真上から両手で力を込めて押さえ付けた。しかし，Ａは，身体をよじらせながら，「離せ。甲，お前をぶん殴ってやる。絶対に許さない。覚悟しろ。」と甲を大声で罵り，更に力を込めて体をよじらせた。乙は，Ａのその様子を見て，甲がＡから殴られるのを防ぐためには，Ａを痛めつけて大人しくさせるしかないと考えた。そこで，乙は，Ａの腰辺りにまたがってＡの右上腕部を真上から左手で力を込めて押さえ付けたまま，Ａの左上腕部に右膝を力を込めて押し当てた上，傍らに落ちていた石（直径１０センチメートルの丸形，重さ８００グラム）を右手で拾い，右手に持ったその石で，Ａの顔面を力を込めて１発殴った。するとＡは失神し，全く動かなくなった。なお，甲は，乙が石を拾ったことや乙が右手に持った石でＡの顔面を殴り付けたことを全く認識していなかった。また，乙は，Ａの顔面を右手に持った石で殴り付けた際，Ａを殺そうともＡが死ぬかもしれないとも考えていなかった。

8　甲と乙は，Ａが全く動かなくなったためＡから離れた。甲は，乙から，右手に持った石でＡの顔面を殴ったことを聞いた。甲と乙は，鼻から血を流して全く動かないＡの様子を見てＡが死んでしまったと思った。甲は，乙に対して，「Ａは結婚して妻も子供もいるのにどうしよう。」と言った。乙は，近くに人がいないことを確認した上，甲に対して，「Ａが強盗に襲われて死んだように見せ掛けよう。Ａの財布を探して捨ててしまおう。」と言った。甲は，乙に対して，「そうしよう。」と答えたものの，「財布は捨ててもいいが，もったいないから中の現金はもらい，借金の返済に使おう。」と考えていた。しかし，甲は，乙にその考えを話さなかった。甲と乙は，財布を探した。甲は，Ａのズボンのポケット内に財布１個があるのを見付けたので，乙に財布を見付けたことを話した上，同ポケットから同財布を取って中を確認したところ，同財布には１万円札４枚の合計４万円が入っていた。甲は，同財布に現金４万円が入っていたことを乙に話した上，現金入りの同財布を，甲の上着ポケットにしまった。乙は，甲が現金入りのまま同財布を捨ててくれると思っていた。

　甲と乙は，そのまま甲宅へ向かい，同日午後８時３０分，甲宅に到着した。乙は，同日午後９時，帰宅するために甲宅を出た。甲は，同日午後９時５分，甲宅において，上着ポケットにしまったま

まの現金入りの同財布を取り出して現金４万円を抜き取り自分のものとし，同財布は甲宅の押し入れ内に隠した。

9　Aは，同日午後１０時頃，失神したまま路上に倒れていたところを通行人に発見され，通報により到着した救急隊員により病院に搬送された。Aは，乙に石で顔面を殴られたことから，全治約１か月間を要する鼻骨骨折の傷害を負った。

出題趣旨

【刑事系科目】

〔第1問〕

　本問は，(1)甲が，Aから，B信販会社が発行したA名義のクレジットカード（以下「本件クレジットカード」という。）について，腕時計Xを購入するためだけに利用することを条件として借りたところ，その条件に反することを認識しつつ，時計店店主Cに対し，腕時計Xと腕時計Yの購入を申し込み，本件クレジットカードを手渡した上，売上票用紙にAの名前を記入して手渡し，腕時計Xと腕時計Yを購入したこと，(2)甲と乙が，Aが甲の顔面を殴ろうとしてきたのを防ぐため，正面からAに体当たりし，路上に仰向けに倒れているAを押さえ付けるなどし，更に乙が右手に持った石でAの顔面を1発殴り，Aに全治約1か月間を要する鼻骨骨折の傷害を負わせたこと，(3)甲と乙が，失神したAの様子を見てAが死亡したと思い，Aが強盗に襲われて死んだように見せ掛けようと考え，Aのズボンのポケットから財布1個を持ち去ったことなどを内容とする事例について，甲及び乙の罪責を検討させることにより，刑事実体法及びその解釈論の知識と理解を問うとともに，具体的な事実関係を分析し，その事実に法規範を適用する能力並びに論理的な思考力及び論述力を試すものである。

　以下では，(1)甲が本件クレジットカードを利用して腕時計を購入した行為について，甲の罪責を述べ，(2)甲と乙がAに暴行を加えて傷害を負わせた行為及び(3)甲と乙がAのズボンのポケットから財布を持ち去った行為について，甲及び乙の罪責を述べることとする。

(1)　甲が本件クレジットカードを利用して腕時計を購入した行為について

　　会社員甲は，自宅近くのショッピングモール内にある時計店で，腕時計X（販売価格10万円）を見付け，勤務先会社の同僚Aから金を借りて腕時計Xを購入しようと考え，Aに電話をかけ，10万円を貸してほしいと頼んだが，Aから断られた。そこで，甲は，Aに対して，クレジットカードを貸してほしいと頼んだところ，Aは，甲に対して，本件クレジットカードを腕時計Xを購入するためだけに利用することを条件として貸すことにした。甲は，Aから本件クレジットカードを受け取り，同時計店に戻ったが，新たに見付けた腕時計Y（販売価格50万円）を，交際相手へプレゼントするために購入したいと考えた。甲は，本件クレジットカードを腕時計Xを購入するためだけに利用するというAとの約束に反すること，今後，Aに合計60万円を支払うことができる確実な見込みがないことをそれぞれ認識しつつ，時計店店主Cに対し，腕時計Xと腕時計Yの購入を申し込み，A本人であると装って本件クレジットカードを手渡した上，Cの求めに応じて，B信販会社の規約に従い利用代金を支払う旨の記載がある売上票用紙の「ご署名（自署)」欄にAの名前を記入して手渡した。Cは，その署名を確認し，甲がA本人であって，本件クレジットカードの正当な利用権限を有すると信じ，甲に対して，腕時計Xと腕時計Yを合計60万円で売却した。なお，本件クレジットカードは，B信販会社が所有するものであり，B信販会社の規約には，会員である名義人のみが利用でき，他人への譲渡，貸与等が禁じられていることや，加盟店は，利用者が会員本人であることを善良な管理者の注意義務をもって確認することが定められている。

　甲が本件クレジットカードを利用して腕時計を購入した行為については，①詐欺罪（刑法第２４６条）の成否，②有印私文書偽造罪及び同行使罪（同法第１５９条第１項，同法第１６１条第１項）の成否，③背任罪（同法第２４７条）又は横領罪（同法第２５２条第１項）の成否が問題となる。

　まず，甲は，本件クレジットカードを利用して腕時計Ｘと腕時計Ｙを購入したが，その際，腕時計Ｘの購入についてはＡから承諾を得ていたことから，名義人の承諾を得たにもかかわらず，その承諾を超えて他人名義のクレジットカードを利用した行為について，詐欺罪の成否が問題となる。そして，詐欺罪の成否を論じるに際しては，１項詐欺と２項詐欺のいずれが成立するのかを理由付けを含めて簡潔に述べた上，欺罔行為の内容，その他の構成要件要素について，事実を指摘して具体的に論じる必要がある。

　次に，甲は，腕時計購入の際，Ｃの求めに応じ，Ｂ信販会社の規約に従い利用代金を支払う旨の記載がある売上票用紙の「ご署名（自署）」欄にＡの名前を記入し，これをＣに手渡しているところ，前記のとおり，甲は，Ａから，腕時計Ｘの購入について本件クレジットカードを利用することの承諾を得ており，その利用時には売上票用紙にＡの名前を記入することの承諾も得ていたと考えられることから，名義人の承諾がある場合の有印私文書偽造罪の成否が問題となる。そして，名義人Ａの承諾の有無が関係する「偽造」の要件，その他の偽造罪の要件，行使罪の「行使」の要件について，それぞれ事実を指摘して具体的に論じる必要がある。

　これらの詐欺罪，有印私文書偽造罪及び同行使罪については，甲は，名義人Ａの承諾を得て借りた本件クレジットカードを用いて犯行に及んでいることから，甲の罪責として，Ａとの共同正犯の成否についても簡潔に論じることが望ましい。

　さらに，Ａとの約束に反して本件クレジットカードを利用した行為について，Ａとの関係で犯罪が成立しないかが問題となる。甲はＡから許された本件クレジットカードを利用できる地位・資格を濫用したと捉えて，背任罪が成立すると構成する見解，あるいは甲の地位・資格を化体した本件クレジットカード自体を横領したと捉えて，横領罪が成立すると構成する見解が考えられるところ，いずれの見解でも，構成要件該当性について，事実を指摘して具体的に論じ，更に背任罪と横領罪の関係，不法な目的による委託信任関係の要保護性，既遂時期等について的確に論じる必要がある。

⑵　甲と乙がＡに暴行を加えて傷害を負わせた行為について

　甲と乙は，飲食店で偶然会ったＡから嫌みを言われたことから，Ａに気付かれないように同店を出て人気のない暗い路上を歩いていたところ，甲が同店から出たことに気付いたＡに追い付かれた。甲らの行為に怒ったＡは，甲の顔面を殴ろうとして，右手の拳骨を甲の顔面に向けて突き出したが，これに気付いた甲は，Ａの右手の拳骨をかわしながら，Ａから殴られるのを防ぐため，乙に対して，「一緒にＡを止めよう。」と言い，乙は，甲がＡから殴られるのを防ごうと考え，「分かった。」と答えた。そこで，甲と乙が正面からＡに体当たりしたところ，Ａは路上に尻餅を付いた。しかし，Ａがすぐに立ち上がり，再び右手の拳骨で甲の顔面に殴りかかろうとした。甲と乙は，甲がＡから殴られるのを防ごうと考え，再び正面からＡに体当たりしたところ，Ａが路上に仰向けに倒れた。甲は，Ａが再び立ち上がろうとする様子を見て，Ａから殴られないようにするため，乙に対して，「一緒にＡを押さえよう。」と言い，乙は，甲がＡから殴られるのを防ごうと考え，甲に対して，「分かった。俺は上半身を押さえるから，下半身を押さえてく

れ。」と答えた。そこで，甲は，仰向けに倒れているＡの両膝辺りにＡの足先の方向を向いてまたがり，Ａの両足首を，真上から両手で力を込めて押さえ付け，乙は，仰向けに倒れているＡの腰辺りにＡの頭の方向を向いてまたがり，Ａの両上腕部を，真上から両手で力を込めて押さえ付けた。しかし，Ａは，身体をよじらせながら，「離せ。甲，お前をぶん殴ってやる。絶対に許さない。覚悟しろ。」と甲を大声で罵り，更に力を込めて体をよじらせた。Ａのその様子を見た乙は，甲がＡから殴られるのを防ぐため，Ａの腰辺りにまたがってＡの右上腕部を真上から左手で力を込めて押さえ付けたまま，Ａの左上腕部に右膝を力を込めて押し当てた上，傍らに落ちていた石（直径１０センチメートルの丸形，重さ８００グラム）を右手で拾い，右手に持ったその石で，Ａの顔面を力を込めて１発殴った。Ａは，乙に石で顔面を殴られたことから，全治約１か月間を要する鼻骨骨折の傷害を負った。なお，甲は，乙が石を拾ったことや乙が右手に持った石でＡの顔面を殴り付けたことを全く認識していなかった。

甲と乙がＡに暴行を加えて傷害を負わせた行為について，甲及び乙の罪責を検討するに当たっては，①傷害罪（刑法第２０４条）の構成要件該当性及び共同正犯の成否，②正当防衛ないし過剰防衛の成否（同法第３６条）について検討する必要がある。

甲と乙は，甲が乙に「一緒にＡを止めよう。」と言い，乙が「分かった。」と答えた後，Ａに体当たりするなどしていることから，現場で共謀を遂げた上，共同してＡに暴行を加え始めたと認められる。その後も両者の暴行は継続し，その過程で乙が右手に持った石でＡの顔面を１発殴打してＡに全治約１か月を要する鼻骨骨折の傷害を負わせたところ，甲が乙の傷害行為を認識していないものの，特に共謀が終了したと見るべき事情が存在しないと考えられる場合，甲と乙は全体について共同正犯としての責任を負うかが問題になる。そして，乙の殴打とＡの傷害結果との間に因果関係を認めることができるので，乙の行為は傷害罪の構成要件に該当する。さらに，自ら傷害の結果を惹起していない甲についても，結果的加重犯の共同正犯を肯定する立場では，傷害罪の構成要件該当性が肯定され，甲と乙は傷害罪の共同正犯と解されることになる。

以上について，共謀が終了したと見るべき事情が存在しないかどうかを含め，事実を指摘して具体的に論じなければならない。なお，乙の傷害行為は共謀に基づかないものと考えた場合，共謀を否定する理由を的確に論じた上で，甲については暴行罪の正当防衛の成否を，乙については甲との共同正犯となる暴行罪の正当防衛の成否と合わせて，傷害罪の正当防衛ないし過剰防衛の成否を検討することになる。

次に，正当防衛ないし過剰防衛の成否を検討するに当たっては，まず，「急迫不正の侵害」，「防衛の意思」について，簡潔に指摘する必要がある。急迫不正の侵害については，Ａが甲の顔面を殴ろうとして，右手の拳骨を甲の顔面に向けて突き出し，甲と乙に体当たりされて尻餅を付いた後も，すぐに立ち上がり再び右手の拳骨で甲の顔面に殴りかかろうとしたことや，仰向けに倒されて押さえ付けられている間も，身体をよじらせながら，「離せ。甲，お前をぶん殴ってやる。絶対に許さない。覚悟しろ。」と甲を大声で罵り，更に力を込めて体をよじらせていたことを指摘した上で，乙がＡの顔面を殴打した時点でも甲に対する急迫不正の侵害が継続していたことを述べる必要がある。防衛の意思についても，甲と乙が，終始，甲がＡから殴られるのを防ぐためにＡに暴行を加えていたことを指摘して，甲と乙の行為は，いずれも同一の防衛の意思に基づくことを述べる必要がある。

甲と乙の行為が「やむを得ずにした行為」と認められるか否かをめぐっては，「やむを得ずに

した行為」の意義（防衛行為の必要性・相当性）を明らかにした上で，共同正犯における防衛行為の相当性について，共同正犯者全員の行為を対象として判断するか，共同正犯者ごとに個別に判断するかを論じる必要がある。また，乙がAの顔面を殴打した時点でも甲に対する急迫不正の侵害が継続し，甲と乙の行為は，終始，同一の防衛の意思に基づく行為と認められることは上記のとおりであり，相当性の判断は，甲と乙の一連の行為を一体として行われるべきこと，いわゆる量的過剰は問題となっていないことを指摘しておく必要がある。

その上で，甲と乙の行為が防衛行為として相当と認められるか否かは，甲と乙の一連の行為（体当たり，押さえ付け，顔面殴打）に関する事実を指摘して具体的に検討することが求められる。例えば，乙がAの顔面を殴った行為は，既にAが仰向けに倒れた状態で甲と乙に押さえ付けられており，Aによる攻撃が当初より弱まっていたことや，Aが素手で甲に殴りかかろうとしたのに対し，乙が右手に持った石でAの顔面を殴ったことなどの各事実を踏まえ，防衛行為として相当性の範囲を逸脱したか否かが論じられるべきである。

防衛行為の相当性について，共同正犯者全員の行為を対象として判断し，甲と乙の一連の行為が防衛行為の相当性の範囲を逸脱したと認めた場合には，甲と乙のいずれについても，客観的には過剰防衛と評価されることになり，乙には過剰防衛が成立する。甲については，乙が石を拾ったことや乙が右手に持った石でAの顔面を殴り付けたことを全く認識しておらず，過剰性を基礎付ける事実を認識していなかったため，違法性阻却事由の錯誤が問題となる。違法性阻却事由の錯誤に関する自らの立場を明らかにした上で結論を導き出すことが求められる。例えば，事実の錯誤説に基づき，甲は乙の過剰行為を認識していなかったことから，傷害罪の故意を阻却することが考えられる。そこでは，更に過失傷害罪（刑法第２０９条第１項）の成否が問題となり，甲が乙の過剰行為を認識していなかった点について，過失の有無を検討する必要がある。過失傷害罪の成立を認める場合には，過剰防衛の任意的減免（同法第３６条第２項）の準用の可否も問われることになる。

以上と異なり，防衛行為の相当性を共同正犯者ごとに個別に判断し，甲の行為は防衛行為として相当であるが，乙の行為は防衛行為として相当性の範囲を逸脱したと認めた場合には，甲には正当防衛が成立し，乙には過剰防衛が成立することになる。

(3) 甲と乙がAのズボンのポケットから財布を持ち去った行為について

甲と乙は，失神したAを見てAが死亡したと思い，乙が甲に対して，「Aが強盗に襲われて死んだように見せ掛けよう。Aの財布を探して捨ててしまおう。」と言ったところ，甲が乙に対して，「そうしよう。」と答えた。もっとも，甲は，「財布は捨ててもいいが，もったいないから中の現金はもらい，借金の返済に使おう。」と考えていたが，乙にその考えを話さなかった。甲と乙は，財布を探し，甲がAのズボンのポケット内に財布１個があるのを見付け，同ポケットから同財布を取り，同財布を甲の上着ポケットにしまった。乙は，甲が現金入りのまま同財布を捨ててくれると思っていた。甲と乙は，そのまま甲宅へ向かい，甲は，乙が帰宅した後，甲宅において，上着ポケットにしまったままの現金入りの同財布を取り出して現金４万円を抜き取って自分のものとし，同財布を甲宅の押し入れ内に隠した。

甲と乙がAのズボンのポケットから財布を持ち去った行為について，甲及び乙の罪責を検討するに当たっては，①窃盗罪（刑法第２３５条）の客観的構成要件該当性，②死者の占有，③不法領得の意思，④共同正犯の成否（同法第６０条）を検討する必要がある。

まず，窃盗罪の客観的構成要件該当性については，甲と乙がＡのズボンのポケットから財布を奪った時点でＡは生きており，財布に対するＡの占有が認められるので，甲がＡのズボンのポケットから財布を取って，同財布を甲の上着ポケットにしまった行為が，客観的には窃盗罪の窃取に該当することを簡潔に指摘しておくべきである。

　次に，甲と乙がＡから財布を奪った時点で，甲と乙はＡが死亡したものと認識していたため，窃盗罪の故意に関してＡの占有を侵害する認識が認められるかが問題となる。死者の占有について，判例の立場（最判昭和４１年４月８日刑集２０巻４号２０７頁等）による場合には，「被害者からその財物の占有を離脱させた自己の行為を利用して財物を奪取した」と認められるかを検討しなければならない。そして，Ａの占有を侵害する認識を肯定する場合，客観的に窃盗罪の構成要件に該当するのみならず，窃盗罪の故意が認められる。Ａの占有を侵害する認識を否定する場合は，Ａの財布を占有離脱物と認識していたことになり，客観的には窃盗罪の構成要件に当たるとしても，主観的には占有離脱物横領罪の認識を有しているにすぎないこととなるので，抽象的事実の錯誤であることを指摘し，「構成要件の重なり合い」の有無を論じる必要がある。

　さらに，甲は「財布の中の現金はもらい，借金の返済に使おう。」と考え，乙は「財布を捨ててしまおう。」と考え，Ａから財布を奪っていることから，窃盗罪又は占有離脱物横領罪の不法領得の意思が問題となるところ，不法領得の意思の要否及び内容を明らかにした上，事実を具体的に指摘してその存否を認定する必要がある。

　不法領得の意思について，権利者排除意思と利用処分意思のいずれも必要とする判例の立場で，乙に利用処分意思が認められないと考えれば，乙は器物損壊罪の構成要件に該当することになる。この立場では，甲がＡから取った財布を甲の上着ポケットにしまったまま甲宅に向かい，同財布を甲宅の押し入れ内に隠した行為が器物損壊の「損壊」に該当することの説明が簡潔になされることを要する。乙は，甲に対して，「Ａが強盗に襲われて死んだように見せ掛けよう。」と言っているので，犯跡隠滅目的にも利用処分意思が認められると考えれば，乙も窃盗罪又は占有離脱物横領罪の構成要件に該当することになるが，その場合は，犯跡隠滅目的に利用処分意思を認める理由が的確に説明されなければならない。他方，不法領得の意思について，不要説又は権利者排除意思のみで足りるとする立場によれば，乙も窃盗罪又は占有離脱物横領罪の構成要件に該当することになるが，その場合は，判例と異なる立場に立つ理由を的確に示す必要がある。

　最後に，共同正犯の成否が取り上げられる。甲が窃盗罪又は占有離脱物横領罪，乙が器物損壊罪の各構成要件に該当すると考えた場合には，異なる構成要件間における共同正犯の成否が問題となるところ，共同正犯における共同実行の意義（行為共同説と犯罪共同説の対立）について簡潔に説明した上，結論を導き出さねばならない。

(4)　最後に，甲及び乙について，罪数を論じる必要がある。

採点実感

1 出題の趣旨について

既に公表した出題の趣旨のとおりである。

2 採点方針

本問では，比較的長文の具体的事例に基づき甲及び乙の罪責を問うことにより，刑法総論・各論の基本的な知識と問題点についての理解の有無・程度，事実関係を的確に分析・評価し，具体的事実に法規範を適用する能力，結論の妥当性，その結論に至るまでの法的思考過程の論理性，論述力等を総合的に評価することを基本方針として採点に当たった。

すなわち，本問は，(1)甲が，Aから，B信販会社が発行したA名義のクレジットカード（以下「本件クレジットカード」という。）を，腕時計Xを購入するためだけに利用することを条件として借りたところ，その条件に反することを認識しつつ，時計店店主Cに対し，腕時計Xと腕時計Yの購入を申し込み，本件クレジットカードを手渡した上，売上票用紙にAの名前を記入して手渡し，腕時計Xと腕時計Yを購入したこと，(2)甲と乙が，Aが甲の顔面を殴ろうとしてきたのを防ぐため，正面からAに体当たりし，路上に仰向けに倒れているAを押さえ付けるなどし，更に乙が右手に持った石でAの顔面を1発殴り，Aに全治約1か月間を要する鼻骨骨折の傷害を負わせたこと，(3)甲と乙が，失神したAの様子を見てAが死亡したと思い，Aが強盗に襲われて死んだように見せ掛けようと考え，Aのズボンのポケットから財布1個を持ち去ったことなどを内容とする事例について，甲及び乙の罪責を問うものであるところ，これらの事実関係を法的に分析した上で，事案の解決に必要な範囲で法解釈論を展開し，問題文に現れた事実を具体的に指摘しつつ法規範に当てはめて妥当な結論を導くこと，さらには，甲及び乙の罪責についての結論を導く法的思考過程が相互に論理性を保ったものであることが求められる。

そして，甲及び乙の罪責を検討するに当たっては，それぞれの行為や侵害された法益等に着目した上で，どのような犯罪の成否が問題となるのかを判断し，各犯罪の構成要件要素を検討し，問題文に現れた事実を丁寧に拾い出して当てはめ，犯罪の成否を検討することになる。

さらに，本問は，論じるべき点が多岐にわたることから，事実認定上又は法律解釈上の重要な事項については手厚く論じる一方で，必ずしも重要とはいえない事項については簡潔な論述で済ませるなど，全体のバランスが取れるように工夫して答案を構成し，最後まで書き切ることが求められていた。

本問で論じるべき点は，出題の趣旨で示したとおりである。

甲が本件クレジットカードを利用して腕時計を購入した行為について，甲の罪責を検討するに当たっては，まず，甲が名義人Aの承諾を得たにもかかわらず，その承諾を超えて他人名義のクレジットカードを利用した行為について，詐欺罪の成否を論じる必要があり，その際には，1項詐欺と2項詐欺のいずれが成立するのかを理由付けを含めて簡潔に述べた上，欺罔行為の内容，その他の構成要件要素について，事実を指摘して具体的に論じることが求められていた。

次に，甲が，腕時計購入の際，B信販会社の規約に従い利用代金を支払う旨の記載がある売上票

用紙の「ご署名（自署）」欄にAの名前を記入し，これをCに手渡した行為について，名義人の承諾がある場合の有印私文書偽造罪の成否を論じる必要があり，名義人Aの承諾の有無が関係する「偽造」の要件，その他の偽造罪の要件，行使罪の「行使」の要件について，それぞれ事実を指摘して具体的に論じることが求められていた。

　さらに，甲がAとの約束に反して本件クレジットカードを利用した行為について，Aとの関係で犯罪が成立しないかを論じる必要があり，背任罪が成立すると構成する見解，横領罪が成立すると構成する見解が考えられるところ，いずれの見解でも，構成要件該当性について，事実を指摘して具体的に論じ，更に背任罪と横領罪の関係，不法な目的による委託信任関係の要保護性，既遂時期等について的確に論じることが求められていた。

　甲と乙がAに暴行を加えて傷害を負わせた行為について，甲及び乙の罪責を検討するに当たっては，まず，傷害罪の構成要件該当性及び共同正犯の成否について，共謀が終了したと見るべき事情が存在しないかどうかを含めて，事実を指摘して具体的に論じることが求められていた。

　次に，正当防衛・過剰防衛の成否を論じる必要があり，「急迫不正の侵害」及び「防衛の意思」について簡潔に論じた上，甲と乙の行為が「やむを得ずにした行為」と認められるかについて，「やむを得ずにした行為」の意義（防衛行為の必要性・相当性）及び共同正犯における相当性の判断方法を簡潔に論述し，防衛行為として相当性の範囲を逸脱したか否かを具体的に論じることが求められていた。そして，防衛行為の相当性について，共同正犯者全員の行為を対象として判断し，甲と乙の一連の行為が防衛行為の相当性の範囲を逸脱したと認めた場合には，甲と乙のいずれについても，客観的には過剰防衛と評価されることになり，乙には過剰防衛が成立することを論じつつ，甲については，乙が石を拾ったことや乙が右手に持った石でAの顔面を殴り付けたことを全く認識しておらず，過剰性を基礎付ける事実を認識していなかったことから，違法性阻却事由の錯誤について論じることが求められていた。他方，防衛行為の相当性を共同正犯者ごとに個別に判断し，甲の行為は防衛行為として相当であるが，乙の行為は防衛行為として相当性の範囲を逸脱したと認めた場合には，甲には正当防衛が成立し，乙には過剰防衛が成立することを論じる必要があった。

　甲と乙がAのズボンのポケットから財布を持ち去った行為について，甲及び乙の罪責を検討するに当たっては，まず，甲がAのズボンのポケットから財布を取り出して，同財布を甲の上着ポケットにしまった行為が，客観的には窃盗罪の窃取に該当することを簡潔に論じる必要があった。

　次に，甲と乙がAから財布を奪った時点で，甲と乙はAが死亡したものと認識していたため，窃盗罪の故意に関してAの占有を侵害する認識が認められるかについて論述することが求められており，Aの占有を侵害する認識を肯定する場合には，窃盗罪の故意が認められ，この認識を否定する場合は，主観的には占有離脱物横領罪の認識を有しているにすぎないこととなるので，抽象的事実の錯誤について論じる必要があった。

　さらに，甲は「財布の中の現金はもらい，借金の返済に使おう。」と考え，乙は「財布を捨ててしまおう。」と考え，Aから財布を奪っていることから，窃盗罪又は占有離脱物横領罪の不法領得の意思が問題となるところ，不法領得の意思の要否及び内容を明らかにした上，事実を具体的に指摘してその存否を論じることが求められており，甲について不法領得の意思を肯定して，甲の行為は窃盗罪又は占有離脱物横領罪の構成要件に該当し，乙について不法領得の意思を否定して，乙の行為は器物損壊罪の構成要件に該当すると考えた場合には，異なる構成要件間における共同正犯の成否を簡潔に論じる必要があった。

3 採点実感等

各考査委員から寄せられた意見や感想をまとめると，以下のとおりである。

(1) 全体について

本問は，前記2のとおり，論じるべき点が多岐にわたることから，各論点の体系的な位置付けを明確に意識した上，厚く論じるべきものと簡潔に論じるべきものを選別し，手際よく論じる必要があった。すなわち，甲及び乙の罪責を論じるに当たって検討すべき論点には，重要性の点において軽重があり，その重要度に応じて論じる必要があったが，これを考慮することなく，必ずしも重要とは認められない論点や結論が明らかな事項の論述に多くを費やしている答案が見受けられた。

本問を論じるに当たって必要とされている論点全てを検討した答案は少数であったが，その少数の答案を含め，総じて，規範定立部分についてはいわゆる論証パターンをそのまま書き写すことだけに終始しているのではないかと思われるものが多く，論点の正確な理解ができていないのではないかと思われる答案が目に付いた。

法的三段論法については，多くの答案において意識されていたものの，規範定立や判断方法を一切示さずに，問題文に現れた事実を抜き出しただけで，その事実が持つ法的意味を特段論じることなく結論のみを記載するという答案も多く見受けられた。全ての論点について，法的三段論法に従って論述する必要はないが，規範定立の上，結論を導くのに必要な事実を指摘して，妥当な結論を導くことが求められている。

なお，答案を構成するに当たり，甲と乙で分けて論じた答案には主要な問題点の検討が欠けていたり，論点の論述に重複したりするものが多かったが，時系列に沿って，甲が本件クレジットカードを利用して腕時計を購入した行為について甲の罪責を論じ，甲と乙がAに暴行を加えて傷害を負わせた行為及び甲と乙がAのズボンのポケットから財布を持ち去った行為について甲と乙の罪責を論じた答案には，主要な問題点の全てについて検討し，各論点についても過不足なく論述することができているものが多く，答案構成力が問われる問題でもあった。

(2) 甲が本件クレジットカードを利用して腕時計を購入した行為について

甲が本件クレジットカードを利用して腕時計を購入した行為について，甲の罪責を検討するに当たって論じるべき点は，①詐欺罪の成否，②有印私文書偽造罪及び同行使罪の成否，③背任罪又は横領罪の成否である。

まず，①の点については，ほとんどの答案で検討されており，欺罔行為の意義を示した上，加盟店を被害者とする1項詐欺の成立を認める結論を導き出しているものが多かったが，欺罔行為の意義について，いわゆる論証パターンを書き写しているだけのものや正確に記述できていないもの，構成要件を形式的に記述するだけのものが少なからず見受けられた。

本問は，名義人の承諾がある場合のクレジットカード詐欺の成否を問うだけの問題ではなく，その承諾を超えてクレジットカードを利用した場合について，欺罔行為の内容の検討を求めるものであったが，そもそも名義人の承諾について検討している答案が少なく，名義人の承諾を超えて腕時計Yを購入した点について検討している答案は極めて少なかった。また，名義人の承諾を検討していても，財産上の損害に関連付けて検討する答案は極めて少なく，最高裁判所平成16年2月9日決定（刑集58巻2号89頁）が「仮に，被告人が，本件クレジットカードの名義人から同カードの使用を許されており，かつ，自らの使用に係る同カードの利用代金が会員規約に

平成29年・司法

従い名義人において決済されるものと誤信していたという事情があったとしても，本件詐欺罪の成立は左右されない。」と判示するところを正確に理解できていないのではないかと思われる答案が散見された。

　　1項詐欺と2項詐欺のいずれが成立するのかについては，多くの答案が1項詐欺として検討していたが，2項詐欺との区別を意識して論じるものは少数であった。

　　②の点については，ほとんどの答案で検討されていたが，「名義人と作成者の人格の同一性を偽った」との簡単な論証で終わっている答案が多く，名義人の承諾があることを踏まえた上で有形偽造と認められるかについて検討している答案は少なかった。また，名義人の意義と作成者の意義を混同している答案も散見され，文書偽造罪の基本的理解が不足しているのではないかと思われる答案が目に付いた。

　　これらの詐欺罪，有印私文書偽造罪及び同行使罪については，甲が名義人Aの承諾を得て借りた本件クレジットカードを用いて犯行に及んでいることから，甲の罪責として，Aとの共同正犯の成否について簡潔に論じることが望ましいところ，この点について論じる答案は少数にとどまった。本問では，Aは，甲から頼まれて，甲に本件クレジットカードの利用を承諾したにすぎず，利益も得ていないことからすると，Aの正犯性を否定し，Aとの共同正犯は成立しないとの結論になると思われるが，単独犯では私文書偽造罪の主体となり得ない名義人が，私文書偽造罪の共犯となり得るかという論点も含まれていることから，この点は，甲の罪責を検討するに当たり，検討すべき事項であろう。

　　③の点については，全く検討していない答案が相当数あったが，Aとの約束に反して本件クレジットカードを利用した行為について，Aとの関係で犯罪が成立しないかを論じることが求められていた。出題の趣旨でも示したとおり，甲はAから許された本件クレジットカードを利用できる地位・資格を濫用したと捉えて，背任罪が成立すると構成する見解，甲の地位・資格が化体された本件クレジットカード自体を横領したと捉えて，横領罪が成立すると構成する見解が考えられるところ，これらの犯罪の成否を検討している答案でも，構成要件該当性について形式的な検討にとどまるものが多く，背任罪と横領罪の関係，不法な目的による委託信任関係の要保護性，既遂時期等について論じる答案は少なかった。

　　横領罪の成否を検討する答案の中には，誰に対する横領なのかを明らかにしていないものや，客体の特定を欠くものが少なからずあった。また，本件クレジットカードの引落口座の預金を横領したと捉えて，横領罪が成立すると構成する答案も相当数あったが，キャッシュカードと異なり，クレジットカードの所持により，その引落口座の預金を占有していると認めるのは困難であろう。

　　なお，甲がAから本件クレジットカードを借りた行為について，詐欺罪の成否を検討する答案が相当数あり，結論としては，多くの答案が本件クレジットカードを借りた時点ではAとの約束に反して本件クレジットカードを利用する意思が甲にはなかったとして，詐欺罪の成立を否定しているのであるが，そもそも，Aに対する詐欺罪が成立しないことは明らかであり，本問において，この点を論じる必要はなかった。

(3)　甲と乙がAに暴行を加えて傷害を負わせた行為について

　　甲と乙がAに暴行を加えて傷害を負わせた行為について，甲及び乙の罪責を検討するに当たって論じるべき点は，①傷害罪の構成要件該当性及び共同正犯の成否，②正当防衛・過剰防衛の成

否である。

①の点については，ほとんどの答案で触れられていたが，甲及び乙の行為は，Aに対する一連の行為であるにもかかわらず，これを体当たり，押さえ付け，顔面殴打に分断し，各行為について，暴行罪又は傷害罪の構成要件該当性を論じた上，共謀の有無，正当防衛・過剰防衛の成否を論じるものが半数以上を占めていた。行為を分析的に見ること自体は重要であるが，行為の全体を俯瞰して評価する視点が欠けているのではないかという疑問を抱かざるを得なかった。

傷害罪の共同正犯の成否については，共謀が終了したと見るべき事情が存在しないかどうかを含め，事実を指摘して具体的に論じることが求められていたが，乙による顔面殴打が共謀に基づくと認めた答案には，結果的加重犯の共同正犯の成否を含め適切な論述ができているものが多かった。

他方，乙による顔面殴打は共謀に基づかないと認めた場合には，甲と乙の共謀の内容は乙がAの顔面を殴打する行為に及んでいないことなど，共謀を否定する理由を的確に論じることが求められていたが，多くの答案は，乙が石を拾ったことや乙が右手に持った石でAの顔面を殴り付けたことについて，甲が全く認識していなかったことを指摘するだけで，安易に，乙がAの顔面を殴打したことを共謀の範囲外としており，共謀を否定する理由を的確に論じていると評価できる答案は極めて少なかった。

②の点については，まず，「急迫不正の侵害」及び「防衛の意思」について論じる必要があるところ，ほとんどの答案において，それぞれの規範を定立した上，問題文に現れた事実を指摘しつつ，乙がAの顔面を殴打した時点でも甲に対する急迫不正の侵害が継続していたこと，甲と乙の行為は同一の防衛の意思に基づくことを論じることができていた。本問では，乙がAの顔面を殴打した時点においても，急迫不正の侵害及び防衛の意思が認められることは特に争いのないところと考えられるため，簡潔に論じることが求められていた。

甲と乙の行為が「やむを得ずにした行為」と認められるかについては，その意義（防衛行為の必要性・相当性）を指摘した上で，共同正犯における防衛行為の相当性の判断方法について，共同正犯者全員の行為を対象として判断するか，共同正犯者ごとに個別に判断するかを論じることが求められていたところ，この点について，理由を付して論じられている答案は極めて少なかった。

さらに，前記のとおり，乙がAの顔面を殴打した時点でも甲に対する急迫不正の侵害が継続し，甲と乙の行為は同一の防衛の意思に基づくと認められることから，相当性の判断は，甲と乙の一連の行為（体当たり・押さえ付け・顔面殴打）を一体として行われるべきことを指摘しておく必要があったが，行為の一体性を認めず，相当性の判断についても，個々の行為ごとに行う答案が相当数あった。

甲と乙の行為が防衛行為として相当と認められるかについては，問題文に現れた事実を指摘して具体的に検討することが求められていたところ，具体的な判断基準を示さないまま，問題文に現れた事実を指摘するだけで直感的に結論を導いていると思われる答案が相当数あった。また，判断基準として，武器対等の原則を用いる答案が多かったが，Aが素手で甲に殴りかかろうとしたのに対し，乙が右手に持った石でAの顔面を殴ったという事実だけで，防衛行為の相当性を逸脱するという結論を導いている答案が少なからずあった。防衛行為の相当性を判断するに当たっては，具体的な判断基準を示すことが必要であるが，武器対等の原則を形式的に論じるだけでは

足りず，本問では，乙がＡの顔面を殴打した時点では，既にＡが仰向けに倒れた状態で甲と乙に押さえ付けられていたことや，Ａによる攻撃が当初より弱まっていたこと等の事情も考慮して判断する必要があった。

次に，防衛行為の相当性について，共同正犯者全員の行為を対象として判断し，甲と乙のいずれについても客観的には過剰防衛と評価した場合，甲については，甲は乙が石を拾ったことや乙が右手に持った石でＡの顔面を殴り付けたことを全く認識しておらず，過剰性を基礎付ける事実を認識していなかったため，違法性阻却事由の錯誤を論じる必要があったが，この点について論じる答案は少なく，甲についても傷害罪の過剰防衛とする答案が多かった。また，違法性阻却事由の錯誤について，事実の錯誤説に基づき，甲について，傷害罪の故意を阻却すると考えた場合には，更に過失傷害罪の成否が問題となり，過失傷害罪の成立を認める場合には，過剰防衛の任意的減免の準用の可否も問題となるが，その点について論じる答案は極めて少数であった。過剰性を基礎付ける事実を認識していなかった甲についても傷害罪の過剰防衛とする答案は，時間不足か理解不足のいずれかが原因と考えられるが，乙による顔面殴打について甲が全く認識していなかったという事実を踏まえて妥当な結論を導くという点に欠けていた。なお，本問と同種事案の裁判例として，東京地方裁判所平成１４年１１月２１日判決（判時１８２３号１５６頁）があるので，参照されたい。

以上と異なり，防衛行為の相当性を共同正犯者ごとに個別に判断し，甲には正当防衛が成立し，乙には傷害罪の過剰防衛が成立するとする答案も相当数あり，防衛行為の相当性を共同正犯者ごとに個別に判断する理由について，共同正犯の違法性という観点から論じている答案もあったが，説得的に論じられている答案は極めて少なかった。

(4) 甲と乙がＡのズボンのポケットから財布を持ち去った行為について

甲と乙がＡのズボンのポケットから財布を持ち去った行為について，甲及び乙の罪責を検討するに当たって論じるべき点は，①窃盗罪の客観的構成要件該当性，②死者の占有，③不法領得の意思，④共同正犯の成否である。

①の点については，多数の答案が，甲がＡのズボンのポケットから財布を奪った時点でＡは生きており，財布に対するＡの占有が認められることを指摘した上で，甲がＡのズボンのポケットから財布を取り出して，同財布を甲の上着ポケットにしまった行為が，客観的には窃盗罪の窃取に該当することを簡潔に論じることができていた。

②の点については，全く検討されていない答案が相当数あったが，甲と乙がＡから財布を奪った時点で，甲と乙はＡが死亡したものと認識していたため，窃盗罪の故意に関してＡの占有を侵害する認識が認められるかを論じる必要があった。このように，主観の問題として死者の占有を論じるべきところ，客観の問題として論じている答案や主観と客観のいずれの問題かを明示しないまま論じている答案が少なからずあった。

死者の占有については，多くの答案が判例の立場で論じていた。最高裁判所昭和４１年４月８日判決（刑集２０巻４号２０７頁）は，「被告人は，当初から財物を領得する意思は有していなかったが，野外において，人を殺害した後，領得の意思を生じ，右犯行直後，その現場において，被害者が身につけていた時計を奪取したのであって，このような場合には，被害者が生前有していた財物の所持はその死亡直後においてもなお継続して保護するのが法の目的にかなうものというべきである。そうすると，被害者からその財物の占有を離脱させた自己の行為を利用して

右財物を奪取した一連の被告人の行為は，これを全体的に考察して，他人の財物に対する所持を侵害したものというべきであるから，右奪取行為は，占有離脱物横領ではなく，窃盗罪を構成するものと解するのが相当である。」と判示するところ，甲及び乙の認識において，「被害者からその財物の占有を離脱させた自己の行為を利用して財物を奪取した」と認められるかを検討する必要があった。この点，甲及び乙について，乙による顔面殴打行為を利用して財布を奪取したとの認識が認められるかを適切に論述している答案が相当数あったが，甲について，傷害罪の共謀を否定し，傷害罪の共同正犯の成立を否定しているにもかかわらず，安易にAの占有を侵害する認識を肯定する答案も散見された。Aの占有を侵害する認識を検討するに当たっては，傷害罪の共同正犯の成否や正当防衛・過剰防衛の成否での検討内容及び結論との整合性を意識して論述することが必要であったが，そのような意識が足りないと思われる答案が目に付いた。

　Aの占有を侵害する認識を否定する場合は，Aの財布を占有離脱物と認識していたことになり，客観的には窃盗罪の構成要件に当たるとしても，主観的には占有離脱物横領罪の認識を有しているにすぎないこととなるので，抽象的事実の錯誤について論じる必要があったが，この点に関しては，問題の所在を指摘した上，窃盗罪と占有離脱物横領罪との構成要件の重なり合いについて簡潔に論じられている答案が多かった。

　③の点については，甲が「財布の中の現金はもらい，借金の返済に使おう。」と考え，乙が「財布を捨ててしまおう。」と考え，Aから財布を奪っていることから，窃盗罪又は占有離脱物横領罪の不法領得の意思を論じることが求められていた。この論点についても，全く検討されていない答案が相当数あったが，論点に触れる答案の多くは，不法領得の意思の要否及び内容を明らかにした上，事実を具体的に指摘してその存否を論じることができていた。

　なお，乙について，不法領得の意思を否定し，器物損壊罪の故意しかないことを導くに当たり，抽象的事実の錯誤を論じる答案が多数見受けられたが，不法領得の意思は，故意とは別の主観的要素であることを正確に理解していないことに起因するのではないかと思われた。

　④の点については，甲が窃盗罪又は占有離脱物横領罪，乙が器物損壊罪の各構成要件に該当すると考えた場合に，異なる構成要件間における共同正犯の成否を論じることが求められていたところ，この論点を的確に論じている答案は少数であり，罪名従属性の問題であることに気付かず，故意の重なり合いの問題として論じる答案が多数見受けられた。

　また，甲に窃盗罪又は占有離脱物横領罪，乙に器物損壊罪が成立するとして，共同正犯の成否を全く論じない答案も相当数あったが，そもそも共同正犯における一部実行全部責任についての理解が不十分なのではないかと思われた。

(5) 罪数

　罪数については，多くの答案が論じていたが，理由付けまで論じられている答案は少数であり，牽連犯について吸収関係にあるとするなど，罪数処理に関する基本的理解を欠いているものも見受けられた。

(6) その他

　例年指摘しているところではあるが，字が乱雑で判読しづらい答案が少数ながら存在した。時間的に余裕がないことは承知しているところであるが，採点者に読まれるものであることを意識し，大きめで読みやすく丁寧な字で書かれることが望まれる。

　また，刑法で使われる基本的用語について漢字に誤記があるもの，甲と乙を取り違えて論述し

ているもの，問題文に現れた事実を誤認しているもの（Aの生死等）も少数ながら存在したので，これらの点についても注意して答案を作成されたい。

(7) 答案の水準

以上を前提に，「優秀」「良好」「一応の水準」「不良」と認められる答案の水準を示すと，以下のとおりである。

「優秀」と認められる答案とは，本問の事案全体を的確に分析した上で，本問の出題の趣旨や前記採点の基本方針に示された主要な問題点について検討を加え，成否が問題となる犯罪の構成要件要素等について正確に論述するとともに，必要に応じて法解釈論を展開し，事実を具体的に指摘して当てはめを行い，甲及び乙の罪責について，論理的に矛盾せずに妥当な結論を導いている答案である。特に，本問は，論じるべき点が多岐にわたることから，全ての問題点を検討した上で，厚く論じるべきものと簡潔に論じるべきものを選別し，最後まで書き切った答案が高い評価を受けていた。

「良好」と認められる答案とは，主要な問題点について指摘できており，甲及び乙の罪責について論理的に矛盾せずに妥当な結論を導くことができているものの，一部の論点についての検討を欠くもの，必要な法解釈論の展開がやや不十分なもの，必要な事実の抽出やその意味付けが部分的に不足しているもの等である。

「一応の水準」と認められる答案とは，事案の分析が不十分であったり，複数の主要な問題点についての論述を欠いたりするなどの問題はあるものの，論述内容が論理的に矛盾することなく，刑法の基本的な理解について一応ではあるもののこれを示すことができている答案である。

「不良」と認められる答案とは，事案の分析がほとんどできていないもの，刑法の基本概念の理解が不十分であるために，主要な問題点を理解できていないもの，事案の解決に関係のない法解釈論を延々と展開しているもの，問題点には気付いているものの結論が著しく妥当でないもの，論述内容が首尾一貫しておらず論述的に矛盾しているもの等である。

4 今後の法科大学院教育に望むこと

刑法の学習においては，刑法の基本概念の理解を前提に，個々の論点の問題の所在を理解するとともに，各論点の位置付けや相互の関連性を十分に理解することが必要である。これらができていなければ，的確かつ説得的な論述はできない。

また，これまでも繰り返し指摘しているところであるが，判例学習の際には，結論のみならず，当該判例の前提となっている具体的事実を意識し，結論に至るまでの理論構成を理解し，その判例が述べる規範の刑法の体系上の位置付け，規範が妥当する範囲について検討し理解することが必要である。

さらに，今回の論文式試験では，一罪における行為の認定や共謀の認定において，問題文に現れた事実を単に拾い上げるだけにとどまり，全体を俯瞰して考える視点が欠けているのではないかと思われる答案が目に付いたとの意見が多くの考査委員から寄せられており，事案に応じた適切な事実認定ができる能力を修得することが求められる。

このような観点から，法科大学院教育においては，まずは刑法の基本知識及び体系的理解の修得に力点を置いた上，判例学習等を通じ具体的事案の検討を行うなどして，正解思考に陥らずに幅広く多角的な検討を行う能力を涵養するとともに，論理的に矛盾しない，事案に応じた適切で妥当な

結論を導き出す能力を涵養するよう，より一層努めていただきたい。

第1 甲の罪責

1 甲がCに対し,A本人であると装って腕時計の購入を申し込んだ行為につき,詐欺罪（246条1項）が成立しないか。

　まず,欺罔行為が認められるためには,かかる行為が相手方を錯誤に陥れるような行為であること,及び交付の判断の基礎となる重要な事項を偽ったといえることが必要である。

　これを本件についてみると,商品の購入を申し込む行為は支払意思があり,自己がカードの名義人であることを暗黙に示す行為であることから,挙動による欺罔行為にあたる。そして,B信販会社の規約によると,本件クレジットカードは会員である名義人のみが使用でき,加盟店は利用者が会員本人であることを確認する義務を負うとされていることから,A本人であると装うことは,交付の判断の基礎となる重要な事項を偽ったといえる。

　よって,欺罔行為が認められる。

　そして,かかる欺罔行為によって,Cは甲がA本人であって,本件クレジットカードの正当な利用権限を有すると信じていることから錯誤に陥っている。さらに,かかる錯誤によって,甲に腕時計を交付している。

　以上より,詐欺罪が成立する。

2 次に,売上票用紙にAの名前を記入して手渡した行為につき,私文書偽造罪（159条1項前段）・同行使罪（161条1項）が成立する。

3 次に,乙がAの顔面を石で殴った行為につき,甲は傷害罪（204

条,60条）の罪責を負わないか。共謀共同正犯の成否が問題となる。

　この点につき,共同正犯において一部実行全部責任が認められる根拠は,相互利用補充関係が認められる点にあるから,かかる関係が認められる場合には,「共同して犯罪を実行した」といいうる。そこで,①共謀,②共謀に基づく共犯者の一部による実行,③正犯意思が認められる場合には,共同正犯が成立すると解する。

　本件についてみると,乙に対して「一緒にAを止めよう」といい,乙はこれに対して了承していることから,Aに対する防衛行為について共謀が成立したと認められる（①）。

　次に,乙がAの顔面を殴った行為は共謀の範囲内の行為といえるか問題となるも,上記の通り甲乙間ではAに対する防衛行為について共謀が成立しているところ,かかる行為は甲がAから殴られるのを防ぐために行った行為であり,共謀の目的を達成するための合理的範囲内の行為といえることから,共謀の範囲内といえる。よって,共謀に基づく実行行為と認められる（②）。

　また,そもそもAから攻撃されていたのは甲であり,甲はAから殴られるのを防ぐため乙に共謀を持ち掛けていることから,正犯意思も認められる（③）。

　よって,共謀共同正犯が成立する。

　そうだとしても,後述の通り,乙には過剰防衛（36条2項）が成立するところ,甲と乙は一体として防衛行為を行ったと評価しうるから,甲についても過剰防衛が成立することになる。しかし,甲は乙が

● Aとの約束に反したクレジットカード利用について,出題趣旨によれば,横領罪もしくは背任罪の成否の検討を求めていたところ,本答案は,この点に触れておらず,不十分である。

● クレジットカードを利用した行為における,欺罔行為の内容について,事実を指摘して具体的に論じており,適切である。

● 有印私文書偽造罪及び同行使罪の成否につき,本答案はコンパクトに指摘できている。もっとも,出題趣旨によれば,名義人の承諾がある場合の有印私文書偽造につき,「偽造」「行使」の各要件について,それぞれ事実を摘示して具体的に検討する必要があった。

● 出題趣旨によれば,「甲と乙がAに暴行を加えて傷害を負わせた行為について……共謀が終了したと見るべき事情が存在しないかどうかを含め,事実を指摘して具体的に論じなければならない」としているところ,本答案は,乙がAの顔面を石で殴った行為が共謀の範囲内であると理由を示して論じており,出題趣旨に合致する。

● 出題趣旨によれば,「防衛行為の相当性について,共同正犯者全員の行為を対象として判断するか,共同正犯者ごとに個別に判断するかを論

石でAの顔面を殴りつけたことを全く認識していなかったから、過剰性を基礎づける事実の認識を欠くとして責任故意が阻却される。

以上より、甲は傷害罪の罪責を負わない。

4　甲がAの財布を持ち去った行為につき、窃盗罪（２３５条）が成立しないか。

Aの財布は「財物」にあたり、甲はAの意思に反してAのポケットにある財布を持ち去っていることから、「窃取」したといえる。よって、窃盗罪の構成要件に該当する。

また、甲は財布の中の現金を借金の返済に充てようと考えていたことから、不法領得の意思が認められる。

もっとも、甲はAが死亡したと誤信しており、窃盗罪の故意が認められないのではないか。

この点につき、死者の生前の占有は行為者との関係では近接した範囲内にある限りなお刑法上の保護に値するから、行為者が被害者から財物を窃取する事実の認識さえあれば窃盗罪の故意は認められると解する。

本件においても、甲はAから財布を窃取する認識があることから、故意に欠けるところはない。

以上より、窃盗罪が成立する。

5　罪数

①詐欺罪、②有印私文書偽造罪、③同行使罪、④窃盗罪が成立し、②と③、③と①はそれぞれ牽連犯（５４条１項後段）となり、この科刑上一罪と窃盗罪とが併合罪（４５条前段）となる。

第２　乙の罪責

1　乙がAの顔面を石で殴った行為につき、傷害罪が成立しないか。

「傷害」とは人の生理的機能を侵害することをいうところ、Aは全治約１か月間を要する鼻骨骨折の傷害を負っていることから、「傷害」したといえる。また、乙はAを痛めつけようと考えていたことから、傷害罪の故意に欠けるところはない。よって、傷害罪の構成要件に該当する。

もっとも、乙は甲がAから殴られるのを防ぐためにかかる行為に及んでいることから、正当防衛が成立しないか。

「急迫」とは、侵害が現に存在または間近に押し迫っていることをいうところ、Aは甲と乙に押さえつけられながらも、「甲、お前をぶん殴ってやる」と大声でいい、体をよじらせていたことから、急迫性が認められる。

「防衛するため」とは、文言上防衛の意思を要求する趣旨であると解されるところ、乙は甲がAから殴られるのを防ぐために上記行為に及んでいるから、防衛の意思も認められる。

「やむを得ずにした行為」とは、防衛行為として必要最小限度の行為をいうところ、乙は直径１０センチメートル、重さ８００グラムと大きめの石を、身体の枢要部である顔を力を込めて殴りつけている。Aは甲と乙に体を押さえつけられていたのであり、かかる態様の行為に及ぶ必要まではなかったといえる。よって、必要最小限度の行為とはいえないから、「やむを得ずにした行為」とはいえない。

よって、正当防衛は成立せず、過剰防衛が成立する。

● じる必要がある」が、本答案は、行為を一体のものとして評価できると述べるにとどまっており、その理由が論じられていない。

● 死者の占有について、判例（最判昭41.4.8／百選Ⅱ［第７版］〔29〕）の立場を踏まえて論述することができている。また、本問における死者の占有は、窃盗罪の故意があるかどうかで問題になることを理解できている。

● 出題趣旨によれば、正当防衛ないし過剰防衛の成否を検討するに当たっては、乙がAの顔面を殴打した時点でも甲に対する急迫不正の侵害が継続していたことを述べる必要があるところ、本答案は、「急迫」の定義を示してから、具体的事実を摘示し、当てはめをすることで、急迫不正の侵害が継続していることを指摘できており、出題趣旨に合致する。

● 出題趣旨によれば、甲と乙の行為が防衛行為として相当と認められるか否かは、甲と乙の一連の行為に関する事実を摘示して具体的に検討す

以上より，乙には傷害罪が成立し，過剰防衛の成立により刑が減軽
される。
2　甲が財布を持ち去った行為につき，乙も窃盗罪の罪責を負わない
　か。共謀共同正犯の成否が問題となる。
　　この点につき，甲と乙はAが強盗に襲われて死んだように見せかけ
　るため，Aの財布を探して捨てることについて合意しており，共謀の
　成立が認められる。よって，共謀共同正犯が成立する。
　　また，甲と同様Aが死亡したと誤信しているものの，上記の通り故
　意に欠けるところはない。もっとも，乙は甲が現金入りのまま財布を
　捨ててくれると思っており，利用処分意思が認められないことから，
　不法領得の意思が認められない。
　　よって，窃盗罪は成立せず，器物損壊罪（261条）が成立するに
　すぎない。したがって，器物損壊罪の限度で甲との共同正犯となる。
3　罪数
　　傷害罪の過剰防衛，器物損壊罪の共同正犯が成立し，併合罪とな
　る。
以　上

ることが求められるところ，本答案
は，乙が殴打に用いた石の大きさ，
殴打した部分が身体の枢要部である
こと，Aが甲と乙に体を押さえつけ
ていたとの具体的事実を摘示し，こ
の点を検討することができており，
出題趣旨に合致する。

● 　不法領得の意思について，事実を
具体的に指摘してその存否を認定で
きており，適切である。
● 　異なる構成要件間における共同正
犯の成否について簡潔に述べること
ができているが，理由がなく不十分
である。

▶ MEMO

平成29年・司法

第1　甲の罪責

1(1)　腕時計Xを購入するためにAから借りたクレジットカードを，腕時計Yを買うためにも使用した行為につき，横領罪（252条1項）が成立するか。

(2)　まず，クレジットカードはB信販会社が所有するものだから「他人の物」に当たる。そして，甲はクレジットカードをXを購入するために使用するという委託信任の下で「占有」している。さらに，10万円の限度で使用するという約束を反故にし，これを超えて使用する行為は，他人の物の占有者がその物につき権限がないにもかかわらず，所有者でなければできないような処分行為をする意思の発現行為といえ，「横領した」に当たる。

　　　よって，上記行為に横領罪が成立する。

2(1)　本件クレジットカードを使用し，腕時計XYを購入した行為につき，Cに対する詐欺罪（246条1項）が成立するか。

(2)　まず，クレジットカードシステムは個人的な信頼を基礎とするもので，他人への貸与が禁止され，加盟店が会員本人であることの確認義務を負うことに照らせば，使用者が会員本人であることは，交付の判断をなす重要な事実である。したがって，あたかもAであるかのように装い，本件クレジットカードを使用する行為は，かかる重要な事実を偽る行為として，欺罔行為に当たる。

　　　かかる欺罔行為によりCは錯誤に陥り，腕時計XYを交付するという処分行為を行っている。そして，加盟店は信販会社から後に立替払いを受けるものの，欺罔行為がなければ交付しなかった

であろうから，交付し使用・収益が侵害されたことにより，財産的損害が認められる。

(3)　以上より，上記行為に詐欺罪が成立する。

3(1)　売上票用紙の署名欄にAの名前を記入した行為につき，有印私文書偽造罪（159条1項）が成立するか。

(2)　まず，売上票用紙は「権利，義務……に関する文書」に当たる。次に，甲はこの用紙をCに交付するという「行使の目的」がある。そして，署名欄にAと記載することは，署名者と名義人の人格の同一性を偽る行為なので「偽造」に当たる。最後に，甲はAという「他人の……署名を使用して」いる。

　　　以上より，上記行為に有印私文書偽造罪が成立する。

(3)　そして，かかる売上票用紙をCに手渡す行為は，偽造文書を真正文書として一般人が認識し得る状態に置いたといえるので，「行使」に当たり，同行使罪（161条1項）が成立する。

(4)　有印私文書偽造と同行使罪は手段と目的の関係にあるから，牽連犯（54条1項後段）となり，これらと詐欺罪も手段と目的の関係にあるから，全体として牽連犯となる。そして，これらと横領罪は別個の行為だから，併合罪（45条）となる。

4(1)　Aが甲に対して殴りかかる行為に対し，乙と共同して2度体当たりした行為と，なお殴りかかろうとするAを押さえつける行為及び乙が石でAの顔面を殴りつけた行為は，時間的場所的に近接し，Aの暴行から甲を守るという一貫した意思の下に行われているため，一連一体の行為として評価できる。

● 出題趣旨は，甲の地位・資格を化体した本件クレジットカード自体を横領したと捉えて，横領罪が成立すると構成する見解が考えられるとしているが，本答案は，誰に対する横領なのか，クレジットカードの利用行為が何故カードそのものの横領に当たるのか，といった点が論じられておらず，不十分である。

● クレジットカードを利用した行為が欺罔行為に当たることについて，事実を摘示して具体的に論じられている。

● 有印私文書偽造罪及び同行使罪の成否につき，事実を摘示して具体的に論じられており，出題趣旨に合致する。
　もっとも，出題趣旨にあるとおり，名義人Aの承諾のある場合の「偽造」の要件該当性について検討できていれば，より説得的な論述となった。

● 問題文の事実7に係る論述につき，本答案は，再現答案①と比べて論理展開の流れが良くない。特に，本答案は甲・乙が現場で共謀を遂げたことを指摘できていない。また，出題趣旨によれば，乙の傷害行為に

(2) そして，これら一連一体の行為の最後の乙の行為によって，Aは鼻骨骨折の傷害を負った。そこで，甲に傷害罪の共同正犯（60条・204条）が成立しないか。

　　まず，Aは上記「傷害」を負い，傷害罪の構成要件に該当する。では，正当防衛（36条1項）に当たり，違法性が阻却されないか。

(3) 甲はAから殴りかかられ，身体という法益に対する危険が切迫していたため，「急迫不正の侵害」が認められる。そして，甲及び乙は甲の身体という「自己又は他人の権利を防衛するため」に上記行為を行った。しかし，いくらAの暴行意欲が旺盛だったとしても，身体を押さえつけた状態で助けを呼ぶことも十分可能であった。それにもかかわらず，石でAの顔面を殴打する行為は必要性が認められず，「やむを得ずにした行為」に当たらない。したがって，正当防衛は成立せず，過剰防衛が成立するにすぎないとも思える。

(4) もっとも，甲は乙の殴打行為を認識していなかった。そこで，相当性の錯誤として，責任故意が阻却されないか。

　　思うに，故意責任の本質は反規範的人格態度に対する道義的非難にある。そこで，行為者が違法性阻却事由を誤信していれば，規範に直面していたとはいえず，責任故意が阻却されるものと解する。

　　本件では，甲は乙の殴打を全く認識しておらず，Aの身体を押さえつけるという相当性のある行為を誤信していた。したがって，責任故意が阻却され，甲に傷害罪の共同正犯は成立しない。

5(1) 乙と共同してAの財布を見つけ出し，これをポケットにしまった行為につき窃盗罪の共同正犯（60条・235条）が成立するか。

(2) Aの財布は「他人の財物」に当たり，「窃取」とは占有者の意思に反し，目的物を自己の占有下に移すことをいうところ，Aは気絶していたものの財布を手放す意思を持っていなかったため，なお占有が認められ，意思に反した占有の移転があり「窃取」があると認められる。

　　もっとも，甲はAが死んでいるものと誤信していた。死者には占有の意思がないから占有が認められないところ，甲には窃盗の故意（38条1項）が認められないのではないか。

(3) この点，死者が生前有していた占有は，被害者を死に至らしめた犯人に対する関係では，時間的・場所的に近接した関係にある以上，なお占有保護に値するものと評価でき，一連の行為を全体としてみれば，占有奪取があったと評価できる。そこで，①被害者を死に至らしめたこと及び②時間的・場所的に近接した状態で奪取を行ったことの認識があれば，なお窃盗の故意が認められると解する。

　　本件では，甲はAを死に至らしめたと誤信し（①），かかる死に時間的・場所的に近接した状態で財布を奪取したとの認識がある（②）。したがって，窃盗の故意が認められる。

(4) もっとも，乙は財布を捨てるという器物損壊罪（261条）の故意しか有していない。そこで，器物損壊罪の共同正犯が成立するか。

　　そもそも一部実行全部責任の原則の根拠は，相互利用補充関係

ついて，共謀が終了したと見るべき事情が存在しないかどうかを検討することが求められていたところ，本答案は，この点に関する検討も欠いている。

● 本答案は，Aに殴られた時点の急迫性のみを検討しているが，乙がAの顔面を殴打した時点でも甲に対する急迫不正の侵害が継続していたことを述べる必要があり，この点で出題趣旨が求める水準に達していない。

● 出題趣旨によれば，共同正犯における防衛行為の相当性について，共同正犯者全員の行為を対象として判断するか，個別に判断するかを論じることが求められていたところ，本答案は，結論に至る理由を欠いており，不十分である。

● 本答案は，違法性阻却事由の錯誤の問題について論じることができており，出題趣旨に合致する。

● 窃盗罪の客観的構成要件について端的に論述できている。

● 死者の占有について，判例（最判昭41.4.8／百選Ⅱ［第7版］［29］）の立場を踏まえつつ，本問では死者の占有の論点が故意のレベルで問題となることを指摘できており，出題趣旨に合致する。

● 出題趣旨によれば，不法領得の意思の要否及び内容を明らかにした上，事実を具体的に指摘してその存在を認定する必要があるところ，本答案は，乙に器物損壊罪の故意があ

にある。そこで，共犯者の故意が異なっても，それらが実質的に
重なり合えば，その限度で相互利用補充関係が認められるから，
その限度で共同正犯が成立すると解する（部分的犯罪共同説）。
　　本件では，窃盗と器物損壊では，財産権という保護法益は同一
だが，奪取罪と毀棄罪という点で行為態様が異なるから実質的な
重なり合いが認められない。したがって，器物損壊罪の共同正犯
は成立せず，窃盗罪の単独犯のみ成立する。
(5)　以上より，かかる窃盗罪は，上記罪責と併合罪関係になる。
6　財布を押し入れに隠す行為は，不可罰的事後行為であり何ら罪責は
生じない。
第2　乙の罪責
1(1)　上記一連一体の行為につき，傷害罪の共同正犯が成立するか。前
述の通り，傷害罪の構成要件を満たし，正当防衛については，「や
むを得ずにした行為」とはいえず，過剰防衛が成立する。乙は過剰
性を認識していたため，責任故意阻却の余地はない。したがって，
傷害罪の共同正犯が成立し，刑が任意的に減免される（36条2
項）。
(2)　甲と共同してAの財布を探し出し，甲がこれをポケットに入れた
行為は，物の効用を失わせるもので，器物損壊罪が成立する。前述
したように，共同正犯は成立せず，乙の単独犯のみ成立する。
2　以上より，乙の各行為に傷害罪，器物損壊罪が成立し，これらは併
合罪となる。
以　上

ると述べるにとどまり，不法領得の
意思に関する検討が不十分である。

●　本答案は，出題趣旨が述べる「異
なる構成要件間における共同正犯の
成否」の問題について，一部実行全
部責任の原則から，論理的に部分的
犯罪共同説を導いて本問を処理して
おり，出題趣旨に合致する。

◢ MEMO

第1　甲の罪責
一　腕時計Ｘ・Ｙを購入した行為
1　当該行為に，時計店店主に対する詐欺罪（刑法（以下略）２４６条
　　１項）が成立しないか。
2(1)　詐欺罪が成立するためには，「人を欺いて」，すなわち欺罔行為
　　とそれによる錯誤，「財物を交付」，すなわち財物交付行為と財物
　　の移転，そして，財産犯であることから財産上の損害を要する。
　(2)　欺罔行為とは，財物交付の判断において重要な事実を偽る行為を
　　いう。
　　　本件では，甲は，クレジットカードの名義人ではないにもかか
　　わらず，自己が名義人であるかのように振る舞っている。クレジ
　　ットカードは名義人のみが使用できるため，かかる甲の行為は商
　　品である腕時計の交付の判断について重要な事実を偽っていると
　　いえる。
　　　もっとも，甲はカードの名義人Ａから，時計Ｘについてカード
　　の使用を承諾されているため，これについては欺罔行為に当たら
　　ないのではないかが問題となる。
　　　しかし，クレジットカードの規約は名義人以外の使用を認めて
　　おらず，加盟店でも名義人以外の使用を認めていないことから，
　　当該Ａの承諾は無効であり，甲の行為は時計Ｘについても欺罔行
　　為に当たる。
　(3)　そして，店主は甲が名義人であるとの錯誤に陥り，時計ＸＹを甲
　　に交付し，移転させている。

　(4)　財産上の損害については，時計店は信販会社から立替払いを受け
　　ることができるため，対価を得ており，財産上の損害がないように
　　も思える。しかし，詐欺罪は個別財産に対する罪であり，時計ＸＹ
　　を交付するという損害が生じているため，財産上の損害は認められ
　　る。
　(5)　そして，甲について当該行為の故意（３８条１項本文）が認めら
　　れる。
3　したがって，当該行為に詐欺罪が成立する。
二　売上票に署名した行為
1　当該行為に有印私文書偽造罪（１５９条１項）が成立しないか。
2(1)　甲は，「行使の目的」をもって，Ａという「他人の署名」を売上
　　票という「事実証明に関する文書」にしている。
　(2)　「偽造」とは，同罪の保護法益が文書の真正に対する信頼にある
　　ことから，当該法益を害する場合，すなわち名義人と作成者の人格
　　の同一性を偽ることをいう。
　　　そして，名義人とは，文書から理解される意思の表示主体をい
　　い，本件では，Ａという署名がなされているためＡとなる。
　　　次に，作成者とは文書に意思を表示させた主体をいう。本件で
　　は，Ａが甲にクレジットカードの使用を承諾していることから，
　　売上票の署名についても承諾しており，Ａが作成者となるように
　　も思える。しかし，前述の通り，クレジットカードの名義人以外
　　の使用に対する承諾は無効であるから，売上票への署名について
　　の承諾も無効であり，作成者は署名をした甲となる。

● 出題趣旨によれば，Ａとの約束に
反して本件クレジットカードを利用
した行為についてＡとの関係で犯罪
が成立しないかが問題となるが，本
答案はＡとの関係での犯罪の成否に
ついて検討していない。

● 本答案は，クレジットカードを利
用した場合における欺罔行為の内容
について検討できているが，本問の
事実（「加盟店は，利用者が会員本
人であることを善良な管理者の注意
義務をもって確認することが定めら
れている。」等の事実）の摘示が少
なく，説得的な論述とはいえない。

● 出題趣旨によれば，名義人の承諾
がある場合のクレジットカード詐欺
の成否の論述も求められていたとこ
ろ，本答案は，この点について検討
できており，出題趣旨に合致する。

● 出題趣旨によれば，詐欺罪の成否
を論じるに際しては，１項詐欺と２
項詐欺のいずれが成立するのか理由
付けを含めて簡潔に述べる必要があ
るとしており，本答案はこの点につ
いて端的に論述できている。

● 出題趣旨は，「名義人Ａの承諾の
有無が関係する『偽造』の要件，そ
の他の偽造の要件，行使罪の『行使』
の要件について，それぞれ事実を指
摘して具体的に論じる必要がある」
としている。
　本答案は，名義人が承諾した場合
の各要件につき具体的事実を挙げて
述べており，出題趣旨に合致する。

　　　したがって，名義人と作成者の人格の同一性が偽られており，甲の行為は「偽造」に当たる。

(3)　そして，甲に故意も認められる。

3　したがって，甲の行為に有印私文書偽造罪が成立する。

三　さらに，当該売上票を店主に提示した行為について，真正な文書として店主に渡しており，「行使」に当たるため，有印私文書行使罪が成立する（161条）。

四　Aに対する一連の暴行

1　甲と乙のしたAに対する体当たり（以下「第一行為」），再度の体当たり（以下「第二行為」），地面に押さえつけた行為（以下「第三行為」），乙のした石で顔面を殴る行為（以下「第四行為」）について，後述の通り乙に傷害罪（204条）が成立する。

　　そこで，甲に同罪の共謀共同正犯（60条）が成立しないか。

2(1)　共謀共同正犯の成立要件が問題となるところ，共同正犯の一部実行全部責任の根拠は相互利用補充関係に基づき自己の犯罪を実現する点にあることから，かかる関係の認められる場合，すなわち，①共謀（正犯意思と意思連絡），②共謀に基づく一部の者の実行行為を要すると考える。

(2)　本件では，襲い掛かってきたAに対し対抗するため，一緒にAを止める旨の意思連絡がなされており，甲についてもAを止める行為をしているため正犯意思があるといえ，乙とともにAを止めるための対抗行為をする共謀がある（①充足）。

　　　そして，かかる共謀に基づき，第一行為から第三行為までなさ

● 本問は，共謀共同正犯の成否が問題となる事案ではなく，実行共同正犯の成否が問題となる事案である（もっとも，再現答案①も共謀共同正犯が成立する旨述べている点からすると，致命的なミスではないと考えられる）。

れている。しかし，第四行為は石で顔面を殴るという行為であるところ，甲と乙はAを止めるための体当たりと地面に押さえつける行為については意思を連絡しているが，石で顔面を殴りつける行為について甲は予期しておらず，行為態様の強度も異なることから，第四行為は前述の共謀に基づいたものとはいえず，共謀の射程が及ばない。

　　したがって，甲には第四行為は帰責されず，第一から第三行為についてのみ帰責され，暴行罪の共同正犯が成立しうるにとどまる。

3　もっとも，甲はAからの攻撃に対抗するため当該行為をしていることから，正当防衛（36条1項）が成立しないか。

　　後述の通り，乙には一連の行為として過剰防衛（36条2項）が成立するものの，共同正犯は正犯であるため違法性は連帯せず，別個に正当防衛が成立しうる。

　　そして，甲は，Aが殴り掛かってくるという「急迫不正の侵害」に対し，自己の身体の安全を守るため，Aの侵害を認識しつつこれを避けようとする単純な心理状態，すなわち防衛の意思で，第一行為から第三行為をしており，これらは必要最小限の行為，すなわち「やむを得ずにした」ものといえるため，正当防衛が成立する。

4　したがって，暴行罪の共謀共同正犯は成立しない。

五　Aの現金及び財布を取った行為

1　当該行為に窃盗（235条）が成立しないか。

2(1)　「窃取」とは，占有者の意思に反して財物の占有を自己又は第三

● 出題趣旨によれば，乙の傷害行為は共謀に基づかないものと考えた場合，その理由を論じることが求められていたところ，本答案は，事実を指摘して一定の評価を加えており，出題趣旨に合致する。

● 出題趣旨によれば，共同正犯における防衛行為の相当性について，共同正犯者全員の行為を対象として判断するか，個別に判断するかを論じることが求められていたところ，本答案は，「共同正犯は正犯であるため違法性は連帯せず，別個に正当防衛が成立しうる」として，形式的には上記出題趣旨の求める問題点に答えることができているが，その論旨は不明である。

（平成29年・司法）

者のもとへ移すことをいう。本件では，Aは意識がないがこれだけではAの占有は否定されず，Aのもとにあったといえる現金と財布の占有を自己に移転させているため，「窃取」したといえる。

(2) 次に，窃盗の故意についてみると，甲はAが死んだものとして当該行為をしているため，窃盗の故意を欠き，占有離脱物横領罪の故意しかないように思える。

しかし，構成要件的故意とは，特定の構成要件に該当する事実の認識認容である。

そして，死者の占有については，殺人者が被害者を殺害した後で財物奪取の意思を生じた場合であっても，奪取行為と殺害行為が時間的場所的に近接している限り，当該死者の生前の占有はなお刑法上保護に値するといえ，これは殺意のない傷害致死の場合であっても妥当する。

本件では，甲は前述の通り第四行為については帰責されないが，乙が第四行為によりAを死亡させたと認識したうえで，当該状態を利用して窃盗という自己の犯罪実現のため積極的に利用していることから，窃盗の実現に向けて相互利用補充関係があるといえる。そのため，乙の第四行為について窃盗の成否については帰責される。そして，甲はAが死んだものと認識し，直ちにAの当該財物を奪っているため時間的場所的に近接して死者Aの財物を奪ったといえ，それについて甲は認識している。そのため，甲は自己の行為が窃盗の構成要件に該当すると認識したうえで，当該行為をしており窃盗の構成要件的故意に欠けるところはない。

(3) さらに，窃盗罪が成立するためには，使用窃盗との区別の観点，及び毀棄隠匿罪との区別の観点から，不法領得の意思として，①所有者を排除し，②財物の経済的用法に従い利用処分する意思を要すると考える。

本件では，現金については貰うつもりで取得しているため，①及び②ともに満たす。

しかし，財布についてはのちに捨てるつもりで取得しているため，②を欠く。

3 したがって，現金については窃盗罪が成立し，後述の通り乙と毀棄隠匿罪の限りで共謀共同正犯となる。

そして，財布については不法領得の意思を欠き，毀棄隠匿罪が成立し，後述の通り乙と共謀共同正犯となる。

第2 乙の罪責

一 第一行為から第四行為

1 第一行為から第四行為について，乙に傷害罪が成立しないか。

2 第一行為から第三行為はAの身体に対する不法な有形力の行使であり，「暴行」（208条）にあたる。そして，第四行為については，Aに鼻骨骨折の「傷害」（204条）を負わせている。

もっとも，これらの行為はAの攻撃に対抗するためになされたものであり，一連一体の行為として全体として過剰防衛（36条2項）にならないか。

36条2項が刑の任意的減免を認める趣旨は，緊急状況下において

● 死者の占有について，判例（最判昭41.4.8／百選Ⅱ［第7版］〔29〕）の立場を踏まえつつ，本問では死者の占有の論点が故意のレベルで問題となることを指摘できている。

● 本答案は，乙が石でAの顔面を殴打して気絶させた行為について，甲・乙間の共謀の射程外であるとして傷害罪の共同正犯を否定しており，これとの整合性を意識して「乙が第四行為によりAを死亡させたと認識したうえで，当該状態を利用して窃盗という自己の犯罪実現のため積極的に利用していることから，窃盗の実現に向けて相互利用補充関係がある」旨論述し，死者の占有を肯定している。

● 「毀棄隠匿罪」という犯罪は刑法上存在しない。正しく罪名を摘示するのは基本であり，この点を怠ったり誤ってしまうようでは，基本的な知識・理解を疑われかねない。

は多少の行き過ぎがあっても強く非難できず，責任が減少する点にある。

そして，相手方に対して一連の反撃がなされた場合であっても，防衛の意思の有無，侵害の継続，反撃行為の時間的場所的近接性から，当該行為が一体のものといえる場合にも，３６条２項の趣旨は妥当するため，全体として過剰防衛となると考える。

本件では，乙の第四行為はＡが再び起きて殴りかかってくることを避けるためになされたものであり，現にＡが甲らに対し攻撃してきていたことから，防衛の意思は認められる。そして，Ａは甲乙により地面に押さえつけられており，侵害が継続していないようにも思えるが，Ａはなお大声で罵ってきており，さらに体をよじらせて拘束から逃れようとしていることから，Ａの攻撃の意思は旺盛であり，侵害はまだ継続しているといえる。そして，第一行為から第四行為までは同一の場所で続けてなされており，時間的場所的近接性もある。したがって，当該行為は一連一体の行為ということができる。

3　そして，当該第一から第四行為は，Ａが甲に殴りかかるという「急迫不正の侵害」に対し，甲と乙の身体の安全を守るため，防衛の意思をもってなされたものである。

もっとも，Ａ一人に対し，甲と乙二人で押さえつけたうえで，石で顔という身体の重要部分を殴打する行為は，Ａの殴り掛かるという攻撃に対する必要最小限度のものとはいえず，「やむを得ずにした」とはいえない。そのため，正当防衛（３６条１項）は成立しない。

しかし，第四行為は，「防衛の程度を超え」てなされたものであ

● 乙の傷害行為の時点でも甲に対する急迫不正の侵害が継続していることを指摘できており，出題趣旨に合致する。

● 出題趣旨によれば，Ａによる攻撃が当初より弱まっていたことや，Ａが素手で甲に殴りかかろうとしたのに対し，乙が右手で持った石でＡの顔面を殴ったことなどの各事実を踏まえ，防衛行為として相当性の範囲を逸脱したか否かが論じられるべきである。しかし，本答案は事実の摘示が少なく，出題趣旨に合致しないものとなっている。

り，当該第一行為から第四行為は一連一体の行為として過剰防衛となる。

4　したがって，当該行為に傷害罪が成立し，過剰防衛が成立する。

二　Ａの金銭と財布を奪った行為

1　前述の通り，当該行為について甲に金銭についての窃盗罪と，財布についての毀棄隠匿罪が成立する。そこで，乙に同罪の共謀共同正犯が成立しないか。

2(1)　金銭について，Ａから取ってしまう旨意思連絡し，ともにＡの身体を探しているため正犯意思もあるといえ，共謀が認められる（①充足）。そして，かかる共謀に基づき甲はＡから財布ごと金銭を取っている（②充足）。共謀共同正犯の成立要件は満たす。

(2)　そして，窃盗の故意については，乙は死んだＡから財布と金銭を奪っていると認識しているが，前述の通り，乙の第四行為と甲の奪取行為は時間的場所的に近接しているため，甲の奪取行為は窃盗の構成要件に該当し，これについて乙も認識しているため，窃盗の故意が認められる。

(3)　しかし，乙はＡが強盗に襲われたように見せかけるために財布と金銭を奪うつもりであったのであり，財布と金銭は甲が捨てると考えていたため，財布と金銭についてその経済的用法に従い利用処分する意思（②）を欠き，不法領得の意思がない。

そこで，乙には毀棄隠匿罪（２６１条）が成立しうるにとどまる。

3　そして，甲には金銭について窃盗罪が成立するところ，共犯間で罪

● 不法領得の意思について，端的に事実を指摘してその存否を検討できている。

● 261条は器物損壊罪等が正しい罪名である。初歩的・基本的なミスは極力避けなければならない。

名の一致を要するか問題となるところ，共犯は犯罪を共同するものであるがその共同は一部でもいいため，共犯間で罪名の一致までは要しないと考える。本件では，構成要件的に重なり合う範囲である，毀棄隠匿罪の限りで共謀共同正犯となる。

また，財布については毀棄隠匿罪の共謀共同正犯となる。

第3 罪数

一 甲について

甲には，①詐欺罪，②有印私文書偽造罪，③同行使罪，④金銭についての窃盗罪，⑤財布についての毀棄隠匿罪の共謀共同正犯が成立し，①と②，③はそれぞれ牽連犯（54条1項），④と⑤は観念的競合（54条1項）となり，これらは併合罪（45条前段）となる。

二 乙について

乙には傷害罪の過剰防衛，金銭に対する毀棄隠匿罪の共謀共同正犯，財布についての毀棄隠匿罪が成立し，併合罪となる。

以 上

※ 実際の答案は8頁以内におさまっています。

● 本答案は，出題趣旨が述べる「異なる構成要件間における共同正犯の成否」の問題について，一応検討できているが，一部実行全部責任の原則から論理的に規範を定立して本問を検討する，といった論理の展開ができておらず，不十分な論述である。また，器物損壊罪の限度で「構成要件的に重なり合う」とする理由も論じられていない。

MEMO

第１　甲が，Ｃに対し，腕時計Ｘ・Ｙの購入を申し込んだ行為について
　甲の上記行為に詐欺罪（刑法（以下略）２４６条１項）が成立しない
か。
１　まず，「人を欺」く行為，すなわち欺罔行為とは，交付の判断の基
　礎となる重要な事項を偽ることをいう。
　　この点，本件クレジットカードは，名義人のみが利用でき，加盟店
　は，利用者が会員本人であることを確認する義務を負っているとこ
　ろ，利用者が名義人でなければ，加盟店は信販会社から代金の支払を
　受けられない可能性がある。
　　そこで，Ｃは，甲がＡ本人ではないことを知れば，本件クレジット
　カードの利用を拒絶したであろうから，甲は交付の判断の基礎となる
　重要な事項を偽ったといえる。
２　そして，Ｃは，甲がＡ本人であるとの錯誤に陥ったことにより，腕
　時計Ｘ・Ｙを甲に交付し，その結果，商品であるＸ・Ｙの占有を失う
　という損害を被っている。
３　甲には，故意も認められる。
４　したがって，甲の上記行為には，詐欺罪が成立する。
第２　甲が，売上票用紙にＡの名前を記入した行為について
　甲の上記行為に有印私文書偽造罪（１５９条１項）が成立しないか。
１　「偽造」とは，文書の名義人，すなわち当該文書から一般人が認識す
　る意思や観念の表示主体と，文書の作成者，すなわち当該文書に意思や
　観念を表示した者又はさせた者の人格の同一性を偽ることをいう。
　　本件の売上票用紙から一般人が認識する意思や観念の表示主体はＡ

であり，売上票用紙に意思や観念を表示した者は甲であるから，甲
は，両者の人格の同一性を偽ったといえる。
２　そして，甲には「行使の目的」が認められ，甲は「他人」であるＡ
　の「署名を利用して」売上票用紙という「権利，義務……に関する文
　書」を「偽造」したといえる。
３　甲には，故意も認められる。
４　したがって，甲には，有印私文書偽造罪が成立する。
第３　甲が，売上票用紙をＣに手渡した行為には，偽造私文書行使罪
　（１６１条１項）が成立する。
第４　甲が，腕時計Ｙを交際相手にプレゼントした行為は，不可罰的事
　後行為であり，犯罪は成立しない。
第５　甲及び乙が，Ａに体当たりをした行為について
　甲及び乙の上記行為に暴行罪の共同正犯（６０条，２０８条）が成立
しないか。
１　６０条が一部実行全部責任を定める趣旨は，２人以上の者が，互い
　に他人の行為を利用し，自己の犯罪を実行する相互利用補充関係にあ
　り，かかる関係が認められるには，原則として共同実行の意思及び共
　同実行の事実が必要であると解する。
　　甲は，乙に対し，「一緒にＡを止めよう。」と言っており，これに
　対して乙は「分かった。」と答えているところ，両者には，共同して
　Ａに暴行を加える意思が認められる。
　　そして，甲及び乙は２人でＡに体当たりをしているところ，共同実
　行の事実が認められる。

●　クレジットカードを利用した行為
における欺罔行為の内容について検
討できている。

●　出題趣旨によれば，「Ａとの約束
に反して本件クレジットカードを利
用した行為について，Ａとの関係で
犯罪が成立しないかが問題となる」
ところ，本答案はこの点について検
討できていない。

●　出題趣旨によれば，名義人Ａの承
諾がある場合の「偽造」の要件該当
性についての論述が求められていた
ところ，本答案は，この点を検討で
きておらず，不十分である。

●　出題趣旨によれば，防衛行為の相
当性の判断との関係で，甲と乙の一
連の行為を一体としてみることの指
摘が求められていたところ，本答案
は，①甲及び乙が，Ａに体当たりを
した行為，②甲及び乙がＡの身体を
押さえ付けた行為，③乙がＡの顔面
を石で殴り付けた行為の３つに分断
しており，一体としてみることの指
摘を欠き，不適切である。
　また，その結果，以上の３つの行
為における防衛行為の相当性につい
ての当てはめが重複しており，重要度
に応じた論述ができなくなっている。

よって，甲及び乙の上記行為は，暴行罪の共同正犯の構成要件をみたす。

2　しかし，甲及び乙の上記行為には，正当防衛（３６条１項）が成立して，違法性が阻却されないか。

(1)　まず，「急迫不正の侵害」とは，違法な侵害が現に存在しているか，又は間近に押し迫っていることをいう。

　　　Aは甲の顔面を殴ろうとして，右手の拳骨を甲の顔面に突き出しているところ，違法な侵害が現に存在しているといえる。

　　　よって，この要件をみたす。

(2)　次に，「防衛するため」，すなわち防衛の意思があるといえるためには，急迫不正の侵害を認識しつつ，これを避けようとする単純な心理状態で足り，攻撃の意思が併存していても，直ちに失われることはないものと解する。

　　　甲及び乙は，Aの上記攻撃を止めるべく，体当たりに及んでいるところ，防衛の意思が認められる。

(3)　続いて，「やむを得ずにした行為」とは，急迫不正の侵害から権利を防衛する手段として，必要かつ相当な行為をいう。

　　　甲，乙，Aはいずれも２０代半ば，身長１６５センチメートルから１７５センチメートル，体重６５キログラムから７５キログラムと，年齢・身長・体重に大きな差異はない。そして，甲及び乙の体当たりが行われたのは，助けを呼ぶことが容易ではない人気のない路上である。そうだとすれば，甲及び乙のいずれか一方だけではAの攻撃を止めることは難しく，２人で共同してAに攻

● 本問では，特に積極的加害意思が問題となっているわけではないため，「攻撃の意思が併存していても，直ちに失われることはない」との論述をする必要性は乏しい。

撃する必要性が認められる。また，Aの上記攻撃に対して，体当たりするという手段は，法益の相対的均衡を大きく失するものとはいえないから，相当性も認められる。

　　　よって，甲及び乙の上記行為は「やむを得ずにした行為」といえる。

3　以上より，甲及び乙の上記行為には正当防衛が成立し，違法性が阻却されるから，犯罪は成立しない。

第6　甲及び乙がAの身体を押さえ付けた行為について

甲及び乙の上記行為に暴行罪の共同正犯が成立しないか。

1　甲は，乙に対し，「一緒にAを押さえよう。」と言っており，これに対して乙は「分かった。」と答えているところ，両者には，共同してAに暴行を加える意思が認められる。

　　そして，甲及び乙は２人でAを押さえ付けているところ，共同実行の事実が認められる。

　　よって，甲及び乙の上記行為は，暴行罪の共同正犯の構成要件をみたす。

2　しかし，甲及び乙の上記行為には，正当防衛が成立して，違法性が阻却されないか。

(1)　まず，Aは，甲及び乙の前記体当たりを受けて倒れこんだものの，「なにするんだ。この野郎。」と叫びながら，立ち上がろうとしてるところ，攻撃の意思はいまだおう盛かつ強固であり，急迫不正の侵害が認められる。

(2)　次に，甲及び乙は，Aを落ち着かせ，殴られることを防ぐため

に，Ａを一緒に押さえ付けているところ，防衛の意思が認められる。

(3) 続いて，甲，乙，Ａの年齢・身長・体重及び周囲の状況は先述の通りであり，Ａの攻撃を止めるためには，甲及び乙の片方だけでは不十分であり，共同してＡを押さえ付ける必要性が認められる。また，Ａを押さえ付ける行為は，法益の相対的均衡を大きく失するものではないから，相当性も認められる。よって，甲及び乙の上記行為は「やむを得ずにした行為」といえる。

3 以上より，甲及び乙の上記行為には正当防衛が成立し，違法性が阻却されるから，犯罪は成立しない。

第7 乙がＡの顔面を石で殴り付けた行為について
乙の上記行為に，甲及び乙に対して，傷害罪の共同正犯（60条，204条）が成立しないか。

1 甲及び乙は，先述の通り，共同してＡに暴行を加え，Ａの攻撃を止める旨の共謀をしている。乙の上記行為は，Ａの攻撃を止めるために行われており，傷害罪が暴行罪の加重類型であることにもかんがみれば，なお，共謀の射程内である。よって，共同実行の意思が認められる。

そして，甲は実行行為に及んでいないものの，共謀に基づき，乙が実行行為に及んでいる以上，共同実行の事実があったものと同視できる。

よって，甲及び乙の上記行為は，傷害罪の共同正犯の構成要件をみたす。

2 しかし，甲及び乙の上記行為には，正当防衛が成立して，違法性が阻却されないか。

(1) まず，Ａは甲及び乙に押さえ付けられてもなお，「ぶん殴ってやる。」などと叫びながら体をよじらせており，攻撃の意思はいまだおう盛かつ強固であるから，急迫不正の侵害が認められる。

(2) 次に，乙は，Ａの攻撃を止めるためには，Ａを大人しくさせるしかないと考え，上記行為に及んでいるから，防衛の意思が認められる。

(3) 続いて，甲，乙，Ａの年齢・身長・体重及び周囲の状況は先述の通りであるが，Ａの攻撃を止めるためには，Ａを押さえ付けながら警察に電話する等の代替手段が存在していたため，必要性が認められない。また，素手のＡの攻撃に対し，石で顔面を殴り付ける行為は，法益の相対的均衡を大きく失するといえるから，相当性も認められない。よって，乙の上記行為は，「やむを得ずにした行為」とはいえない。

3 したがって，甲及び乙の上記行為には，傷害罪の共同正犯が成立するが，過剰防衛（36条2項）が成立する。

第8 甲がＡの財布をポケットにしまった行為について
甲の上記行為に，甲及び乙に対して，窃盗罪の共同正犯（60条，235条）が成立しないか。

この点，甲及び乙には，財布を捨てる旨の共謀しかないところ，窃盗罪の共同正犯は成立しないが，窃盗罪と器物損壊罪（261条）は，財物の効用を喪失させる点で共通するから，器物損壊罪の共同正犯が成立

● 防衛行為の相当性の当てはめが抽象的である。

● 出題趣旨は石での殴打行為について「共謀が終了したと見るべき事情が存在しないかどうかを含め，事実を指摘して具体的に論じなければならない」としている。しかし，本答案は抽象的な論述にとどまっている。

● 出題趣旨は「甲については，乙が石を拾ったことや乙が右手に持った石でＡの顔面を殴り付けたことを全く認識しておらず，過剰性を基礎付ける事実を認識していなかったため，違法性阻却事由の錯誤が問題となる」としている。しかし，本答案はその点について検討ができていない。

● 出題趣旨によれば，共同正犯における防衛行為の相当性について，共同正犯者全員の行為を対象として判断するか，個別に判断するかを論じることが求められていたところ，本答案は，この点の検討を欠いており，不十分である。

● 出題趣旨によれば，同行為につき，①窃盗罪の客観的構成要件該当性，②死者の占有，③不法領得の意思，④共同正犯の成否の検討を求められていたところ，本答案は，①，②，③の点を検討できておらず，不十分である。

する。なお，構成要件が異なる場合，故意が認められないのが原則であるが，重なり合う範囲では規範に直面したといえるから，軽い限度で故意が認められる。

よって，甲には窃盗罪が，乙には器物損壊罪が成立し，器物損壊罪の範囲で共同正犯となる。

第9　罪数

以上より，甲には①詐欺罪，②有印私文書偽造罪，③同行使罪，④傷害罪の共同正犯，⑤窃盗罪が，乙には⑥傷害罪，⑦器物損壊罪が成立し，①，②，③が牽連犯となり，これと④，⑤が併合罪となり，また，③，④，⑦が併合罪となる。

以　上

また，④の点は，「異なる構成要件間における共同正犯の成否」が問題となるところ，本答案は，「重なり合う範囲では規範に直面したといえる」旨論述しており，抽象的事実の錯誤の問題と混同しているように見受けられる。ここでは，（部分的犯罪共同説に立った場合）「重なり合う限度で犯罪を共同したといえる」等と論述することが考えられる（再現答案②参照）。

平成30年

問題文

[刑事系科目]

〔**第1問**〕（配点：１００）

　次の【事例】を読んで、後記の〔**設問１**〕から〔**設問３**〕までについて、具体的な事実を指摘しつつ答えなさい。

【事例１】

1　甲（男性，１７歳）は，私立Ａ高校（以下「Ａ高校」という。）に通う高校２年生であり，Ａ高校のＰＴＡ会長を務める父乙（４０歳）と二人で暮らしていた。

2　７月某日，甲は，他校の生徒と殴り合いのけんかをして帰宅した際，乙から，顔が腫れている理由を尋ねられ，他校の生徒とけんかをしたことを隠そうと思い，とっさに乙に対し，「数学の丙先生から，試験のときにカンニングを疑われた。カンニングなんかしていないと説明したのに，丙先生から顔を殴られた。」とうその話をしたところ，乙は，その話を信じた。

　乙は，かねてから丙に対する個人的な恨みを抱いていたことから，この機会に恨みを晴らそうと思い，丙が甲に暴力を振るったことをＡ高校のＰＴＡ役員会で問題にし，そのことを多くの人に広めようと考えた。そこで，乙は，ＰＴＡ役員会を招集した上，同役員会において，「２年生の数学を担当する教員がうちの子の顔を殴った。徹底的に調査すべきである。」と発言した。なお，同役員会の出席者は，乙を含む保護者４名とＡ高校の校長であり，また，Ａ高校２年生の数学を担当する教員は，丙だけであった。

3　前記ＰＴＡ役員会での乙の発言を受けて，Ａ高校の校長が丙やその他の教員に対する聞き取り調査を行った結果，Ａ高校の教員２５名全員に丙が甲に暴力を振るったとの話が広まった。丙は，同校長に対し，甲に暴力を振るったことを否定したが，当分の間，授業を行うことや甲及び乙と接触することを禁止された。

〔**設問１**〕　【事例１】における乙の罪責について，論じなさい（業務妨害罪及び特別法違反の点は除く。）。

　なお，乙には，公益を図る目的はなかったものとする。

【事例２】

4　丙は，甲及び乙との接触を禁止されていたが，乙に対し，前記ＰＴＡ役員会での乙の発言の理由を直接尋ねたいと考え，８月某日午後１０時に乙を町外れの山道脇の駐車場に呼び出した。

　乙は，丙と直接話をするに当たり，甲が丙から顔を殴られたことについて，甲に改めて確認しておこうと思い，甲に対し，「今日の午後１０時に山道脇の駐車場で丙と会うことになった。あの

話は本当だよな。」と尋ねた。甲は，乙と丙が直接話合いをすることを知り，このままうそをつき通すことはできないと思い，乙に対し，うそであることを認めて謝った。乙は，甲がうそをついていたことに怒り，「なぜ，うそをついたんだ。」と怒鳴りながら，甲の顔を複数回殴って叱責した。

5 同日午後10時頃，乙は，自動車を運転して，前記駐車場まで行き，同駐車場に自動車を駐車して自動車から降りると，同駐車場において，既に到着していた丙と向かい合って，話を始めた。そして，丙が乙に前記PTA役員会での乙の発言の理由を尋ねたところ，乙は，「息子もうそだと認めたので，この話は，これで終わりだ。」と言い，一方的に話を終わらせ，自己の自動車の方に向かって歩き出した。丙は，乙の態度に納得できずに「まだ話は終わっていない。」と言って乙を追い掛けたところ，乙は，急いで自動車に乗り込もうとした際，石につまずいて転倒し，額をコンクリートブロックに強く打ち付け，額から血を流して意識を失った。丙は，乙が額から血を流して意識を失ったことに驚き，その場から立ち去った。

6 甲は，乙と丙の話合いがどうなったかが気になり，同日午後10時30分頃，バイクを運転して前記駐車場に向かい，同駐車場で倒れている乙を発見した。甲は，同駐車場に止めたバイクにまたがったまま，乙に「親父。大丈夫か。」と声を掛けたところ，これにより乙が意識を取り戻して立ち上がった。乙は，甲が同駐車場にいることには気付かず，自己の自動車を駐車した場所に向かおうとしたが，意識がはっきりとしていなかったため，その場所とは反対方向の崖に向かって歩き出し，約10メートル歩いた崖近くで転倒して意識を失った。

　　山道脇の駐車場には，街灯がなく，夜になると車や人の出入りがほとんどなかった。さらに，乙が転倒した場所は，草木に覆われており，山道及び同駐車場からは倒れている乙が見えなかった。もっとも，乙が崖近くで転倒した時点では，乙の怪我の程度は軽傷であり，その怪我により乙が死亡する危険はなかった。しかし，乙が転倒した場所のすぐそばが崖となっており，崖から約5メートル下の岩場に乙が転落する危険があった。

7 甲は，バイクから降りて，乙に近づいて乙の様子を見ており，乙の怪我が軽傷であること，乙が転倒した場所のすぐそばが崖となっており，崖下の岩場に乙が転落する危険があることを認識していた。また，乙が崖近くで転倒した時点で，同駐車場に駐車中の乙の自動車の中に乙を連れて行くなどすれば，乙が崖下に転落することを確実に防止することができたし，甲は，それを容易に行うことができた。

　　しかし，甲は，丙から顔を殴られたという話がうそであることを認めて謝ったのに，乙から顔を複数回殴られ叱責されたことを思い出し，乙を助けるのをやめようと考え，乙の救助を一切行うことなく，その場からバイクで走り去った。

8 その後，甲が自宅に到着した頃，乙は，意識を取り戻して起き上がろうとしたが，崖に向かって体を動かしたため，崖下に転がり落ち，後頭部を岩に強く打ち付け，後頭部から出血して意識

を失った。この時点で，乙の怪我の程度は重傷であり，乙が意識を失ったまま崖下に放置されれ ば，その怪我により乙が死亡する危険があった。

9 　同日午後１１時３０分頃，乙は，意識を取り戻し，自己の携帯電話機で１１９番通報を行い， 臨場した救急隊員により救助され，搬送先の病院で緊急手術を受けて一命を取り留めた。

〔設問２〕 　【事例２】における甲の罪責について，以下の(1)及び(2)に言及しつつ，論じなさい（特 別法違反の点は除く。）。

(1) 　不作為による殺人未遂罪が成立するとの立場からは，どのような説明が考えられるか。

(2) 　保護責任者遺棄等罪（同致傷罪を含む。）にとどまるとの立場からは，不作為による殺人未 遂罪が成立するとの立場に対し，どのような反論が考えられるか。

〔設問３〕 　【事例２】の6から9までの事実が以下の10及び11の事実であったとする。

10 　甲は，乙と丙の話合いがどうなったかが気になり，同日午後１０時３０分頃，バイクを運転 して山道脇の駐車場に向かい，同駐車場で意識を失って倒れている丁を発見した。丁は，甲と は無関係な者であるが，その怪我の程度は重傷であり，そのまま放置されれば，その怪我によ り死亡する危険があった。

　甲は，丁の体格や着衣が乙に似ていたこと，同駐車場に乙の自動車が駐車されていたこと， 夜間で同駐車場には街灯がなく暗かったことから，丁を乙と誤認した。

11 　甲は，重傷を負った乙が死んでも構わないと思いつつ，乙と誤認した丁の救助を一切行うこ となく，その場からバイクで走り去った。その後，丁は，意識を取り戻し，自己の携帯電話機 で１１９番通報を行い，臨場した救急隊員により救助され，搬送先の病院で緊急手術を受けて 一命を取り留めた。

　なお，甲と同じ立場にいる一般人でも，丁を乙と誤認する可能性が十分に存在した。また， 同駐車場には，丁以外にも負傷した乙が倒れており，甲は，乙の存在に気付いていなかった が，丁を救助するために丁に近づけば，容易に乙を発見することができた。

　この場合，甲には無関係の丁を救助する義務は認められないので殺人未遂罪は成立しないとの 主張に対し，親に生じた危難について子は親を救助する義務を負うとの立場を前提に，甲に同罪 が成立すると反論するには，どのような構成が考えられるかについて，論じなさい。

▶ MEMO ————————————————————————————————

出題趣旨

【刑事系科目】

〔第1問〕

　本問は，⑴設問1で，Ａ高校のＰＴＡ会長である乙が，同高校のＰＴＡ役員会において，「2年生の数学を担当する教員（丙）がうちの子（甲）の顔を殴った。徹底的に調査すべきである。」と発言した行為について，名誉毀損罪の成否を検討させ，⑵設問2で，夜間の町外れの山道脇の駐車場において，負傷して倒れていた父親の乙を救助しなかった甲の不作為について，殺人未遂罪及び保護責任者遺棄等罪が成立すると主張する上での各理論構成を検討させ，さらに，⑶設問3で，同所において，甲とは無関係の丁が負傷して倒れていた場合に，その丁を救助しなかった甲の不作為について，殺人未遂罪が成立すると主張する上での理論構成を検討させることにより，刑事実体法及びその解釈論の知識と理解を問うとともに，具体的な事実関係を分析し，その事実に法規範を適用する能力並びに論理的な思考力及び論述力を試すものである。

⑴　設問1について

　本問では，乙の罪責について，丙に対する名誉毀損罪の成否を検討することになる。そこで，同罪の客観的構成要件である「公然」，「事実の摘示」，「人の名誉」及び「毀損」という各構成要件要素について，事実を指摘して具体的に論じる必要がある。

　まず，「公然」の意義について，判例の見解では，不特定又は多数人が認識し得る状態をいうとされているところ，公然性が認められるためには，不特定又は多数人が現実に摘示内容を認識することを必要とせず，認識できる状態に置かれれば足りることを的確に指摘する必要がある。

　その上で，乙がＡ高校のＰＴＡ役員会において，これに出席していた校長及び保護者3名に対し，丙に関する悪評を伝えた行為に公然性が認められるかが問題となるところ，判例の立場によれば，摘示の相手方が特定かつ少数人であっても，その者らを通じて間接的に不特定又は多数人へと伝播する可能性がある場合には，人に対する社会的評価を低下させる危険を生じさせることから，公然性を肯定できることを論じることになる。もっとも，「公然」とは，文理上，結果の公然性ではなく，行為の公然性を意味するものであることや，伝播させるかどうかという相手方の意思により犯罪の成否が左右されるのは不当であることなどを理由として，伝播性の理論を否定し，摘示の直接の相手方が不特定又は多数人であることが必要であるとする見解に立って論じることも可能である。

　本問において，乙が摘示した直接の相手方は，ＰＴＡ役員会に出席していた校長及び保護者3名という特定かつ少数人にとどまるものの，これらの出席者は，多数人であるＡ高校の生徒の保護者らの代表者であって，同役員会における協議結果等を他の保護者や教員ら同高校関係者に伝達・連絡することが当然予定されている。そのような場において，乙が「徹底的に調査すべきである。」などと発言して，丙の暴力行為を糾弾することは，出席者である校長又はＰＴＡ役員を介して，同高校内における事実調査や噂話により，同高校関係者等の不特定又は多数人に伝播する可能性が十分あり得ることに着目すれば，伝播性の理論を肯定

する立場からは，公然性が認められることになる。他方，伝播性の理論を否定する立場からは，摘示の直接の相手方が特定かつ少数人にとどまることから，公然性は認められないことになる。

次に，「事実の摘示」，「人の名誉」及び「毀損」の各構成要件要素についても，それぞれの意義を正確に押さえつつ，本問における乙の発言について，具体的事実を指摘して，それらの要件充足性の検討を行う必要がある。その際，Ａ高校２年生の数学を担当する教員は丙だけであったことから，「２年生の数学を担当する教員」という発言が，特定の対象者に対する事実の摘示であることを論じるほか，教員である丙が生徒である甲の顔を殴ったという事実を摘示することは，高校教員という職業的地位に鑑み，法的保護に値する社会的評価を害するに足りる行為といえることを論じる必要がある。

他方，乙の発言について公然性を否定した場合には，ＰＴＡ役員会の出席者であった校長による聞き取り調査を通じて，Ａ高校の教員らに丙の悪評を広めた点を捉えて，乙に，校長の行為を利用した名誉毀損罪の間接正犯あるいは校長との共同正犯や教唆犯が成立しないかについても更に検討する余地がある。

そして，主観的要件として，名誉毀損罪の故意の有無を検討する必要があるところ，乙において，丙の名誉を毀損する意図や目的まで有していたかどうかに関わりなく，自らのＰＴＡ役員会における発言によって，丙の社会的評価を低下させるおそれがある事実を不特定又は多数人に伝播させることの認識，認容があったと認められることを簡潔に指摘する必要がある。

なお，乙は，丙が甲に暴力を振るったことが真実であると誤信しているが，そもそも，乙には，公益を図る目的がなかったことから，刑法第２３０条の２の適用は問題とならない。また，ＰＴＡ役員会における乙の発言については，教員の生徒に対する暴力行為を保護者として糾弾する行為として，刑法第３５条の正当行為に該当するか否かを検討する余地はあるが，乙は，丙に対する個人的な恨みを晴らそうという目的から，ＰＴＡ役員会での発言に及んでいることを考慮すれば，乙の行為に社会的相当性は認められず，正当行為には該当しないものと考えられる。

(2) 設問２について

本問では，甲の罪責について，①殺人未遂罪が成立するとの立場と，②保護責任者遺棄等罪にとどまるとの立場の双方の主張・反論に言及しつつ，最終的に自説としていかなる結論を採るのかを論じる必要がある。

まず，①不作為による殺人未遂罪が成立するとの立場からは，作為犯と対比して構成要件的に同価値と評価できるか否かについて，作為義務と作為可能性の観点から判断すべきであることを指摘する必要がある。

作為義務については，その発生根拠と内容を指摘・検討した上で，本問において，甲と乙が親子関係にあることを前提に，甲が本件駐車場で倒れている乙を発見した後，自らが乙に声を掛けたことにより，意識を取り戻した乙が崖近くまで歩いて転倒した様子を見ていること，乙が転倒した場所のすぐそばが崖となっており，崖から約５メートル下の岩場に乙が転落するおそれがあったところ，当時，本件駐車場には，車や人の出入りがほとんどなかった上，乙が転倒した場所は，草木に覆われており，山道及び本件駐車場からは倒れている乙が

見えなかったことなどの事実に触れつつ，先行行為や事実上の引受け，さらには，排他的支配性や危険の創出等の発生根拠の充足性について論じる必要がある。

　また，作為可能性については，その要件としての必要性を簡潔に指摘した上，本問において，乙が崖近くで転倒した時点で，甲は，本件駐車場に駐車中の乙の自動車の中に乙を連れて行くなどして，乙が崖下に転落することを確実に防止することを容易に行うことができたことから，作為の可能性・容易性が認められることを論じる必要がある。

　そして，不作為犯の実行の着手時期についても，その判断基準を示した上で，本問において，甲が，乙が崖近くで転倒していることを認識しながら，乙の救助を行わないことを決意した時点，又は，その決意の表れとして本件駐車場から走り去った時点，あるいは，乙が崖下に転がり落ちて重傷を負った時点で，実行の着手を認めることができることを指摘する必要がある。

　さらに，甲に殺人未遂罪が成立するためには，主観的要件として殺意が認められる必要があることから，その点に関する甲の認識内容について，事実を指摘して具体的に論じなければならない。

　次に，②保護責任者遺棄等罪にとどまるとの立場からは，まずは，前提として，保護責任の意義及び不作為による殺人未遂罪における作為義務との異同を論じつつ，本問において，甲に，乙に対する保護責任が認められることを指摘する必要がある。

　その上で，殺人未遂罪と保護責任者遺棄等罪の区別の基準について，判例・学説に照らし，殺意の有無という主観面による判断要素や，重大な先行行為の有無や危険の程度といった客観面による判断要素を検討すべきであることを，その理由にも言及しつつ論じる必要がある。

　本問において，主観面による判断要素に照らせば，甲は，乙が崖近くで転倒した時点で，乙が転倒した場所のすぐそばが崖となっており，崖下の岩場に乙が転落するおそれがあることを認識した上で，乙を助けることをやめようと考えたのであるから，抽象的には，乙が死亡する危険性があることを認識・認容していたものといえる。もっとも，この時点で，乙の怪我の程度は軽傷であり，その怪我により乙が死亡する危険はなかったのであるから，甲に殺意があったと認定するためには，乙が死亡する具体的危険性，すなわち，崖近くで転倒している乙が，再び意識を取り戻すなどした後，何らかの原因により，崖から約5メートル下の岩場に転落し，頭部等を岩に強打することによって即死するか，あるいは，仮に即死に至らなかったとしても，瀕死の重傷を負うことになり，そうなった場合，車や人の出入りがない夜間の山道において，第三者の救助を得ることなく死亡するという危険が現実化することを認識したことが必要である。ただし，甲に殺意が認められるとしても，客観面による判断要素を考慮して，甲が乙に声を掛けた先行行為自体は死の危険性が乏しい，あるいは，乙の怪我が軽傷であって，崖下への転落の危険も抽象的なものにとどまるとして，殺人未遂罪の成立を否定する余地はある。

　以上を踏まえ，甲の罪責について，自説の立場として，いかなる結論を採るのかについて，反対説の立場からの反論を意識しつつ，その理由付けの補強や再反論を論じていくことが肝要である。

(3)　設問3について

　本問では，甲は，客観的には，乙に対して救助の作為義務を負っている一方で，主観的に

は，（乙と誤認された）丁に対して救助の作為義務を負っていると誤信しているところ，甲に殺人未遂罪が成立すると主張する上での理論構成を論じる必要がある。

同罪の成否が問題となる対象として，故意犯の成否は，認識された事実を前提に検討されることから，丁の近くで現実に倒れている乙ではなく，丁の代わりに存在すると誤信されている乙であることを的確に指摘する必要がある。

次に，危険の判断方法として，存在すると誤信されている（その意味で，現実には存在しない）乙を不救助により殺害することはできないことから，いわゆる客体の不能が問題となるところ，作為犯における未遂犯と不能犯を区別する基準に関する学説に照らして，甲の不作為に殺人の実行行為性が認められないかを検討することになる。

例えば，甲は，丁の体格や着衣が乙に似ていたこと，本件駐車場に乙の自動車が駐車されていたこと，夜間で同駐車場には街灯がなく暗かったことから，丁を乙と誤認している上，甲と同じ立場にいる一般人でも，丁を乙と誤認する可能性が十分に存在したことから，抽象的危険説からは，甲が認識していた事情を基礎として危険性が認められることになり，具体的危険説からは，一般人が認識し得た事情を基礎として危険性が認められることになる。他方，客観的危険説からは，行為時に存在した全ての事情を基礎とすれば，丁はあくまで丁であって，危険性は認められないことになるが，修正された客観的危険説に立つと，同駐車場には丁以外にも負傷した乙が倒れており，甲が丁を救助するために丁に近づけば，容易に乙を発見することができたのであるから，かかる仮定的事実の下で，危険性が認められる余地があるということになる。そこで，自説の立場を論じた上で，その危険の有無について結論を導き出す必要がある。

そして，自説の立場を前提に，甲に殺人未遂罪が成立すると主張するため，主観面，すなわち，殺意の存在についても言及する必要がある。本問では，現実には丁が存在し，甲は，その丁を，乙と誤認しながらも客体としては認識していたという事情があるため，具体的事実の錯誤（客体の錯誤）として捉えれば，丁に対する故意が肯定され，現実に存在した丁を対象とする殺人未遂罪が成立することになる。これに対して，具体的事実の錯誤（客体の錯誤）として捉えない場合は，甲には，丁の代わりに仮定された乙に対する故意が肯定され，その意味で，乙を対象とする殺人未遂罪が成立することになる。その場合，具体的事実の錯誤（客体の錯誤）として捉えない理由が論じられるべきである。

採点実感

1 出題の趣旨，ねらい

既に公表した出題の趣旨のとおりである。

2 採点方針

本問では，比較的長文の具体的事例について，甲及び乙の罪責やその理論構成を問うことにより，刑法総論・各論の基本的な知識と問題点についての理解の程度，事実関係を的確に分析・評価し，具体的事実に法規範を適用する能力，結論の妥当性や，その結論に至るまでの法的思考過程の論理性，論述力等を総合的に評価することを基本方針として採点に当たった。

すなわち，本問は，設問1で，A高校のPTA会長である乙が，同高校のPTA役員会において，「2年生の数学を担当する教員がうちの子の顔を殴った。徹底的に調査すべきである。」と発言した行為について，乙の罪責を問うものであるところ，行為態様や危険が及ぶ法益等に着目し，名誉毀損罪の成否が問題になることを的確に判断し，同罪の構成要件要素を検討した上で，問題文に現れた事実を丁寧に拾い出して当てはめを行うことになる。また，設問2では，夜間の町外れの山道脇の駐車場において，負傷して倒れていた父親の乙を救助しなかった甲の不作為について，殺人未遂罪が成立すると主張する場合の理論構成及び保護責任者遺棄等罪が成立すると主張する場合の理論構成をそれぞれ検討させつつ，結論として甲の罪責を問うものであるところ，両罪の区別において問題となり得る論点を的確に指摘して検討し，さらに，両罪の各構成要件要素について必要な範囲で検討を加え，問題文に現れた事実を丁寧に拾い出して当てはめを行うことになる。さらに，設問3では，同所において，甲とは無関係の丁が負傷して倒れていた場合に，その丁を父親である乙と誤認しながら救助しなかった甲の不作為について，殺人未遂罪が成立すると主張する上での理論構成を問うものであるところ，同様に，問題となり得る論点を的確に指摘した上，問題文に現れた事実を拾い出して検討することになる。

いずれの設問の論述においても，各事例の事実関係を法的に分析した上で，事案の解決に必要な範囲で法解釈論を展開し，問題文に現れた事実を具体的に摘示しつつ法規範に当てはめて妥当な結論や理論構成を導くこと，さらには，それらの結論や理論構成を導く法的思考過程が論理性を保って整理されたものであることが求められる。ただし，論じるべき点が多岐にわたることから，事実認定上又は法律解釈上の重要な事項については手厚く論じる一方で，必ずしも重要とはいえない事項については簡潔な論述で済ませるなど，答案全体のバランスを考えた構成を工夫することも必要である。

出題の趣旨でも示したように，設問1では，事例1における乙の罪責について，丙に対する名誉毀損罪の成否を検討するに当たり，同罪の客観的構成要件である「公然」，「事実の摘示」，「人の名誉」及び「毀損」という各構成要件要素について，事実を指摘して具体的に論じることが求められていた。この点，「公然」の意義について，不特定又は多数人が認識し得る状態をいうとする判例の見解を正確に指摘し，乙が事実を直接摘示したA高校の校長及び保護者3名というPTA役員会の出席者が，特定かつ少数人であることを認定した上，摘示の直接の相手方が特定かつ少数人であ

る場合に，伝播可能性の理論を肯定して公然性を認めるか否かについて，その理由を含めた検討を加え，本問の具体的事実関係において当てはめを行う必要があった。また，「事実の摘示」，「人の名誉」及び「毀損」についても，それぞれの意義を区別して正確に指摘した上，本問の具体的事実について当てはめを行う必要があった。さらに，誰の名誉に関する事実の摘示であるかという特定性についても問題となることを指摘し，本問への当てはめを行うことが求められていた。そして，名誉毀損罪の主観的要件である故意について，上記の客観的事実に対する認識，認容があったことを簡潔に指摘する必要があった。

　設問2では，事例2における甲の罪責が問われていることから，問題文の(1)及び(2)の問い掛け，すなわち，①殺人未遂罪が成立するとの立場と，②保護責任者遺棄等罪にとどまるとの立場の双方の主張・反論に言及しつつ，最終的に自説としていかなる結論を採るのかを的確に論じる必要があった。したがって，上記(1)及び(2)を小問形式と捉えて，それぞれの理論構成を別個に論じただけにとどまり，自説としての結論の論述を欠く答案については，出題の趣旨に沿うものではないこととなる。

　①殺人未遂罪が成立するとの立場からの理論構成においては，作為義務について，その発生根拠及び成立要件を明確に論じて，本問の具体的事実について的確に当てはめを行う必要があった。また，作為可能性については，その必要性を簡潔に指摘した上，問題文に現れた具体的事実関係において，それが認められることを述べる必要があった。不作為犯の実行の着手時期についても，その判断基準を示した上で，本問において，いずれの時点で甲に不作為による実行の着手を認めることができるかを指摘する必要があった。さらに，殺意についても，甲が立ち去った時点での客観的状況の認識に加え，その後の危険の現実化に関する甲の認識内容を具体的に論じる必要があった。

　一方，②保護責任者遺棄等罪にとどまるとの立場からの理論構成においては，まずは，同罪と殺人未遂罪の区別を論じる前提として，保護責任の意義及び成立根拠，作為義務との異同を論じつつ，本問において，甲に保護責任が認められることを指摘する必要があった。その上で，殺人未遂罪との区別の基準について，殺意の有無という主観面による判断要素や，重大な先行行為の有無，危険の程度といった客観面による判断要素を検討すべきであることを論じた上，本問において，殺人未遂罪の成立を否定する根拠を指摘する必要があった。そして，最終的な自説の立場として，保護責任者遺棄等罪にとどまるとの結論を採る場合には，同罪における客体，行為及び故意といった，保護責任以外の各構成要件該当性についても論じる必要があった。

　設問3では，事例3における甲に殺人未遂罪が成立すると主張する上での理論構成を論じるに当たり，まずは，同罪の成否が問題となる対象を的確に指摘する必要があった。すなわち，甲は，客観的には，乙に対して救助の作為義務を負っている一方で，主観的には，丁を乙と誤認して，その丁に対して救助の作為義務を負っていると誤信しているところ，認識された事実を前提として，丁の代わりに，そこに存在すると誤認された乙が対象となるべきであることを指摘する必要があった。

　いずれにしても，甲に殺人未遂罪が成立すると主張する上で，まずは，客観面，すなわち，甲の不作為による殺人の実行行為性を検討する必要があり，そのための危険の判断方法として，そこに存在すると誤信されているにすぎない乙を，不救助により殺害することはできないことから，いわゆる客体の不能が問題となることを的確に指摘し，作為犯における未遂犯と不能犯を区別する基準について，自説の立場を論じた上，本問における危険の有無について結論を導き出す必要があっ

LEC東京リーガルマインド　司法試験&予備試験　論文5年過去問　再現答案から出題趣旨を読み解く。刑法

た。そして，自説の立場から危険の存在を認定し，客観面として実行行為性が認められることを前提に，主観面として，自らが特定した対象となる客体に対する殺意の存在についても言及する必要があった。この点，具体的事実の錯誤（客体の錯誤）として捉える場合は，丁に対する故意が肯定されることを，一方，そのように捉えない場合は，丁の代わりに，そこに存在すると誤認された乙に対する故意が肯定されることを論じるべきであった。

3　採点実感等

各考査委員から寄せられた意見や感想をまとめると，以下のとおりである。

(1)　全体について

本問は，前記2のとおり，論じるべき点が多岐にわたることから，各論点の体系的な位置付けを明確に意識した上，厚く論じるべきものと簡潔に論じるべきものを選別し，手際よく論じる必要があった。また，問題文に誘導的な記載があるにもかかわらず，論じる必要のない論点を論じる答案や，必ずしも重要とは思われない論点を長々と論じる答案も見られた。

本問を論じるに当たって必要とされている論点全てを検討した答案は少数であったが，その少数の答案を含め，総じて，規範定立部分については，いわゆる論証パターンをそのまま書き写すことだけに終始しているのではないかと思われるものが多く，中には，本問を論じる上で必要のない論点についてまで論証パターンの一貫として記述されているのではないかと思われるものもあり，論述として，表面的にはそれらしい言葉を用いているものの，論点の正確な理解ができていないのではないかと不安を覚える答案が目に付いた。また，規範定立と当てはめを明確に区別することなく，問題文に現れた事実を抜き出しただけで，その事実が持つ法的意味を特段論じずに結論を記載するという答案も少なからず見られた。前述のように，論点の正確な理解とも関係するところであり，規範定立を怠らないのは当然として，結論に至るまでの法的思考過程を論理的に的確に示すことが求められる。

なお，設問2及び3については，そもそも問題文を誤解したせいか，出題の趣旨を正確に把握できていない答案が相当数見られた。

(2)　各設問について

ア　設問1について

名誉毀損罪の客観的構成要件要素について，それらの意義の理解が不正確な答案が散見された。例えば，公然性の論述において，「不特定又は多数人」が認識し得る状態とすべきところ，単に「不特定多数人」と記載するだけで，「又は」なのか「かつ」なのかが不明瞭な答案が多く見られた。また，伝播可能性に関する論述では，摘示の直接の相手方が特定かつ少数人であることの認定をしていない答案が散見された上，規範なのか当てはめなのかが曖昧なまま，「伝播可能性があれば公然性が肯定される」とだけ指摘して終える答案が相当数あり，伝播可能性の理論を肯定する理由付けについて言及できている答案が少なかった。さらに，「人の名誉」と「毀損」を区別して論じている答案が少なかった上，「毀損」の要件について，同罪を抽象的危険犯であると解しながら，「丙が甲に暴力を振るったとの話が広まった」という結果面を強調し，あたかも具体的な毀損結果の発生が必要であるかのように論じる答案が散見された。

主観的要件である故意の点については，全く検討していない答案が相当数あった。また，この点を論じている答案においても，乙が「かねてから丙に対して抱いていた個人的な恨みを晴

らそうと思った」ことを故意の内容として指摘するなど，認識・認容の対象となる事実が何かを正確に理解している答案は少なかった。

乙における真実性の誤信について，刑法第２３０条の２の適用の可否を検討する答案が一定数あったが，そもそも，問題文で「乙に公益を図る目的はなかったものとする」と明示していることから，本問において，この点を論じる必要はなかった。また，乙における正当行為（刑法第３５条）又はその誤想について論じた上，名誉毀損罪の成立を否定する答案が少なからずあったが，本来の出題の趣旨からは外れるため，殊更論じる必要まではなかった。

イ　設問２について

甲の罪責について，問題文の(1)及び(2)の問い掛けを小問形式であると誤って捉え，それぞれの立場からの理論構成を論じただけで完結してしまい，最終的に自説としていかなる結論を採るのかが論じられていない答案が散見された。また，自説として，一応の結論を論じている答案においても，上記(1)又は(2)で論じた反対の立場に対する反論や自説の理由付けの補強に関する論述が不十分である答案が目立った。

また，本問の解答を，刑法の自由保障機能や罪刑法定主義との関係に触れる紋切り型の論証パターンを用いて，不真正不作為犯の処罰根拠から書き始める答案が数多く見られた。これらは，本問の事案内容に即し，何を厚く論じるべきかを考えていない，あるいは，理解できていない答案と言わざるを得なかった。

不作為による殺人未遂罪の作為義務の発生根拠については，総じて，甲に作為義務が成立する要件を示した上で，本問に現れた具体的事情を拾い上げてこれに当てはめることができている印象であったが，中には，規範定立と当てはめに齟齬を来している答案が散見された。さらには，甲が乙に嘘を付いたことを先行行為として指摘する答案もあり，先行行為や排他的支配といった要件を基礎付ける具体的事情についての理解が不十分な答案も少なからずあった。

同罪の実行の着手時期については，作為義務に関する論述の結論と合わせて，「乙は死亡していないから未遂となる」とするのみで，同罪が成立する具体的な時点を特定しない答案が多かった。他方で，未遂犯であるにもかかわらず，因果関係について，しかも，どの「結果」との間の関係かも曖昧なままに長々と論じている答案が多数あった。これらは，論証パターンを無自覚に書き出したものと思われるが，仮に未遂犯においても結果の発生を必要とする見解に立つのであれば，殺人未遂罪が問われている本問では，甲の不作為と乙が死亡する危険との間の因果関係を検討すべきであった。

同罪の殺意については，甲が乙を放置したまま立ち去った時点で殺意を認める答案が多かったが，反対説の立場から，甲において，乙が死亡することの認容の有無のみで殺意を判断している答案が散見された。

他方，保護責任者遺棄等罪に関しては，前提となる保護責任の有無・内容について丁寧に検討できている答案も一定数あったが，その検討を全くしないまま，いきなり殺人未遂罪との区別の基準を論じる答案が相当数あった。また，同罪と保護責任者遺棄等罪の区別の基準について指摘するものの，その理由付けまで丁寧に論じられている答案は少数であった。

ウ　設問３について

対象となる客体について，近くに倒れていた乙と解しているように受け取れる答案も見られ，全体として，これを明確に指摘できている答案は少なかった。

また，甲の不作為について，客観面での殺人の実行行為性を検討することなく，客体の錯誤の問題と捉えて，主観面のみを検討する答案が相当数あった。一方で，実行行為性が問題になることには気付いたものの，不能犯の理論の応用であることを自覚的に検討できている答案が少なかった。更に言うと，不能犯論を論じる際，具体的危険説を採りながら，甲が誤信していた事情のみを指摘するなど，抽象的危険説に立つかのような当てはめをしている答案もあり，学説の理解が不十分と思われる答案も見られた。

（3）　その他

例年指摘しているところではあるが，文字が乱雑で判読しづらい答案や基本的用語の漢字に誤記のある答案が散見された。また，文章の補足・訂正に当たって，極めて細かい文字で挿入がなされる答案も相当数あった。時間的に余裕がないことは承知しているところであるが，採点者に読まれるものであることを意識して，大きめで読みやすい丁寧な文字で書かれることが望まれる。

（4）　答案の水準

以上を前提に，「優秀」「良好」「一応の水準」「不良」と認められる答案の水準を示すと，以下のとおりである。

「優秀」と認められる答案とは，本問の事案を的確に分析した上で，本問の出題の趣旨や採点方針に示された主要な問題点について検討を加え，成否が問題となる犯罪の構成要件要素等について正確に論述するとともに，必要に応じて法解釈論を展開し，問題文に現れた事実を具体的に指摘して当てはめを行い，設問ごとに求められている罪責や理論構成について論理的に矛盾のない論述がなされている答案である。

「良好」と認められる答案とは，本問の出題の趣旨及び前記採点の方針に示された主要な問題点について指摘し，それぞれの罪責について論理的に矛盾せずに妥当な結論等を導くことができているものの，一部の問題点について検討を欠くもの，その理論構成において，主要な問題点の検討において，理解が一部不正確であったり，必要な法解釈論の展開がやや不十分であったり，必要な事実の抽出やその意味付けが部分的に不足していると認められるものである。

「一応の水準」と認められる答案とは，事案の分析が不十分であったり，本問の出題の趣旨及び前記採点の方針に示された主要な問題点について一部論述を欠いたりするなどの問題はあるものの，論述内容が論理的に矛盾することなく，刑法の基本的な理解について一応ではあるものの示すことができている答案である。

「不良」と認められる答案とは，事案の分析がほとんどできていないもの，刑法の基本概念の理解が不十分であるために，本問の出題の趣旨及び前記採点の方針に示された主要な問題点を理解できていないと認められたもの，事案に関係のない法解釈論を延々と展開しているもの，問題点には気付いているものの結論が著しく妥当でないもの，論述内容が首尾一貫しておらず論理的に矛盾したり論旨が不明であったりしているもの等である。

4　法科大学院教育に求めるもの

刑法の学習においては，刑法の基本概念の理解を前提に，論点の所在を把握するとともに，各論点の位置付けや相互の関連性を十分に整理し，犯罪論の体系的処理の手法を身に付けることが重要である。

　また，これまでも繰り返し指摘しているところであるが，判例学習の際には，結論のみならず，当該判例の前提となっている具体的事実を意識し，結論に至るまでの理論構成を理解した上，その判例が述べる規範の体系上の位置付け及びそれが妥当する範囲について検討し理解することが必要である。

　今回の論文式試験では，事案の解決のために問題となる論点とそうでない論点の見極めが重要であったが，問題となる論点自体の体系的な位置付けについての整理が不十分なまま，論証パターンを無自覚に記述するため，問題とならない論点についてまで長々と論じる答案が目に付いたことから，事案の全体像を俯瞰して，事案に応じて必要な論点について過不足なく論じるための法的思考能力を身に付けることが肝要である。

　このような観点から，法科大学院教育においては，まずは刑法の基本的知識及び体系的理解の修得に力点を置いた上，判例学習等を通じ具体的事案の検討を行うなどして，正解思考に陥らずに幅広く多角的な検討を行う能力を涵養するとともに，論理的に矛盾しない，事案に応じた適切で妥当な結論やその理論構成を導き出す能力を涵養するよう，より一層努めていただきたい。

平成30年・司法

設問1
1 乙がPTA役員会で発言した行為に名誉毀損罪（刑法230条1項，以下法令名省略）が成立しないか。
2 「公然と」とは，不特定又は多数人に向けて行うことをいい，特定かつ少数人に対して行う場合であっても，それらの者を通じて不特定又は多数人に伝播する可能性があるときには，「公然と」にあたる。
　本件では，乙は，A高校のPTA役員会において発言している。同役員会は乙を含む保護者4名とA高校の校長だけであるから，特定かつ少数人であるといえる。しかし，同役員会はPTA役員の意見に対して校長が対応するという性質のものであるから，PTA役員の発言が校長を通じて他の教員等に伝播するのは予定されているものといえる。本件では現に乙の発言を受けて，A高校の校長が丙やその他の教員25名全員に暴力を振るったとの話が広まっていることからも明らかである。
　よって，乙の発言行為は「公然と」行ったといえる。
3 「事実を摘示」とは，本罪の保護法益が人の社会的名誉であることから，人の社会的評価を低下させるような事実を摘示することをいう。ここでいう「事実」は真実のものだけでなく，虚偽のものも含まれる。
　本件では，乙は「2年生の数学を担当する教員がうちの子を殴った。徹底的に調査すべきである。」と発言している。乙の発言内容は，教員が生徒に暴力を振るったというものであるから，教員としての社会的評価を低下させるような事実であるといえる。そして，これ

は甲が嘘をついたことによる虚偽のものであるが，本罪の「事実」にあたる。
　よって，乙の発言行為は「事実を摘示」したといえる。
4 「人の名誉を毀損した」とは，本罪が抽象的危険犯であることから，個人の社会的評価が低下する危険が生じたことをいう。そして，個人の特定については，不特定又は多数人が認識しうる程度に特定されていなければならない。
　本件における乙の発言内容は「2年生の数学を担当する教員がうちの子を殴った。」というものであるが，ここでは個人名は挙げられず「2年生の数学を担当する教員」とされていることからすれば，不特定又は多数人にとって丙と特定できないように思われる。しかし，A高校の2年生の数学担当教員は丙だけであったことから，乙の上記発言により不特定又は多数人も丙のことであると特定できるといえる。そして，乙の子を殴ったという事実の摘示により，丙の教員としての社会的評価は低下する危険が生じたといえる。
　よって，「人の名誉を毀損した」といえる。
5 乙は，上記行為の危険を認識しつつあえて行っているので，客観的構成要件該当事実の認識・認容である故意があるといえる。
6 以上より，甲には名誉毀損罪の構成要件が該当するが，甲には公益を図る目的がないことから，230条の2によって違法性が阻却されることはない。
7 また，仮に乙が相当な資料根拠に基づいて真実性を誤信していたとしても，公益を図る目的がない以上，責任が阻却されることもない。

● 「公然」の意義について，判例を意識して論述することができている。また，事実認定に際して，摘示の直接の相手が特定かつ少数人であることを踏まえ，伝播可能性の理論を展開して検討できている。もっとも，採点実感によれば，伝播可能性の理論を肯定する理由付けについても言及すべきであった。

● PTA役員会の性質に照らした具体的な検討ができている。なお，出題趣旨に照らすと，「徹底的に調査すべきである」という乙の発言の意味内容に着目した具体的な検討ができれば，さらに高く評価されたものと推察される。

● 出題趣旨によれば，「事実の摘示」について，意義を正確に押さえつつ，具体的事実を指摘し，要件充足性の検討を行う必要があるところ，本答案は，これらの検討を過不足なく行うことができている。

● 出題趣旨によれば，「人の名誉」及び「毀損」についても，意義を正確に押さえつつ，具体的事実を指摘し，要件充足性の検討を行う必要がある。
　本答案は，本罪が抽象的危険犯であることを指摘しつつ，その意義を示した上で，「2年生の数学を担当する教員」という乙の発言が，特定の対象者に対する事実の摘示であることも論述し，これらの要件充足性を検討しており，出題趣旨に合致する。

● 出題趣旨によれば，名誉毀損罪の故意の有無を検討するに当たっては，乙に丙の社会的評価を低下させるおそれがある事実を不特定又は多数人に伝播させることの認識・認容があったと認められることを簡潔に指摘する必要があった。本答案は，この点について，最低限の論述にと

8　したがって，乙に名誉毀損罪が成立する。

設問2

1　甲が乙の救助を一切行うことなく，その場からバイクで走り去った行為につき不作為の殺人未遂罪（199条，203条）が成立しないか。

(1)　不真正不作為犯については，罪刑法定主義に反しないかが問題となりうるが，条文上作為犯に限定することが明示されていない以上，不作為犯も含まれるものと解されるので，罪刑法定主義には反しないといえる。もっとも，不作為犯の範囲は作為犯と同価値のものに限られる。

　　そこで，不真正不作為犯の実行行為が認められるには，①作為義務，②作為可能性・容易性，③作為義務に違反することが必要である。①については，法令，契約及び先行行為，因果経過の排他的支配，又は事実上の保護の引受け等の事情を総合考慮して，作為犯と同価値の作為義務があるかを判断すべきである。

(2)ア　本件では，甲は乙の子であるから，子として乙を扶助する義務がある。そして，乙は軽傷であるものの，崖下の岩場に転落する危険がある状態にあるから，死亡の危険が生じていた。甲が駐車場で乙を発見した時点で同駐車場には乙以外には甲しかおらず，同駐車場が町外れの山道脇にあること，及び乙を発見したのは午後10時30分頃という夜遅い時間であったことからすれば，甲以外の人が同駐車場に来る可能性も低いため，甲が乙の死の因果経過について排他的支配を有していたといえる。

　　　　以上の事情を考慮すれば，甲には，乙を安全な場所に移動させて死の危険を防ぐ作為義務があったといえる（①充足）。

イ　甲は，乙が崖近くで転倒した時点で同駐車場に駐車中の乙の自動車の中に乙を連れて行くなどすることは容易にできたことから，甲には作為可能性・容易性があった（②充足）。

ウ　にもかかわらず，甲は乙の救助を一切行うことなく，その場からバイクで走り去っているので，上記作為義務に違反したといえる（③充足）。

エ　よって，甲に不作為の殺人罪の実行行為が認められる。

(3)　甲は乙が転倒した場所のすぐそばが崖になっており，崖下の岩場から乙が転落する危険があることを認識していたことから，上記実行行為について認識しつつ，あえて行っているから故意があるといえる。

(4)　よって，甲には不作為の殺人未遂罪が成立する。

2　これに対し，①甲には不作為の殺人罪の実行行為にあたるほどの作為義務はない，又は，②甲には殺人罪の故意がない，との理由で保護責任者遺棄致傷罪（218条，219条）が成立するにとどまるとの反論が考えられる。

(1)　①の反論は，不作為の殺人罪の実行行為としての作為義務と保護責任者遺棄罪等の作為義務は異なることを前提とする主張であるが，いずれの罪も人の生命を保護法益とするものである以上，作為義務の程度が異なるとすることは困難であるから，両罪の区別は殺意の有無によるべきである。

どまっている。

● 出題趣旨によれば，不作為による殺人未遂罪が成立するとの立場からは，その成立要件を指摘することが求められているところ，本答案は，成立要件及び作為義務の発生根拠まで明確に指摘できており，出題趣旨に合致する。

● 本答案は，具体的事実を指摘した上で，作為義務の内容を検討できており，出題趣旨に合致する。なお，甲が乙に声を掛けたことにより，意識を取り戻した乙が崖近くまで歩いて転倒した様子を見ていることや，その転倒した場所が草木に覆われており，山道や駐車場からは乙が見えなかったこと等の事実も指摘・検討できれば，なお良かった。

● 乙の死亡の結果が発生しなかったことや，どの時点で実行の着手が認められるか（不作為犯の実行の着手時期やその判断基準）についても論じることができれば，さらに高く評価されたものと思われる。

● 出題趣旨によれば，保護責任者遺棄等罪にとどまるとの立場から，保護責任と作為義務との異同を論じることが求められているところ，本答

よって，①の反論は認められない。
(2) ②の反論は，両罪の区別は殺意の有無であることを前提としつつ，甲には乙の死亡について認容がなかったことから，殺人罪の故意がないと主張するものである。

確かに，乙は軽傷であり，甲は乙から顔を殴られ叱責されたことを思い出し，乙を助けるのをやめようとしたことからすれば，積極的に甲の死亡を認容していたとはいい難い。しかし，甲は乙が崖下の岩場に転落する危険があることを認識しており，崖下の岩場に転落することが通常死亡する高度の危険を有することからすれば，甲は乙が死亡する高度の危険が生じていること，及び甲がその高度の危険を除去できる排他的地位にいることを認識しつつ，あえて救助しないものとしているのであるから，乙の死亡について認容があったものといえる。

よって，②の反論は認められず，甲には殺人罪の故意がある。
3 以上より，甲には不作為の殺人未遂罪が成立する。
設問3
1 甲には無関係の丁を救助する義務は認められないので殺人未遂罪は成立しないとの主張は，甲には不作為の殺人罪の実行行為としての作為義務が認められないことを理由とするものである。これに対し，甲は丁を乙と誤認していたことから，不作為の殺人罪の作為義務があったということができないか。
2 不真正不作為犯の実行行為としての作為義務の考慮要素は上述の通りであるが，実行行為の違法性の本質が，行為の社会倫理規範違反に

あることからすれば，作為義務の考慮要素は行為者の立場に立った一般人の認識を基準として判断すべきである。
3 本件では，甲は，同駐車場に丁が倒れているのを発見したが，丁は体格や着衣が乙と似ていたこと，同駐車場に乙の自動車が駐車されていたこと，夜間で同駐車場には街灯がなく暗かったことなどから，甲と同じ立場にいる一般人でも丁を乙と誤認する可能性が十分にある状況であった。そのため，甲の作為義務の考慮要素としては，乙が倒れているのを甲が発見したものとして考えるべきであり，甲は乙の子である以上，親に生じた危難について救助する義務があるので，甲に作為義務が認められることになる。にもかかわらず，甲は救助を行わず走り去っているから作為義務違反がある。
4 よって，甲には不作為の殺人未遂罪が成立する。

以 上

案は，この点について，保護責任者遺棄等罪の保護法益に着目して説得的に論じられている。
また，不作為による殺人未遂罪と保護責任者遺棄等罪の区別基準についても，殺意の有無という主観面によって区別するという判例（大判大4.2.10参照）の立場を，理由を付しつつ端的に論じられており，出題趣旨に合致する。

● 本答案は，採点実感で指摘されているように，実行行為性が問題になることには気付いたものの，不能犯の理論の応用であることを自覚的に検討できていない答案だといえる。

● 誰に対する殺人未遂罪が成立するかが明らかにされておらず，不適切な論述となっている。ここでは，「（乙と誤認された）丁」に対する殺人未遂罪が成立するかどうかが問題となっており，甲に丁に対する殺人未遂罪が成立すると結論付けるには，不能犯（客体の不能）の論点のみならず，具体的事実の錯誤（客体の錯誤）の論点も検討しなければならなかった。

▶ MEMO

設問1
　ＰＴＡ役員会において「２年生の数学を担当する教員がうちの子の顔を殴った。」などと発言した行為に，名誉毀損罪（刑法（以下法名省略）２３０条１項）が成立しないか。
１　上記発言は，「公然と」といえるか。
　⑴　「公然と」とは，不特定又は多数人の認識し得る状態でなされたことをいう。そして，事実摘示が特定少数人に向けられた場合であっても，それらの者を通じて不特定又は多数人に伝播する蓋然性がある限りで，「公然と」といえる。
　⑵　Ａ高校のＰＴＡ役員会の出席者は乙を含め保護者４名と校長だけであり，上記発言は直接には特定少数人に向けられている。しかし，ＰＴＡの役員や校長が，教員が生徒を殴ったという事実を聞けば，その事実関係や背景問題等を調査するために多くの教員・生徒・保護者に対して聞き取り調査が行われ，その過程で乙の摘示した事実が不特定又は多数人に伝播する蓋然性があったといえる。
　⑶　したがって，「公然と」といえる。
２　そして，Ａ高校では２年生の数学を担当する教員は丙だけであったのだから，上記発言は，丙が乙の子である甲を殴ったという「事実を摘示」するものである。
３　また，教員が生徒を殴ったという事実は，近年深刻な社会問題とされている体罰問題を示すものであり，それが真実であれば丙は一定の処分を免れず，社会的評価に重大な影響が生じることとなるのであるから，上記発言は丙の社会的評価を低下させる抽象的危険が認めら

れ，それがＰＴＡ役員会において他の出席者に伝達された時点で「名誉を毀損した」といえる。
４　乙には，上記発言をするに際し「専ら公益を図る」目的はなかったのであるから，２３０条の２第１項により違法性が阻却されず，同条２項，３項の適用もない。さらに，責任故意の阻却もない。
５　よって，上記行為に名誉毀損罪が成立する。
設問2(1)
　乙の救助をせずにその場から立ち去ったという不作為に，以下のように殺人未遂罪（２０３条・１９９条）が成立するとの説明が考えられる。
１　まず，上記不作為の殺人罪（１９９条）の実行行為性につき論じる。
　⑴　実行行為とは，法益侵害を惹起する現実的危険性を有する行為をいうところ，不作為によっても当該危険性は生じさせうる。もっとも，不作為は理論上無限に広がりうるから，作為犯との構成要件的同価値性を担保する必要がある。そこで，①法的作為義務を負う者が，②作為が容易かつ可能であるのにこれを怠ったときに限り，不作為の実行行為性は認められる。①の法的作為義務は，法令・慣習・条理，契約，事務管理だけでなく，危険の作出や危険の引受行為，法益に対する具体的かつ排他的支配可能性等を考慮して判断する。
　⑵　確かに，子は親を監護する義務を法律上負うわけではない（民法８２０条参照）が，慣習又は条理上，負傷した親を救助する責務を

● 「公然」の意義について，判例を意識して論述することができている。また，事実認定に際し，摘示の直接の相手が特定かつ少数人であることを踏まえ，伝播可能性の理論を展開して検討できている。もっとも，採点実感によれば，伝播可能性の理論を肯定する理由付けについても言及すべきであった。

● 「事実の摘示」の意義（人の社会的評価を低下させるに足りる具体的事実を告げること等）を示さないまま当てはめを行っており，丁寧な論理展開とは評価できない。

● 採点実感によれば，「人の名誉」と「毀損」を区別して論じることが期待されていた。

● 本答案は，名誉毀損罪の故意の有無を検討できていない。

● 出題趣旨によれば，設問２では，①殺人未遂罪が成立するとの立場と，②保護責任者遺棄等罪にとどまるとの立場の双方の主張・反論に言及しつつ，最終的に自説としていかなる結論を採るのかを論じる必要があるところ，本答案は，本設問を(1)・(2)の小問形式と捉えて，それぞれの理論構成を別個に論じただけにとどまっており，自説としての結論の論述を欠く点で，題意を誤って把握してしまっている（採点実感参照）。

● 出題趣旨によれば，不作為による殺人未遂罪が成立するとの立場からは，その成立要件を指摘することが求められているところ，本答案は，

負うというべきである。また，甲は，「親父。大丈夫か。」と一度声を掛けて事務管理を開始しているのだから，それを継続すべき義務を負う（同法７００条本文）ともいえる。さらに，甲は乙と二人暮らしで社会生活上密接な関係にあったこと，倒れていた場所の付近には崖があり乙の生命に対する危険があったこと，周囲には街頭がなく夜になると車や人の出入りがほとんどなかったこと，草木に覆われ山道・駐車場からは倒れている乙が見えなかったことに照らすと，乙の生命の維持・存続は具体的かつ排他的に甲に依存しており，甲はこれを支配していたといえる。したがって，①乙を自動車の中に連れていくなどして乙の生命を救護する措置をとるべき法的作為義務を負う者と認められる。

そして，②当該作為は容易であり，かつ作為があれば乙が崖下に落ちることを確実に防止することができて作為可能性もあったにもかかわらず，それを怠っている。

(3) よって，殺人罪の実行行為性が認められる。

2 そして，甲が乙に声を掛けたことによって乙がはっきりとしないながらも意識を取り戻し，駐車場の方向とは反対方向の崖に向かって歩き出すという行動をとり始めた時点で，乙が崖下の岩場に転落し頭部を強く打ちつける等して乙が死亡する現実的危険性が生じていたのだから，殺人罪の実行の着手も認められる。

3 さらに，殺人罪の故意（３８条１項本文）について論じる。甲は，乙の死亡の確実性の認識も，死亡の意欲もないため，未必の故意の有無が問題となる。

(1) 故意とは，構成要件の実現についての認識・認容をいうところ，未必の故意は，法益侵害結果が生じることの蓋然性を認識しつつこれを消極的に認容していた場合に，認められる。

(2) 甲は，乙の怪我が軽傷であり，その怪我により死亡する蓋然性がないことを認識している。しかし，乙の転倒した場所のすぐそばが崖となっており，崖下は岩場となっていることを認識していた。そして，甲が声を掛けたことで乙は意識を取り戻したものの，意識がまだはっきりとしていない状態であったことを認識していた。それゆえ，甲は，乙が意識のはっきりしないままに崖下の岩場に転落し，頭部を強く打ち付ける等して乙が死亡する蓋然性のあることを認識していたといえる。

にもかかわらず，甲は，乙から顔を複数回殴られ叱責されたことを思い出し，乙が死亡しても構わないと消極的に認容したうえで乙を救助するのをやめている。

(3) したがって，殺人罪の未必の故意が認められる。

4 以上から，乙が一命を取り留めている本件では，殺人未遂罪が成立する。

設問2(2)

1 保護責任者遺棄致死罪（２１９条）と殺人罪とは，保護責任と不作為の殺人罪を基礎づける作為義務とを区別することが実際上困難であることから，殺意の有無で区別される。

そこで，乙の不作為につき保護責任者遺棄等罪が成立するにとどまるとの立場からは，甲には以下のように殺人罪の未必の故意が認めら

成立要件及び作為義務の発生根拠まで明確に指摘できており，出題趣旨に合致する。

● 本答案は，具体的事実を指摘した上で，作為義務の内容を検討できており，出題趣旨に合致する。なお，甲が乙に声を掛けたことにより，意識を取り戻した乙が崖近くまで歩いて転倒した様子を見ていること等の事実も指摘・検討できれば，なお良かった。

● 不作為犯の実行の着手時期に触れられている点自体は，出題趣旨に沿う。しかし，乙が「崖に向かって歩き出すという行動をとり始めた時点」で甲に殺人罪の実行の着手を認める本答案の論述は，明らかに誤りである。まず，甲が乙の救助を行わないことを決意した時点は，上記の時点よりも後であるから，未必の殺意自体認定できない。また，本答案は，上記の時点で「乙が崖下の岩場に転落し頭部を強く打ちつける等して乙が死亡する現実的危険性が生じていた」としているが，客観的にそうだとしても，甲は上記の時点ではそのことを認識していない（【事例2】の７参照）。したがって，本答案が上記の時点に実行の着手を認めた点は，低い評価がなされたものと考えられる。

● 本答案は，不作為による殺人未遂罪と保護責任者遺棄等罪の区別基準について，殺意の有無という主観面によって区別するという判例（大判

れないとの反論が考えられる。

2　甲は，乙の怪我それ自体によっては乙が死亡しないことを認識していたのだから，問題は，乙が崖下の岩場に転落し死亡する蓋然性のあることを甲が認識していたかどうかである。

　　　甲が乙に声を掛けた後，乙は一度意識を取り戻してはいるものの，乙は崖の方を約１０メートル歩いた崖近くで転倒して再び意識を失っており，甲はそのことを認識している。乙は甲が声を掛けたことでやっと意識を取り戻しているところ，再び意識を失った乙を甲が放置すれば，乙は意識が自然回復するまではしばらく意識を失ったままにされる。そうすると，乙が再び意識を取り戻すころには，乙の意識は完全回復するであろうことを甲は認識していたといえ，乙が意識の曖昧なままがけ下に転落することを甲は認識してはいなかったものと認められる。

3　よって，甲には殺人罪の未必の故意が認められないから，甲の不作為につき保護責任者遺棄等罪が成立するにとどまる。

設問３

1　甲が丁を救助せずに放置した行為につき，以下のように丁に対する殺人未遂罪が成立すると反論する。

(1)　確かに，甲には無関係の丁を救助する義務は認められない。

　　　甲は丁を乙と誤認したうえで，乙の怪我の程度が重傷であり，そのまま放置すればその怪我により乙は死亡する蓋然性があるとの認識で，乙が死んでも構わないと消極的に認容しているのだから，乙に対する殺人罪の未必の故意が認められる。

(2)　そこで，上記不作為につき丁に対する殺人罪の実行行為性が認められないか。未遂犯と不能犯との区別が問題となる。

　ア　未遂犯の処罰根拠は，法益侵害惹起の現実的危険性を生じさせた点にあるところ，刑法は一般人に向けられた行為規範であるのだから，当該危険性も一般人を基準に判断すべきである。そこで，一般人の認識し得る事情及び行為者の特に認識していた事情を基礎に，一般人が上記の具体的・現実的危険性を感じるかどうかで，実行行為性の有無を判断する。

　イ　甲と同じ立場にある一般人でも，丁を乙と誤認する可能性が十分にあったのだから，自己の親がそのまま放置すれば死亡する蓋然性があるほどの重傷を負っているとの事情を判断基底とすべきである。そうすると，一般人は，重傷を負った親を救助する義務があり，それが容易かつ可能であるのにこれを怠れば殺人罪の実現の具体的危険性があると感じる。

　ウ　したがって，丁に対する殺人罪の実行行為性が認められる。

(3)　そして，甲が丁を放置した時点で，殺人罪の実行の着手が認められる。

(4)　また，丁を乙と誤認した具体的事実の錯誤は，以下のように殺人罪の故意を阻却しない。

　ア　故意責任の本質は，犯罪事実を認識し規範に直面したにもかかわらず犯罪を実行したという反規範的人格態度に対する非難可能性にあるところ，規範は構成要件として一般人に与えられるので，行為者の認識と事実とが法定の構成要件の範囲内で符

大4.2.10参照）の立場を，理由を付しつつ端的に論じられており，出題趣旨に合致する。

　　もっとも，出題趣旨によれば，保護責任者遺棄等罪にとどまるとの立場から，保護責任と作為義務との異同を論じることが求められており，この点が不十分である。

● 　本答案は，甲が，無関係の丁に対して救助の作為義務を負っていないことを指摘しつつ，その丁を，救助の作為義務を負うべき乙と誤信し，これを救助しなかった点に着目して不能犯の論点を発見・論述している。この点で，他の受験生と大きく差を付けることができたものと推察される。

● 　未遂犯と不能犯の区別に関し，理由を付して具体的危険説に立つことを的確に論じることができているとともに，同説の立場から適切に本問事案を処理することができている。

● 　本答案は，再現答案①と異なり，具体的事実の錯誤（客体の錯誤）の問題を発見・提起し，的確に論理を展開して法定的符合説の立場に立つことを明らかにした上で，本問事案を適切に処理できており，高い評価を得ることができたものと考えられる。

合する限りで故意は阻却されない。
イ　甲の認識と事実は，「人」を殺すという範囲内で符合する。
ウ　したがって，殺人罪の故意を阻却しない。
(5)　よって，丁に対する殺人未遂罪が成立する。
2　また，上記不作為につき，以下のように乙に対する殺人未遂罪も成
　立すると反論する。
(1)　甲は，親である乙を救助する義務を負うのだから，客観的に乙が
　　重傷を負っており，かつ容易に乙を発見し救助することも可能であ
　　った本件では，上記の立ち去り行為に乙に対する殺人罪の実行行為
　　性が認められる。
(2)　そして，甲が丁を助けるために丁に近づけば容易に乙を発見する
　　こともできた状況にあったのだから，甲が立ち去った時点で，乙に
　　対する不作為の殺人罪の実行の着手が認められる。
(3)　さらに，上記の通り乙に対する殺人罪の未必の故意が認められ
　　る。
(4)　よって，乙に対する殺人未遂罪が成立する。
3　以上のような構成が考えられる。

以　上

● 故意犯の成否は，認識された事実を前提に検討される（出題趣旨・採点実感参照）。甲は，丁の近くで現実に倒れている乙の存在に気付いていなかったのであるから，たとえ丁に近づけば容易に乙を発見することができたという状況にあったとしても，認識外の事実を前提に殺人未遂罪の成立を認めることは誤りである。

平成30年・司法

第1　設問1について

1　乙が「２年生の数学を担当する教員がうちの子の顔を殴った。徹底的に調査すべきである。」と発言した行為につき，名誉毀損罪（２３０条1項）が成立するか。

2　名誉毀損罪の構成要件は，①「公然と」，②「事実を摘示し」，③「人の」，④「名誉を毀損」することである。

(1)　①について

　　乙の発言行為は，ＰＴＡ役員会でなされ，同会には，乙を含む保護者が４名と校長しかいなかったというのであり，特定人しかいない点で，公然性が認められないようにも思える。しかしながら，乙は，「徹底的に調査すべきである」としており，校長が丙やその他の教員に対する聞き取り調査を行う可能性があり，噂として伝播する可能性があった。よって，公然性は認められ，①の要件は満たされる。

(2)　②について

　　事実は，事実の有無を問わないので，かかる発言につき事実の摘示が認められ，②の要件は満たされる。

(3)　③について

　　名誉毀損罪にいう「人」とは特定人を指すところ，「２年生の数学を担当する教員」とされているがこれは特定人といえるか。

　　Ａ高校２年生の数学を担当する教員は，丙だけであったことから，「２年生の数学を担当する教員」は丙であると特定され，③の要件は満たされる。

● 「公然」の意義について，判例を意識して論述することができていない。また，伝播可能性の理論を肯定する理由付けについても言及できていない。

● 「徹底的に調査すべきである」という乙の発言の意味内容に着目した具体的な検討ができている。

● 「事実の摘示」の意義を押さえた検討ができていない。

● 「２年生の数学を担当する教員」という乙の発言が，特定の対象者に対する事実の摘示であるという趣旨の論述もできている。なお，被害者の特定については「事実の摘示」の有無で検討するのが一般的である。

(4)　④について

　　「名誉を毀損」とは，人の外部的評価を下げることを意味する。「うちの子の顔を殴った」という事実は，暴行罪（２０８条）に該当する事実であるため，犯罪であり，人の外部的評価を下げる。よって，④の要件は満たされる。

(5)　以上より，乙の行為は，名誉毀損罪の構成要件に該当する。

3　本件乙の行為は，顔を殴るという犯罪行為について述べてなされたものである。そこで，２３０条の２第1項により，処罰阻却されないか。２３０条の２の要件は，①「公共の利害に関する事実に係」ること，②「目的が専ら公益を図ることにある」こと，③「真実であることの証明があ」ることの３つが必要である。

　　①については，２３０条の２第２項により，丙が顔を殴るという不法な有形力の行使にあたる行為を行ったという暴行罪に関する事実であるとして，「公訴が提起されるに至っていない人の犯罪行為に関する事実」に該当し，「公共の利害に関する事実とみな」されるので，満たされる。

　　②については，「乙には，公益を図る目的はなかった」というのだから，満たされない。

　　よって，乙の行為につき，２３０条の２第1項により処罰阻却されない。

4　ゆえに，名誉毀損罪が成立する。

第2　設問2について

1　(1)について

● 「毀損」の要件充足性に際しては，高校教員という職業的地位も考慮すべきであった。

● 名誉毀損罪の故意の有無を検討できていない。

● 出題趣旨によれば，乙には公益を図る目的がなかったことから，２３０条の２第1項の適用は問題とならない。そのため，同条の適用について検討するにしても，端的にその適用がない旨指摘すれば十分である。

(1) 甲が「乙の救助を一切行うことなく，その場からバイクで走り去った」行為に不作為による殺人未遂罪（２０３条，１９９条）が成立するか。

(2) 刑法１９９条は，作為形態で，実行行為が規定されている。不作為犯としての殺人罪の実行行為性が認められるためには，不真正不作為犯の要件を満たすことが必要である。

　　不真正不作為犯の処罰根拠は，作為犯と同視できるだけの実行行為性があることにある。かかる処罰根拠に鑑みると，要件は，①作為義務があるにもかかわらず作為しなかったこと，②作為が容易であること，③不作為と結果の間に因果関係があることの３点が必要である。

(3)
ア　①について

　　作為義務は，法的義務・条理・先行行為によって生じる。甲は，乙の子であり，二人で暮らしていたのだから，「直系血族」ないし「同居の親族」にあたり，民法７３０条で，扶け合う義務を負う。したがって，意識がはっきりとしていない乙が崖から転落するのを防止する義務を負うにもかかわらず，「乙の自動車の中に乙を連れて行くなど」の作為をしなかった。よって，①は満たされる。

イ　②について

　　「乙の自動車の中に乙を連れて行くなど」の行為は，「容易に行うことができた」というのだから，②は満たされる。

ウ　③について

　　不作為と結果の間に因果関係があるとは，作為していれば，結果が発生していなかったという関係にあることを意味する。

　　本件では，「乙の自動車の中に乙を連れて行くなど」の作為をしていれば，「乙が崖下に転落することを確実に防止することができた」というのであるから，作為していれば，乙が「後頭部を岩に強く打ち付け」生命断絶の危険を生じることはなかった。よって，不作為と結果の間に因果関係があり，③は満たされる。

(4) 以上より，甲が「乙の救助を一切行うことなく，その場からバイクで走り去った」行為は，不真正不作為犯として殺人罪の実行行為足るものである。

(5) よって，甲の行為につき，殺人未遂罪が成立する。

2　(2)について

(1) 保護責任者遺棄罪（２１８条）が成立するにとどまるとの立場からは，不作為による殺人罪が発生するとの立場に対し，どのような反論が考えられるか。

(2) 不作為による殺人罪といえど，構成要件的故意が必要である。構成要件的故意とは，構成要件該当事実の認識認容を意味する。本件においては，構成要件的結果発生の認識が問題となる。すなわち，乙を放置することによって生命断絶の結果が発生することを認識していたかが問題となる。

(3) 仮に，乙が崖下に転落した場合であっても，自らの携帯電話で１

● 出題趣旨によれば，不作為による殺人未遂罪が成立するとの立場からは，その成立要件を指摘することが求められているところ，本答案は，成立要件を端的に指摘できており，出題趣旨に合致する。なお，本答案は，「③不作為と結果の間に因果関係があること」も成立要件として提示しているが，より正確には，「期待された作為（義務付けられた作為）がなされていれば結果は発生しなかったであろう」という関係（結果回避可能性）が不作為の因果関係として必要となる（最決平元.12.15／百選Ⅰ［第７版］〔４〕参照）。

● 本問では，殺人未遂罪の成否が問われているから，因果関係の存否を検討するのであれば，まずは未遂犯においても結果の発生を必要とする旨の論述が必要となるはずである。また，上記の立場に立つ場合でも，「甲の不作為と乙が死亡する危険との間の因果関係」を検討すべきであった（採点実感参照）。本答案は，論述の内容自体は「甲の不作為と乙が死亡する危険との間の因果関係」を検討しているものの，上記のような論理展開ができていない。

● 出題趣旨によれば，保護責任者遺棄等罪にとどまるとの立場から，保護責任と作為義務との異同を論じることが求められているところ，本答案は，この点について論述できていない。

　　また，殺人未遂罪と保護責任者遺

１９番通報するなどして，救助を求めることも可能であるのだか
　　ら，甲の認識としては，崖下に転落したとしても，生命断絶にはつ
　　ながらないと認識していたとして，構成要件的結果発生の認識がな
　　く，故意を欠く。よって，殺人罪は成立せず，保護責任者遺棄罪
　　（２１８条）が成立するにとどまる。
　３　私見では，生命断絶にはつながらないと認識していたとして，構成
　　要件的結果発生の認識がなく，故意を欠くとすることに反対である。
　　　すなわち，本件では，崖から５メートル下の岩場に転落すれば，そ
　　れ自体で死亡する可能性があること，「山道脇の駐車場には，街灯が
　　なく，夜になると車や人の出入りがほとんどな」く，乙が他人に救出
　　される可能性がほとんどないことからすれば，甲は，乙の生命断絶
　　という結果発生の認識があった。
　　　よって，甲に殺人罪の構成要件的故意があり，不作為による殺人罪
　　が成立する。
第３　設問３について
　１　甲が，救助を一切行うことなく，その場からバイクで走り去った行
　　為につき殺人未遂罪が成立するか。
　２　本件では，客観的には，甲は放置されれば死亡する危険のあった無
　　関係の丁を置き去りにしているに過ぎず，作為義務がないことから，
　　殺人罪の実行行為性が認められないようにも思える。構成要件的結果
　　発生の現実的危険があるか否か，不能犯が問題となる。
　３　思うに，行為が主観と客観の統合であることに鑑みて，構成要件的
　　結果発生の現実的危険があるかは，行為者が特に認識した事情で客観

的事実に合致するもの及び，一般人が現場にいると仮定して認識し得
た事情を基礎に一般人の感覚から判断する。
　４　本件では，甲は，丁を乙と誤認して置き去りにしている一方で，実
　　際に現場に乙がいたという客観的事実があった。また，一般人も丁を
　　乙と誤認し得た。よって，親たる乙に危難が生じているという事情を
　　基礎に，置き去りにすることを一般人が判断すると，作為義務がある
　　にもかかわらず，これを行わないとして，殺人罪の構成要件的結果発
　　生の現実的危険性があると判断し，実行行為性が認められるとの結論
　　に至る。
　５　よって，甲の行為につき，殺人未遂罪が成立する。
　　　　　　　　　　　　　　　　　　　　　　　　　　　以　上

棄等罪の区別の基準について，判例・
学説に照らし，判断要素を理由にも
言及しつつ検討することが求められ
ているが，この点に関する論述も不
十分なものになっている。

● 　崖下への転落による死亡の危険
や，第三者の救助を得ることができ
ない可能性があることなどが指摘で
きており，出題趣旨に合致する。

● 　本答案は，甲が，無関係の丁に対
して救助の作為義務を負っていない
ことを指摘しつつ，不能犯の論点を
発見・論述できている点は，評価さ
れたものと思われる。
　しかし，本答案は，いわゆる具体
的危険説の立場に立っているにもか
かわらず，甲の認識外の事情である
「実際に現場に乙がいたという客観
的事実」を考慮しており，不適切で
ある。

● 　誰に対する殺人未遂罪が成立する
かが明らかにされておらず，不適切
な論述となっている。ここでは，「（乙
と誤認された）丁」に対する殺人未
遂罪が成立するかどうかが問題と
なっており，甲に丁に対する殺人未
遂罪が成立すると結論付けるには，
不能犯（客体の不能）の論点のみな
らず，具体的事実の錯誤（客体の錯
誤）の論点も検討しなければならな
かった。

▶ **MEMO**

第1　設問1

1　乙が，ＰＴＡ役員会において「２年生の数学を担当する教員がうちの子の顔を殴った。」と発言した行為について，丙に対する名誉毀損罪（刑法２３０条1項）が成立しないか。

(1)　構成要件該当性

ア　「公然と」（同条項）とは，本罪の保護法益が人の外部的名誉にあることから，不特定又は多数人が認識しうる状態をいう。また，不特定又は多数人への伝播可能性がある場合も含まれる。

本件では，ＰＴＡ役員会の出席者は乙を含む保護者４名と校長の計５名であるため，特定かつ少数の者といえ，「公然」性が認められないとも思える。

しかし，ＰＴＡ役員会の発言は外部に広まる可能性が認められる。本件でも教員に対する調査を通じて，教師全員に丙が甲に暴力を振るったとの話が広まっている。そのため，乙の発言は，不特定又は多数人への伝播可能性がある発言だったといえる。したがって，「公然」性が認められる。

イ　「事実を摘示」（同条項）とは，具体的事実の摘示をいう。

本件では，乙は「数学を担当する教員」としか発言しておらず，丙の名前を出していない。そのため，特定性に欠け，具体的事実の摘示といえないのではないか。

事実の具体性については，特定の人物を指すことが周囲の者にとって明白であれば足りると解する。

● 「公然」の意義について，判例を意識して論述することができている。また，伝播可能性の理論も展開して検討できている。もっとも，採点実感によれば，伝播可能性の理論を肯定する理由付けについても言及すべきであった。

● 出題趣旨に照らすと，「徹底的に調査すべきである」という乙の発言の意味内容に着目した具体的な検討ができれば，さらに高く評価されたものと推察される。

● 摘示される事実は，それ自体として人の社会的評価を低下させるような事実でなければならないが，その指摘に欠けている。

本件では，Ａ高校２年生の数学の教師は丙だけであり，ＰＴＡ役員会の出席者にとって，「数学を担当する教員」は丙を指すことが明らかだったといえる。

したがって，乙の発言は，特定の人物を指すことが周囲の者にとって明白だったといえ，具体的事実の摘示があったといえる。

よって，「事実を摘示」したといえる。

ウ　「人の名誉を毀損した」とは，本罪の保護法益から，人の社会的評価を低下させることをいう。また，本罪は危険犯であることから，現実に社会的評価が低下したことまでは不要である。

本件では，乙の発言によって，丙が授業を行うことを禁止されるなどしており，乙の発言時点で，丙の社会的評価が低下する危険性が十分にあったといえる。

よって，「人の名誉を毀損した」といえる。

エ　また，乙は丙が甲に暴力を振るったことを多くの人に広めようとしていたことから，構成要件的故意（３８条1項本文）も認められる。

(2)　乙には公益を図る目的はなかったから，２３０条の２第1項にあたらず，違法性阻却事由は認められない。

(3)　しかし，乙は甲の話を真実と誤信して発言したのであるから，期待可能性に欠け，責任故意（３８条1項本文）が阻却されないか。

● 「２年生の数学を担当する教員」という乙の発言が，特定の対象者に対する事実の摘示である旨の論述もできている。

● 採点実感によれば，「人の名誉」と「毀損」を区別して論じることが期待されていた。

● 授業を行うことが禁止されたことと，社会的評価が低下したことの関係が明らかでないほか，摘示された事実が高校教師という丙の職業的地位との関係でどのような影響を与えるものであるかなどの具体的な検討がなされていない。

● 期待可能性とは，違法行為を行った行為者に行為時の具体的事情の下において適法行為を期待することが

そもそも，軽信した場合に責任故意を阻却するのは妥当でない。

そこで，具体的かつ確実な資料に基づく誤信である場合にのみ責任故意が阻却されると解する。

本件では，乙は自身の子である甲一人の話のみを聞いて，丙が甲を殴ったと誤信している。また，甲は未成年者であり，成年者の話に比較して信頼性が低い。

そのため，乙の誤信は，具体的かつ確実な資料に基づくものといえない。よって，乙につき責任故意が阻却されず，責任故意が認められる。

2　以上から，乙の行為につき，丙に対する名誉毀損罪が成立する。

第2　設問2

1　小問(1)

不作為による殺人未遂罪が成立するとの立場からは，次のような説明がされる。

(1)　甲が，乙の救助を行うことなく，駐車場からバイクで走り去った行為について，不作為による殺人未遂罪（203条，199条，43条本文）が成立しないか。

ア　不真正不作為犯につき実行行為性が認められるか。

実行行為とは，特定の構成要件に該当する法益侵害の現実的危険性を有する行為をいう。そして，自由保障の見地から，①法的作為義務，②作為の可能性・容易性が認められる場合にのみ，不作為について実行行為性が認められると解する。

(ア)　①について

本件の駐車場は，街灯がなく，夜になると車や人の出入りがほとんどない場所であった。さらに，乙が転倒した場所は，草木に覆われており，山道及び駐車場からは倒れている乙が見えなかった状況であった。そのため，甲は乙について排他的支配を獲得していたといえる。したがって，①が認められる。

(イ)　②について

乙が崖近くで転倒した時点で，駐車場に駐車中の乙の自動車の中に乙を連れて行くなどすれば，乙が崖下に転落することを確実に防止することができ，甲はそれを容易に行うことができたのであるから，②も認められる。

(ウ)　以上から，甲の不作為について実行行為性が認められる。

イ　甲の不作為について，殺人の「実行に着手し」（43条本文）たといえるか。

実行の着手は，構成要件的結果発生の現実的危険性を発生させた時点で認められる。

本件では，たしかに，乙が崖近くで転倒した時点では，乙の怪我の程度は軽傷であり，その怪我により乙が死亡する危険はなかった。しかし，乙が崖の方向に向かって歩き出し，約10メートル歩いたところで意識を失っている。さらに，乙が転倒した場所のすぐそばが崖となっており，崖から約5メートル下の岩場に乙が転落する危険があった。そのため，甲が駐車場か

可能であったことをいう。本問において，乙に期待可能性がなかったかどうかについて検討する意味はない。

また，乙には公益を図る目的がなかったのであるから，真実性の錯誤はそもそも問題とならない。

● 出題趣旨によれば，設問2では，①殺人未遂罪が成立するとの立場と，②保護責任者遺棄等罪にとどまるとの立場の双方の主張・反論に言及しつつ，最終的に自説としていかなる結論を採るのかを論じる必要があるところ，本答案は，再現答案②と同じように，本設問を(1)・(2)の小問形式と捉えて，それぞれの理論構成を別個に論じただけにとどまっており，自説としての結論の論述を欠く点で，題意を誤って把握してしまっている（採点実感参照）。

● ここでは，問題文の事実に触れつつ，先行行為や事実上の引受け，排他的支配性や危険の創出等といった作為義務の発生根拠の充足性について論じる必要がある。本答案は，排他的支配について触れることはできているものの，必要な事実の抽出が不足している上に，問題文の事実を羅列しているだけで，意味付けが不足しており，不十分な論述といえる。

● 不作為犯の実行の着手時期について，その判断基準を示した上で，殺人未遂罪が成立する具体的な時点を特定できており，出題趣旨に合致する。

平成30年・司法

らバイクで走り去った時点で岩場に乙が転落して，死亡する危険性があったといえる。よって，その時点で，構成要件的結果発生の現実的危険性の発生が認められ，殺人の「実行に着手し」たといえる。

ウ　次に，本件では乙が死亡していないから，死亡結果は不発生といえ，「これを遂げなかった」（同条本文）といえる。

エ　故意（３８条１項本文）については，本罪の場合，死亡結果の認識・認容が必要となる。

本件では，甲は，乙が崖の方向に向かって歩き出し，約１０メートル歩いたところで意識を失った場面を見ている。また，乙が転倒した場所のすぐそばが崖となっており，崖下の岩場に乙が転落する危険があることも認識していた。

その上で，甲は乙を助けるのをやめようと考えたのであるから，甲には，乙の死亡結果の認識・認容があったといえる。よって，死亡結果の故意が認められる。

(2)　以上から，不作為による殺人未遂罪が成立する。

2　小問(2)
保護責任者遺棄致傷罪（２１８条，２１９条）が成立するとの立場からは次のような反論が考えられる。

(1)　殺人の実行の着手がないこと
乙が崖近くで転倒した時点では，乙の怪我の程度は軽傷であり，その怪我により乙が死亡する危険はなかった。

その後，乙が崖下に転がり落ち，後頭部を岩に強く打ち付け意識を失っているが，この時点で乙が崖下に放置されれば，その怪我により乙が死亡する危険が初めて生じている。

したがって，甲が走り去った時点では，死亡結果という構成要件的結果発生の現実的危険性は認められず，その時点では殺人の実行の着手にあたらない。

(2)　殺意がないこと
甲が走り去った時点で，甲は乙を助けるのをやめようと考え，乙をその場に放置している。その時点での乙の怪我の程度は軽傷であり，その怪我により乙が死亡する危険はなかった。そのため，甲としては，乙が軽傷の状態のまま放置されることを認容していたのであり，死亡結果までを認容していたとはいえない。

さらに，甲は乙と二人暮らしであり，仮に父乙が死亡した場合，未成年者の甲は自己の生活が困難になることが明らかである。そのため，甲としては，走り去った時点で，乙の死亡を明確に認容していたとまではいえない。

以上から，甲に殺意が認められない。

(3)　保護責任者遺棄致傷罪の成立要件をみたすこと
甲は乙について排他的支配を獲得しているため，「病者を保護する責任のある者」（２１８条前段）にあたる。

また，「遺棄」（同条前段）とは，置き去りも含むため，甲の行為が「遺棄」にあたる。

乙は，その後，崖下に転落し重傷を負っているため，「傷」（２１９条）害結果が発生している。

● 乙の死亡の結果が発生しなかったことに言及できている。

● 出題趣旨によれば，殺意に関する甲の認識内容について，事実を指摘して具体的に論じなければならないところ，本答案は，甲の認識内容を摘示して，的確に甲に殺意が認められることを論述できている。

● 出題趣旨によれば，保護責任者遺棄等罪にとどまるとの立場から，保護責任と作為義務との異同を論じることが求められているところ，本答案は，この点について論述できていない。

● 殺人未遂罪と保護責任者遺棄等罪の区別基準について，判例・学説に照らし，判断要素を理由にも言及しつつ検討することが求められているが，この点についても論述できていない。

● 設問２の(2)は，あくまで「不作為による殺人未遂罪が成立するとの立場に対し，どのような反論が考えられるか。」というものであり，採点実感にも指摘されているように，最終的な自説の立場として，保護責任者遺棄等罪にとどまるとの結論を採るような場合でなければ，同罪の構

甲の行為と傷害結果との因果関係（「よって」（同条））も認められる。

したがって，保護責任者遺棄致傷罪が成立する。

第3　設問3

1　殺人未遂罪が成立するとの立場からは，次のような構成が考えられる。

2　甲が駐車場に丁を放置して走り去った行為につき，丁に対する殺人未遂罪（２０３条，１９９条，４３条本文）が成立しないか。

⑴　不真正不作為犯の実行行為性については，前述の①，②により判断する。そして，本問の立場は，①の法的作為義務について，客観的事情のみならず，行為者の主観も考慮の上，作為義務の有無を検討すべきという立場である。

　ア　甲は無関係の丁を乙と誤認している。この主観的事情の下，親に生じた危難について子は親を救助する義務を負うと考えれば，甲は丁を救助する法的作為義務を負うことになる。

　　また，本件では，前記設問２，小問⑴と同様に，甲は丁について排他的支配を獲得している。

　　これらの事情から，①が認められる。

　イ　甲は救助を行うことができたと思われるため，②も認められる。

　ウ　よって，甲の不作為について，実行行為性が認められる。

⑵　殺人の実行の着手についても前記と同様に判断する。

　本件では，丁の怪我の程度は重傷であり，そのまま放置されれば，その怪我により死亡する危険があった。そのため，甲が走り去った時点で，丁の死亡という構成要件的結果発生の現実的危険性の発生が認められ，この時点で，殺人の実行の着手が認められる。

⑶　丁は死亡していないから，死亡結果の不発生が認められる。

⑷　殺人の故意が認められるか。

　甲は，丁を乙と誤信した上で，乙が死んでも構わないと思っている。

　この誤信は具体的事実の錯誤にあたるが，具体的事実の錯誤は，主観と客観とが構成要件的に合致するため，故意は阻却されない。

　よって，本件でも殺人の故意は認められる。

⑸　以上より，甲の不作為について，丁に対する殺人未遂罪が成立する。

3　さらに，甲の不作為について，乙に対する殺人未遂罪が成立する。

4　殺人未遂罪は２罪成立し，両罪は観念的競合（５４条１項前段）となる。

以　上

成要件該当性を検討する必要はなかった。

● 甲は，主観的には，（乙と誤認された）丁に対して救助の作為義務を負っていると誤信し，死んでも構わないと思いつつ一切救助することなく走り去っているが，甲が認識した乙は客観的には無関係の丁であり，甲が丁に対して救助の作為義務を負うことはない。そのため，いくら甲が丁を乙と誤認したところで，これを不救助により殺害することは不可能である。

そこで，本問では，いわゆる客体の不能が問題となることを指摘し，未遂犯と不能犯を区別する基準に関する自説を論理的に展開して，甲の不作為に殺人の実行行為性が認められないかを検討する必要があった。

● 具体的事実の錯誤（客体の錯誤）の論点に気付くことはできているが，故意が阻却されないとする結論に至る論理展開に飛躍があるため，説得力は低い。

● 何ら理由が述べられていないので，評価の対象とはならなかったものと推察される。なお，本答案にいう「乙」が，丁の付近に実際に倒れていた乙であれば，甲は乙が倒れていることを認識していないので，認識外の事実を前提に殺人未遂罪の成立を認めることとなり，誤りである。

令和元年

[刑事系科目]

〔第1問〕（配点：１００）

　以下の【事例1】から【事例3】までを読んで，後記〔**設問1**〕から〔**設問3**〕までについて，答えなさい。

【事例1】

　甲（男性，２５歳）は，他人名義の預金口座のキャッシュカードを入手した上，その口座内の預金を無断で引き出して現金を得ようと考え，某日，金融庁職員に成りすまして，見ず知らずのA（女性，８０歳）方に電話をかけ，応対したAに対し，「あなたの預金口座が不正引き出しの被害に遭っています。うちの職員がお宅に行くのでキャッシュカードを確認させてください。」と告げ，Aの住所及びA名義の預金口座の開設先を聞き出した。

　同日，甲は，キャッシュカードと同じ形状のプラスチックカードを入れた封筒（以下「ダミー封筒」という。）と，それと同種の空の封筒をあらかじめ用意してA方を訪問し，その玄関先で，Aに対し，「キャッシュカードを証拠品として保管しておいてもらう必要があります。後日，お預かりする可能性があるので，念のため，暗証番号を書いたメモも同封してください。」と言った。Aは，それを信用し，B銀行に開設されたA名義の普通預金口座のキャッシュカード及び同口座の暗証番号を記載したメモ紙（以下「本件キャッシュカード等」という。）を甲に手渡し，甲は，本件キャッシュカード等をAが見ている前で空の封筒内に入れた。その際，甲は，Aに対し，「この封筒に封印をするために印鑑を持ってきてください。」と申し向け，Aが玄関近くの居間に印鑑を取りに行っている隙に，本件キャッシュカード等が入った封筒とダミー封筒をすり替え，本件キャッシュカード等が入った封筒を自らが持参したショルダーバッグ内に隠し入れた。Aが印鑑を持って玄関先に戻って来ると，甲は，ダミー封筒をAに示し，その口を閉じて封印をさせた上でAに手渡し，「後日，こちらから連絡があるまで絶対に開封せずに保管しておいてください。」と言い残して，本件キャッシュカード等が入った封筒をそのままA方から持ち去った。

　その数時間後，甲の一連の行動を不審に感じたAが前記事情を警察に相談したことから，甲の犯行が発覚し，警察から要請を受けたB銀行は，同日中に前記口座を凍結（取引停止措置）することに応じた。

　翌日，甲は，自宅近くのコンビニエンスストアに行き，同店内に設置されていた現金自動預払機（以下「ATM」という。）に前記キャッシュカードを挿入して現金を引き出そうとしたが，既に前記口座が凍結されていたため，引き出しができなかった。

〔設問1〕 　【事例1】における甲のAに対する罪責について，論じなさい（住居侵入罪及び特別法違反の点は除く。）。

【事例2】（【事例1】の事実に続けて，以下の事実があったものとする。）

　甲は，現金の引き出しができなかったため，ＡＴＭの前で携帯電話を使ってA方に電話をかけてAと会話していた。同店内において，そのやり取りを聞いていた店員C（男性，２０歳）は，不審に思い，電話を切ってそそくさと立ち去ろうとする甲に対し，甲が肩から掛けていたショルダーバッグを手でつかんで声をかけた。甲は，不正に現金を引き出そうとしたことで警察に突き出されるのではないかと思い，Cによる逮捕を免れるため，Cに対し，「引っ込んでろ。その手を離せ。」と言ったが，Cは，甲のショルダーバッグをつかんだまま，甲が店外に出られないように引き止めていた。

　その頃，同店に買物に来た乙（男性，２５歳）は，一緒に万引きをしたことのあった友人甲が店員のCともめている様子を見て，甲が同店の商品をショルダーバッグ内に盗み入れてCからとがめられているのだろうと思い，甲に対し，「またやったのか。」と尋ねた。甲は，自分が万引きをしたと乙が勘違いしていることに気付きつつ，自分がこの場から逃げるために乙がCの反抗を抑圧してくれることを期待して，乙に対し，うなずき返して，「こいつをなんとかしてくれ。」と言った。乙は，甲がショルダーバッグ内の商品を取り返されないようにしてやるため，Cに向かってナイフ（刃体の長さ約１０センチメートル）を示しながら，「離せ。ぶっ殺すぞ。」と言い，それによってCが甲のショルダーバッグから手を離して後ずさりした隙に，甲と乙は，同店から立ち去った。

〔設問2〕 　【事例1】において甲が現金を引き出そうとした行為に窃盗未遂罪が成立することを前提として，【事例2】における乙の罪責について，論じなさい（特別法違反の点は除く。）。

　なお，論述に際しては，以下の①及び②の双方に言及し，自らの見解（①及び②で記載した立場に限られない）を根拠とともに示すこと。
① 　乙に事後強盗の罪の共同正犯が成立するとの立場からは，どのような説明が考えられるか。
② 　乙に脅迫罪の限度で共同正犯が成立するとの立場からは，どのような説明が考えられるか。

【事例3】（【事例1】の事実に続けて，【事例2】の事実ではなく，以下の事実があったものとする。）

　甲は，現金の引き出しができなかったため，同店の売上金を奪おうと考え，同店内において，レジカウンター内に一人でいた同店経営者D（男性，５０歳）に対し，レジカウンターを挟んで向かい合った状態で，ナイフ（刃体の長さ約１０センチメートル）をちらつかせながら，「金を出せ。」と言って，レジ内の現金を出すよう要求した。それに対し，Dが「それはできない。」と言って甲の要求に応じずにいたところ，甲は，「本当に刺すぞ。」と怒鳴り，レジカウンターに身を乗り出

してナイフの刃先をDの胸元に突き出したが，それでも，Dは甲の要求に応じる素振りさえ見せなかった。

　同店に客として来ておりそのやり取りを目撃していた丙（女性，３０歳）は，Dを助けるため，間近に陳列されていたボトルワインを手に取り，甲に向かって力一杯投げ付けた。ところが，狙いが外れ，ボトルワインがDの頭部に直撃し，Dは，加療約３週間を要する頭部裂傷の傷害を負った。なお，ボトルワインを投げ付ける行為は，丙が採り得る唯一の手段であった。

〔設問３〕　　【事例３】において，丙がDの傷害結果に関する刑事責任を負わないとするには，どのような理論上の説明が考えられるか，各々の説明の難点はどこかについて，論じなさい。

MEMO

【刑事系科目】

〔第1問〕

　本問は，設問1で，甲が，Aから受け取ったA名義の普通預金口座のキャッシュカード及び同口座の暗証番号を記載したメモ紙（以下「本件キャッシュカード等」という。）在中の封筒を，キャッシュカードと同じ形状のプラスチックカードを入れた封筒（以下「ダミー封筒」という。）にすり替えて取得した行為について，窃盗罪若しくは詐欺罪の成否を検討させ，設問2で，乙が，甲が窃盗を行ったと認識しながら，店員Cに財物を取り戻されることを防ぐため，甲との間でCの反抗を抑圧することを共謀した上，Cに対してナイフを示して脅した行為について，事後強盗の罪の共同正犯が成立するとの立場と脅迫罪の限度で共同正犯が成立するとの立場の各理論構成を検討させた上，自説の立場を示させ，さらに，設問3で，丙が，甲からナイフの刃先を胸元に突き付けられていたDを助けるため，間近にあったボトルワインを甲に向かって投げ付けたが，その狙いが外れ，ボトルワインがDの頭部に直撃し，Dに傷害を負わせた行為について，Dの傷害結果に関する刑事責任を負わないとする理論上の説明とその難点を検討させるものであり，それにより，刑事実体法及びその解釈論の知識と理解を問うとともに，具体的な事実関係を分析し，その事実に法規範を適用する能力並びに論理的な思考力及び論述力を試すものである。

設問1について

　本問では，甲が本件キャッシュカード等在中の封筒をダミー封筒にすり替えて取得した行為が窃盗罪と詐欺罪のいずれに当たるかを巡り，両罪の区別基準とされる処分行為の有無が問題となる。具体的には，甲がAに「この封筒に封印するために印鑑を持ってきてください。」と申し向けて印鑑を取りに行かせた場面が問題となることを的確に指摘した上で，処分行為の意義を示し，本事案における当てはめを行う必要がある。

　本事案において，処分行為の客観面として，Aが印鑑を取りに行くに当たり甲に本件キャッシュカード等の所持を許したA方玄関先は，Aの場所的支配領域内であると認められる上，Aが印鑑を取りに行った居間は玄関の近くにあることなどの事情を踏まえ，甲に対する本件キャッシュカード等の占有の移転があると認められるか，それとも占有の弛緩にすぎないかを検討することになる。

　また，処分行為の主観面（処分意思）について見ると，Aとしては，飽くまで，玄関近くの居間に印鑑を取りに行き，すぐに玄関に戻ってくるつもりであった上，本件キャッシュカード等が入った封筒については，金融庁職員に後日預けるまでは自己が保管しておくつもりであったことなどの事情を踏まえ，処分意思（占有の終局的移転についての認識）の有無を検討することになる。

　その上で，Aの処分行為がない（そもそも処分行為に向けられた欺罔行為がないということになる。）と認めた場合には，窃盗罪の構成要件該当性を検討することになり，客観的構成要件要素として「他人の財物」，「窃取」を，主観的構成要件要素として故意及び不法領得

の意思を，それぞれ検討する必要がある。「他人の財物」については，特に，キャッシュカード及び暗証番号を記載したメモ紙の財物性について，客観的な経済的価値などを踏まえ検討する必要がある。また，「窃取」については，意義を示した上で，実行行為や既遂時期について具体的に論じる必要がある。そして，主観的構成要件要素として，窃盗罪の故意及び不法領得の意思について検討する必要があるところ，甲が，Aが不在の隙に自ら本件キャッシュカード等をダミー封筒とすり替えて自己のショルダーバッグ内に隠し入れていることや，元々の計画として，他人名義の預金口座のキャッシュカードを入手し，その口座内の預金を無断で引き出して現金を得ようと考え本件行為に及んでいることなどから，故意及び不法領得の意思があったと認められることを簡潔に指摘する必要がある。

　他方，本事案で，Aによる処分行為があると認めた場合には，詐欺罪の構成要件該当性を検討することになり，客観的構成要件要素として「財物」，「欺罔行為」，「処分行為」を，主観的構成要件要素として故意及び不法領得の意思を，それぞれ検討する必要がある。「欺罔行為」については，処分行為との関係性を踏まえた正確な意義を示した上で，具体的事実を摘示して当てはめを行う必要があるところ，前記のとおり，本事案における処分行為に向けられた欺罔行為としては，甲が，本件キャッシュカード等を所持した状態で，Aに対し，「印鑑を持ってきてください。」と言ってAを玄関から離れさせた行為と捉えるべきであり，その点を踏まえた当てはめをする必要がある。そして，主観的構成要件要素のうち，故意については，甲が，Aに対し，「印鑑を持ってきてください。」と言ってAを玄関から離れさせ，それによりAをして本件キャッシュカード等の占有を甲の支配下に移させていることについての認識，認容があったと認められることを簡潔に指摘する必要がある。

　なお，甲が本件キャッシュカードを使用してATMから現金を引き出そうとした行為は，ATMを管理する金融機関の占有を侵害するものであり，Aに対する罪責とはならないことから，この点は論ずるべきではない。

設問2について

　本問では，乙の罪責について，①乙に事後強盗の罪の共同正犯が成立するとの立場と，②乙に脅迫罪の限度で共同正犯が成立するとの立場の双方からの説明に言及しつつ，根拠とともに自説を論じる必要があるが，この点，事後強盗罪の構造を身分犯と解するか，結合犯と解するかが関わることになる。

　まず，①乙に事後強盗の罪の共同正犯が成立するとの立場からの説明としては，a.事後強盗罪を窃盗犯人であることを身分とする真正身分犯と捉えた上，刑法第65条の解釈について，第1項は真正身分犯について身分の連帯的作用を，第2項は不真正身分犯について身分の個別作用を規定したものと解し，第1項により事後強盗未遂罪の共同正犯が成立するとの説明や，b.事後強盗罪を不真正身分犯と捉えた上，刑法第65条の解釈について，第1項は真正身分犯及び不真正身分犯を通じて共犯の成立を，第2項は不真正身分犯について科刑の個別的作用を規定したものと解し，第1項により事後強盗未遂罪の共同正犯が成立する（第2項により科刑は脅迫罪）との説明，c.事後強盗罪を結合犯と捉えた上，承継的共犯を全面的に肯定することにより，事後強盗未遂罪の共同正犯が成立するとの説明等が考えられる。

　他方，②乙に脅迫罪の限度で共同正犯が成立するとの立場からの説明としては，d.事後強盗罪を窃盗犯人であることを加重身分とする不真正身分犯と捉え，刑法第65条の解釈につ

いて，前記aと同様に解し，第2項により脅迫罪の共同正犯が成立するとの説明，e.事後強盗罪について，窃盗犯人が財物の取り戻しを防ぐ目的の場合には違法身分として刑法第65条第1項を適用し，それ以外の刑法第238条所定の目的の場合には，責任身分として同条第2項を適用するとの考えに立った上，本件では，乙の主観面は財物の取り戻し目的であるものの，客観的には甲による窃盗は未遂であり，違法身分の前提を欠いているため，刑法第65条第1項の適用がなく，同条第2項により脅迫罪の共同正犯が成立するとの説明，f.事後強盗罪を結合犯と捉えた上，承継的共犯を全面的に否定することにより，脅迫罪の共同正犯が成立するとの説明，g.事後強盗罪を結合犯と捉えた上，承継的共犯について，後行者が先行者の行為を自己の犯罪遂行の手段として積極的に利用した場合において，その範囲で，後行者も先行者が行ったことを承継するなどの考えに立って，本事案では，甲の窃盗は未遂にとどまっており，先行者（甲）の行為を自己（乙）の犯罪手段として積極的に利用したとはいえないなどと考え，乙は甲の行為等を承継せず，脅迫罪の共同正犯が成立するとの説明等が考えられる。

　そして，自説として事後強盗の罪の共同正犯が成立するとする場合，自説とする前記a～c等の見解を採る根拠や他説への批判を論じた上で，客観的構成要件要素として「窃盗」，「窃盗の機会」，「脅迫」を，主観的構成要件要素として故意及び目的を，さらに，甲乙間の共謀を，それぞれ検討する必要がある。「窃盗」については，未遂犯も含むことを端的に指摘する必要があり，また，「脅迫」については，判例において，社会通念上一般に相手方の反抗を抑圧するに足りる程度のものかという客観的基準によって判断されるところ，乙は，店員Cにナイフを示しながら，「ぶっ殺すぞ。」と申し向けており，前記基準による脅迫に該当すると判断されることを具体的に示す必要がある。そして，故意や共謀については，甲による窃盗の内容や，窃盗が既遂か未遂か，刑法第238条の目的の内容について甲乙間で認識の齟齬があることに触れながら，それらの事情が故意や共謀の成否に影響するかを検討する必要がある。

　他方，自説として脅迫罪の共同正犯にとどまるとする場合，自説とする前記d～g等の見解をとる根拠や他説への批判を論じた上で，客観的構成要件要素として「脅迫」を，主観的構成要件要素として故意を，さらに，甲乙間の共謀について，それぞれ検討する必要がある。

設問3について

　丙は，甲からナイフの刃先を胸元に突き付けられていたDを助けるため，間近にあったボトルワインを甲に向かって投げ付けたが，その狙いが外れ，ボトルワインが店舗経営者Dの頭部に直撃し，Dに加療約3週間を要する頭部裂傷の傷害を負わせている。

　本問は，丙がDの傷害結果に関する刑事責任を負わない理論上の説明等を求めていることから，まず，丙がDの傷害結果に関してどのような罪を負い得るかを明らかにする必要があるところ，前記丙の行為は，有形力の行使によりDの生理的機能に障害を与えていることから，傷害罪の客観的構成要件に該当する。その上で，傷害罪の刑事責任を負わないとする理論上の説明及びその難点を検討していく必要がある。

　理論上の説明として，まず，方法の錯誤における処理により丙における故意を否定した上で，更に過失もなかったとする説明が考えられる。具体的符合説（具体的法定符合説）は，行為者の認識した事実と現に発生した事実とが具体的に一致しない限り，故意を阻却すると

する見解であり，この見解によれば，方法の錯誤の場合には，認識事実と発生事実とが具体的に一致していないことから，故意は阻却されることになる。本事案において，丙は，甲を狙ってボトルワインを投げ付けたところ，その狙いが外れてＤに当たっているので，丙が認識した事実と現に発生した事実とが具体的に一致しておらず，同見解によれば故意が阻却されることになる。そして，ボトルワインを投げ付ける行為が，丙の取り得る唯一の手段であり，行為時における丙の心理状態等を踏まえ，丙に結果回避可能性はなかったなどと考えれば，丙に過失犯（過失傷害罪）も成立しないことになる。また，過失犯について，正当防衛や緊急避難が成立するとの説明も考えられる。もっとも，丙は，甲の間近にＤがいることを認識してボトルワインを投げ付け，その結果，ボトルワインがＤに直撃しており，丙につき過失犯の成立も否定するのは困難と考えられることから，結局，過失犯の成立可能性を残す点が難点といえる。

　他方，法定的符合説（抽象的法定符合説）は，行為者が認識した事実と現に発生した事実について，構成要件に該当する事実の具体性ないし個別性は考慮せずに，一定の構成要件の枠内において符合する限りにおいて故意を肯定する見解であり，この見解によれば，本事案において，丙は，「人」である甲を狙ってボトルワインを投げ付け，それが「人」であるＤに直撃していることから，Ｄに対する故意が肯定されることになると考えられる。もっとも，法定的符合説（抽象的法定符合説）を採りつつ，暴行の故意を向ける相手方と相手方から救助すべき者とでは，構成要件的評価の観点から見て法的に人として同価値であるとはいえず，故意の符合を認める根拠に欠けるという見解に立てば，本事案では，侵害者甲と被侵害者Ｄとの構成要件的同価値性が否定されるので，丙には，甲に対する暴行の故意が認められても，Ｄに対する暴行の故意は認められないと解することも可能と考えられる（大阪高判平成１４年９月４日）。しかしそれでも，過失犯の成立可能性は残るため，その点では，丙が刑事責任を負わないとする理論上の説明としては難ありといえる。また，行為を向けた相手が行為者にとってどのような意味を持つ人であったかを重視するのは，「人」として構成要件的に同価値である限り行為者の主観的な錯誤には重要性を認めないという法定的符合説（抽象的法定符合説）の基本的な考えとも合致しないことになるとも考えられ，その点を難点として指摘することもできる。

　次に，正当防衛により丙の行為の違法性が阻却されるとの説明が考えられる。本事案において，甲は，Ｄにナイフをちらつかせながら現金を出すよう要求したものの，Ｄがそれを拒んだため，レジカウンターに身を乗り出してナイフの刃先をＤの胸元に突き出したが，それでもＤは甲の要求に応じる素振りを見せていない。そのため，甲が要求に応じないＤをナイフで刺すという急迫不正の侵害が切迫している状況にあったといえ，ボトルワインを投げ付けた丙の行為は，Ｄのための防衛行為としてなされたものと考えられる。その上で，丙による防衛行為は，飽くまで甲の侵害に対する防衛行為としてなされており，それが甲との間で正当化される以上，それによって生じた結果も全て正当防衛の範疇に包含され，違法性が阻却されるなどの説明が考えられる。もっとも，刑法第３６条には「不正の侵害に対して」とあり，文言解釈として，侵害に対してのみ防衛行為としての反撃が許されると解すべきと考えれば，防衛行為によって守られるべき者に対する攻撃を正当防衛として正当化することは困難と考えられ，この点が難点といえる。

次に，緊急避難により丙の行為の違法性が阻却されるとの説明が考えられる。正当防衛の説明における急迫不正の侵害の存在と同様に，Dに対する現在の危難が差し迫っていると考えられ，その上で，他人であるDの生命，身体を守るためにボトルワインを投げた行為によって，Dの正当な利益（身体）を侵害した場合であり，また，防衛の意思は同時に避難の意思をも含むと解し，さらに，同行為は丙が採り得る唯一の手段であったことから，補充性及び相当性の要件も充たし，避難行為から生じた害（加療約3週間の傷害）が避けようとした害（生命の侵害，重度の傷害）の程度を超えていないため，法益権衡の要件も充たすことから，緊急避難が成立し，違法性が阻却されるなどの説明が考えられる。もっとも，本事案では，丙は，Dの生命，重傷害という危難を避けようとして，Dに傷害を負わせているが，この結果は丙が実現しようとしたものではなく，緊急避難と評価できるかという点が難点といえる。また，危難から逃れさせるべきDに傷害を負わせていることから，避難行為がなされたとは言い難いともいえ，この点も難点といえる。

　次に，丙は，飽くまでも主観的には，甲による急迫不正の侵害からDを防衛するという正当防衛の認識で反撃行為を行っているのであるから，主観的認識（正当防衛）と客観的事実（正当防衛の要件が充足されていない）との間に齟齬があるといえ，かかる状況は誤想防衛と類似することから，誤想防衛の一種に当たり，故意等が阻却されるなどの説明が考えられる。もっとも，本事案で，Dに対する急迫不正の侵害は現に存在している上，誤想に基づいて防衛行為に出たわけではないため，丙の行為を誤想防衛とみるのは困難と考えられる上，具体的符合説（具体的法定符合説）による処理の場合と同様に，過失犯の成立を否定することは困難と考えられ，そうした点が難点といえる。

　さらに，緊急状況下で丙に期待可能性を認めることが困難であるから，責任が阻却されるとの説明が考えられるが，期待可能性は根拠規定のない超法規的な責任阻却事由である上，その有無の判断基準が明確でないとの難点がある。

採点実感

1 出題の趣旨，ねらい

既に公表した出題の趣旨のとおりである。

2 採点方針

本問では，具体的事例について，甲及び乙の罪責やその理論構成，丙についてDの傷害結果に関する刑事責任を負わないための理論上の説明やその難点を問うことにより，刑法総論・各論の基本的な知識と問題点についての理解や程度，事実関係を的確に分析・評価し，具体的事実に法規範を適用する能力，論点を対立する複数の立場から検討する能力，結論の妥当性やその結論に至るまでの法的思考過程の論理性，論述力等を総合的に評価することを基本方針として採点に当たった。

いずれの設問の論述においても，各事例の事実関係を法的に分析した上で，事案の解決に必要な範囲で法解釈論を展開し，問題文に現れた事実を具体的に摘示しつつ法規範に当てはめて妥当な結論や理論構成を導くこと，さらには，それらの結論や理論構成を導く法的思考過程が論理性を保って整理されたものであることが求められる。ただし，論じるべき点が多岐にわたることから，事実認定上又は法解釈上の重要な事項については手厚く論じる一方で，必ずしも重要とは言えない事項については簡潔な論述で済ませるなど，答案全体のバランスを考えた構成を工夫することも必要である。

出題の趣旨でも示したように，設問1では，事例1における甲の罪責について，甲が本件キャッシュカード等在中の封筒をダミー封筒にすり替えて取得した行為が窃盗罪と詐欺罪のいずれに当たるかを巡り，両罪の区別基準とされる処分行為の有無が問題となるところ，それが問題となるのが，甲がAに「この封筒に封印するために印鑑を持ってきてください。」と申し向けて印鑑を取りに行かせた場面であることを的確に指摘した上で，本事例にある具体的事実を基に検討することが求められていた。すなわち，上記場面において，本件キャッシュカード等の占有の移転があったと認められるか，それとも占有の弛緩があったにすぎないかについて，Aが甲に本件キャッシュカード等の所持を許したA方玄関先のAによる場所的支配の程度や，同玄関とAが印鑑を取りに行った居間の位置関係，本件キャッシュカード等在中の封筒の大きさ，更にその時点におけるAの認識等を踏まえて検討する必要があった。そのため，処分行為の有無が上記場面において問題となることを的確に指摘し，本事例にある具体的事実を前提にして丁寧な検討ができていた答案は高い評価を受けた。

上記検討を踏まえ，甲の罪責，つまり，窃盗罪あるいは詐欺罪の構成要件該当性を検討することになるが，その中で，「窃取する」や「欺く」といった実行行為については，正確な意義を示した上で，具体的事実を摘示してどの行為が実行行為に当たるかを丁寧に論じることが求められていた。

設問2では，乙の罪責について，①乙に事後強盗の罪の共同正犯が成立するとの立場と，②乙に脅迫罪の限度で共同正犯が成立するとの立場の双方からの説明に言及しつつ，最終的に自説としてどのような構成でいかなる結論を採るのかを，根拠とともに論じる必要があった。したがって，上

記①及び②を小問形式と捉えて，それぞれの理論構成を別個に示したにとどまり，いかなる結論がいかなる理由で妥当であるかを論じていない答案，すなわち自説の展開ができていない答案については，出題の趣旨に十分に沿わないとの評価になった。

①及び②への言及においては，出題の趣旨で記載した各立場からの説明が考えられるが，事後強盗罪の構造については，身分犯と解する説（身分犯説）と結合犯と解する説（結合犯説）があり，それらの異なる説を①及び②でそれぞれ示して論理性を保って論述できていた答案は高い評価であった。他方で，①及び②への言及で両見解に一切触れずに，甲乙間における事後強盗の罪の共謀の有無といった事実関係の評価を変えることによってのみ説明している答案や，両見解の内容を混同して論述していた答案は，低い評価となった。また，自説については，問題文で「根拠とともに示すこと」とされていることから，自説の根拠や他説に対する批判を積極的に示すことができていた答案は高い評価であった。

自説として事後強盗の罪の共同正犯が成立するとの立場を採る場合には，甲と乙の間で，窃盗が既遂か未遂かについての認識や，刑法第２３８条の掲げる「目的」の内容に齟齬があることに触れながら，それらの事情が故意や共謀の成否に影響するかを検討する必要があり，かかる検討ができていた答案は高い評価であった。

設問3は，丙がDの傷害結果に関する刑事責任を負わないとするための理論上の説明とその難点を検討させるものであったが，重要な理論上の説明がいくつも存在することから，1つの説明のみではなく複数の説明とそれらの難点を検討する必要があった。理論上の説明として，方法の錯誤や誤想防衛の処理により故意が阻却されるとの説明が考えられるが，その場合，出題の趣旨で示したように，なお過失犯が成立する余地が残ることを難点として指摘できている答案は高い評価であった。また，本事例は，防衛行為の結果が侵害者以外の者に，しかも無関係の第三者ではなく，被侵害者であるDに生じているという特殊性があり，難点を検討するに当たっては，かかる点を踏まえる必要があったところ，違法性阻却の観点からの説明としては，正当防衛と緊急避難の成立を認めようとする説明を示し，前者については，Dによる「不正の侵害」がないなどの点を，後者については，引き起こされた結果は丙が実現しようとしたものではないなどの点を，難点として示すことができていた答案は高い評価であった。

3 採点実感等

各考査委員から寄せられた意見や感想をまとめると，以下のとおりである。

(1) 全体について

本問は，前述2のとおり，論じるべき点が多岐にわたるため，厚く論じるべきものと簡潔に論じるべきものとを選別し，手際よく論じる必要があったが，論じる必要のない論点を論じる答案や必ずしも重要とは思われない論点を長々と論じる答案が相当数見られた。規範定立部分については，いわゆる論証パターンを書き写すことに終始しているのではないかと思われるものが多く，中には，本問を論じる上で必要のない論点についてまで論証パターンの一環として記述を行うものもあったほか，論述として，表面的にはそれらしい言葉を用いているものの，論点の正確な理解ができていないのではないかと不安を覚える答案が目に付いた。また，規範定立と当てはめを明確に区別することなく，問題文に現れた事実を抜き出しただけで，その事実が持つ法的意味を特段論じずに結論を記載する答案も少なからず見られた。前述のように，論点の正確な理解

とも関係するところであり，規範定立を怠らないのは当然として，結論に至るまでの法的思考過程を論理的に的確に示すことが求められる。

(2) 各設問について

ア　設問1について

　本設問では，前述のとおり，処分行為の有無を踏まえ，甲の行為が窃盗罪と詐欺罪のいずれに当たるかの検討が求められていたが，かかる問題意識を欠き，窃盗罪又は詐欺罪の構成要件該当性の検討のみに終始するものが相当数あった。また，どの場面の，どの時点の行為を処分行為として取り上げているのかが不明確な答案や，Aが甲に封筒を渡したことを安易に処分行為と捉える答案が散見された。

　詐欺罪については，欺罔が処分行為に向けられている必要があることを理解せずに，甲が金融庁職員を装ったり，Aに虚言を申し向けたとの事実を捉えて安易に欺罔行為を認定している答案が少なからずあった。かかる答案の相当数が，欺罔行為（実行行為）を肯定しながら，詐欺未遂罪の成否に全く言及することなく，処分行為を否定して詐欺罪自体を不成立としていた。学習に当たっては，構成要件要素の正確な意義を踏まえた上で，他の構成要件要素との関係等も意識することが必要である。

　また，処分行為の有無を認定するに当たり，事例中にある事実関係を具体的かつ丁寧に当てはめて結論を導けていた答案は少数であったが，4で後述するとおり，判例等を学習する際には，前提となっている具体的な事実関係を理解し，当該事実が規範との関係でどのような意味を持つかなどを意識することが求められる。

　客体に関していえば，本事例は，キャッシュカード及び口座の暗証番号を記載したメモ紙という物の交付が認められる事案であるところ，それらの財物性には触れず，キャッシュカードが暗証番号と併せ持つことで口座内の現金の払い戻しを受けられる地位を得たとして財産上の利益に当たるとし，2項詐欺罪の成立を認めるなど，本事案における客体の捉え方が適切とは言えない答案もあった。また，預金の引き出し行為をもって，事例1全体における窃盗罪あるいは詐欺罪の既遂と捉えている答案も見られた。

　故意及び不法領得の意思については，全く触れていない答案や，論じていても，動機があるから故意が認められると述べるにとどまる答案などが多く，認識・認容の対象となる事実が何かを正確に理解している答案は少なかった。

　さらに，問題文で「Aに対する罪責」と限定しているにもかかわらず，甲がATMから現金を引き出そうとした行為を被害者を特定することもないままに検討し，かかる行為が未遂犯か不能犯かについて長々と論証を展開している答案が相当数あった。同様に，問題文で明示的に検討対象から除かれている住居侵入罪を検討している答案も見られた。例年指摘しているところであるが，問題文をよく読んで，何が問われているかを正確に把握して検討に取り掛かることが求められる。

イ　設問2について

　前述のとおり，本設問で問題となる事後強盗罪の構造については，身分犯説と結合犯説の対立があるが，そうした対立点を示せている答案は少数であった。ほとんどの答案が身分犯説か結合犯説の一方のみに触れているものであり，さらに，それらの説には一切触れることなく，甲乙間の共謀の有無といった事実関係の評価を変えることによってのみ説明するなど，出題意

図の把握が全くできていない答案が少なからずあった。また，身分犯説あるいは結合犯説の具体的内容について一応の説明がなされているものの，各見解の理解が十分ではないと思われる答案が少なからずあった。例えば，事後強盗罪の構造には一切触れずに（結合犯説には一切触れずに），承継的共同正犯の問題だけを検討している答案や，事後強盗罪を窃盗犯の身分犯としながら，承継的共同正犯の成否を検討している答案，結合犯説を採り，承継的共同正犯の成否を検討した上で，刑法第６５条の適用を検討する答案等である。これらは，それぞれの説において，事後強盗罪の実行行為がどのように捉えられているかについての理解が不十分であることによるものと思われた。ほかには，結合犯説に立ち承継的共同正犯の成否について中間説（先行者が既に生じさせた結果は承継しないが，先行者が生じさせた，犯行を容易にする状態，違法結果を左右し得る状態が存在する場合に，後行者がそれを利用して犯罪を実現したときには，後行者も犯罪全体についての責任を負うなどの見解）を採った上で，甲による窃盗（万引き）が未遂であったことに言及することなく，安易に乙による承継を認めた答案が少なからずあったが，かかる答案は，その内容からすると，総じて，論証パターンを無自覚に記述していて，具体的な事実関係に即した当てはめが十分にできていないとの印象を受けた。

　ウ　設問３について

　　本設問は，丙がＤの傷害結果に関する刑事責任を負わないための理論上の説明とその難点を検討させるものであり，まずは，丙の行為がどの犯罪の構成要件に該当するかを検討すべきであった。その検討がなされていない答案が少なからず見られたことから，体系的思考への意識を促しておく。理論上の説明として，方法の錯誤について具体的（法定）符合説に立って故意の阻却を認めたり，誤想防衛による解決を検討している答案は相当数あったが，過失犯の余地が残ることを難点として指摘できているものは多くはなかった。違法性阻却による説明では，正当防衛については，Ｄによる「不正の侵害」がないことなど，難点が明らかにあるところ，正当防衛の要件等を長々と検討した結果，時間不足に陥ったためか，他の論じるべき説明や難点に関する論述がないまま終わっている答案も少なからずあった。繰り返しになるが，厚く論じるべきものと簡潔に論じるべきものとを選別して，手際よく論じる必要がある。また，本事例は，一般的に論じられている，防衛行為の結果が第三者に発生した事案とは異なり，結果が被侵害者に発生しているという特殊性があるが，その点を難点として検討できていた答案は少数であった。

(3)　その他

　　例年指摘している点でもあるが，用語の間違い（方法の錯誤と客体の錯誤等）がある答案や，文字が乱雑で判読しづらい答案，基本的用語の漢字に誤記がある答案が散見された。また，文章の補足・訂正に当たって，極めて細かい文字で挿入がなされる答案も相当数あった。時間的に余裕がないことは承知しているところであるが，採点者に読まれるものであることを意識して，大きめで読みやすい丁寧な文字で書くことが望まれる。

(4)　答案の水準

　　以上を前提に，「優秀」「良好」「一応の水準」「不良」と認められる答案の水準を示すと，以下のとおりである。

　　「優秀」と認められる答案とは，本問の事案を的確に分析した上で，本問の出題の趣旨や採点方針に示された主要な問題点について検討を加え，成否が問題となる犯罪の構成要件要素等につ

いて正確に論述するとともに，必要に応じて法解釈論を展開し，問題文に現れた事実を具体的に指摘して当てはめを行い，設問ごとに求められている罪責や理論構成について論理的に矛盾のない論述がなされている答案である。

「良好」と認められる答案とは，本問の出題の趣旨及び前記採点の方針に示された主要な問題点について指摘し，それぞれの罪責について論理的に矛盾せずに妥当な結論等を導くことができているものの，一部の問題点について検討を欠くもの，その理論構成において，主要な問題点の検討において，理解が一部不正確であったり，必要な法解釈論の展開がやや不十分であったり，必要な事実の抽出やその意味付けが部分的に不足していると認められるものである。

「一応の水準」と認められる答案とは，事案の分析が不十分であったり，本問の出題の趣旨及び前記採点の方針に示された主要な問題点について一部論述を欠いたりするなどの問題はあるものの，論述内容が論理的に矛盾することなく，刑法の基本的な理解について一応ではあるものの示すことができている答案である。

「不良」と認められる答案とは，事案の分析がほとんどできていないもの，刑法の基本概念の理解が不十分であるために，本問の出題の趣旨及び前記の採点方針に示された主要な問題点を理解できていないと認められたもの，事案に関係のない法解釈論を延々と展開しているもの，論述内容が首尾一貫しておらず論理的に矛盾したり論旨が不明であったりしているものなどである。

4　法科大学院教育に求めるもの

刑法の学習においては，刑法の基本概念の理解を前提に，論点の所在を把握するとともに，各論点の位置付けや相互の関連性を十分に整理し，犯罪論の体系的処理の手法を身に付けることが重要である。

論点を学習するに当たっては，一つの見解のみならず，他の主要な見解についても，その根拠や難点等に踏み込んで理解することが要請される。論点をそのように多面的に考察することなどを通じて，当該論点の理解を一層深めることが望まれる。

また，これまでにも繰り返し指摘しているところであるが，判例を学習する際には，結論のみならず，当該判例の前提となっている具体的事実を意識し，結論に至るまでの理論構成を理解した上で，その判例が述べる規範の体系上の位置付け及びそれが妥当する範囲について検討し理解することが必要である。

例年，取り上げるべき論点の把握が不十分なまま，論証パターンを無自覚に記述するため，取り上げなくてよい論点についてまで長々と論じる答案が目に付く。事案の全体像を俯瞰して，事案に応じて必要な論点について過不足なく論じるための法的思考能力を身に付けることが肝要である。

このような観点から，法科大学院教育においては，まずは刑法の基本的知識及び体系的理解の修得に力点を置いた上，刑法上の諸論点について理解を深め，さらに，判例の学習等を通じ具体的事案の検討を行うなどして，正解思考に陥らずに幅広く妥当な結論やそれを支える理論構成を導き出す能力を涵養するよう，より一層努めていただきたい。

令和元年・司法

第1 設問1
1 甲がAからAの住所及びA名義の預金口座の開設先を聞き出した点について詐欺罪（刑法（以下法令名略）２４６条２項）が成立しないか。

　この点，確かに甲は金融庁職員になりすましてこれらの情報を聞き出しており，欺罔行為及びAの錯誤，これに基づく処分行為があるとも思える。しかし，これらは特に財産的価値を有する情報ではないし，これらを得ることによって預金を引き出しうる地位を得たということもできない。よって，この点について詐欺罪は成立しない。
2 本件キャッシュカード等が入った封筒（以下，本件封筒という）とダミー封筒をすり替え，本件封筒を自らの持参したショルダーバッグ内に隠し入れた点について，詐欺罪（２４６条１項）が成立するか。
(1) この点，口座の暗証番号は単なる情報であって，財物ということはできない。しかし，情報であっても媒体と一体化することによって財物性を認めることができる。よって，暗証番号を記載したメモ紙も財物として同項の適用対象となる。
(2) 甲は，本件キャッシュカード等をAの目の前で空の封筒に入れ，その後Aに対して印鑑を持ってくるように言い，Aが印鑑を取りに行っているすきに，本件封筒とダミー封筒をすり替えて，本件封筒をショルダーバッグ内に隠し入れた。Aに印鑑を取りに行くよう言った点や，ダミー封筒をあたかも本件封筒のように装った点が欺罔行為にあたるとも思える。しかし，詐欺罪は欺罔行為によって錯誤に陥った者の処分行為によって財物を得る犯罪類型である。よっ

● 本答案自ら述べているとおり，「Aの住所及びA名義の預金口座の開設先」自体は財産上の利益ではないから，２項詐欺罪を検討する実益はなく，余事記載と思われる。

● キャッシュカードの財物性についても簡単に触れておくべきである。なお，判例（最判昭25.8.29）は，財物とは所有権の目的となり得る物をいい，その金銭的・経済的価値の有無を問わないとしている。

て，欺罔行為があるというためには処分行為を生じさせるものでなければならない。そして，処分行為というためには，被欺罔者の側に処分意思が必要である。この処分意思は厳格に解されるものではないが，少なくとも財物の移転という外観に対する認識が必要である。
　本件でAは，甲及び本件封筒から目を離して印鑑を取りに行っているが，甲らがいた場所はA方の玄関先であり，この行為は本件封筒の占有を甲に移転させる態様のものではない。Aにはせいぜい占有を弛緩する意図しかなかったといえる。また，Aは甲がA方から持ち去ることを許容しているが，Aとしては自らが本件封筒を有していると認識しているため，本件封筒を外部に持ち出すことの外形的認識があったとはいえない。よって，この点についても処分意思が認められない。したがって，甲が行った行為は処分行為を生じさせるようなものではないから，欺罔行為にはあたらない。
(3) 以上により，詐欺罪は成立しない。
3 もっとも，甲はAの意思に反して本件封筒の占有を自己に移転したといえるから，同行為について窃盗罪（２３５条）が成立する。
4 以上により，甲は窃盗罪の罪責を負う。
第2 設問2
1 甲に窃盗未遂罪が成立する場合，甲自身がCに向かってナイフを突き出し，「ぶっ殺すぞ」といって立ち去れば，甲は事後強盗罪（２３８条）の罪責を負うことになる。それでは，この行為を乙が行った本

● 出題趣旨によれば，本問では，処分行為の主観面（処分意思）のみならず，処分行為の客観面についても検討することが期待されていた。もっとも，本答案は，甲がAに印鑑を取りに行かせた場面が問題となることを的確に指摘し，Aに処分意思がないことについて，具体的事実の摘示・評価を経て説得的に論述できており，非常に優れている。

● Aの処分行為がない（欺罔行為もない）と認めて窃盗罪の成否を検討する場合には，窃盗罪の故意・不法領得の意思についても検討しなければならない。

件の場合，乙は同罪の罪責を負うか。

2　何罪の問題か

(1)　①の見解

同条は「窃盗が」という主体の形で要件を定めており，同罪は一定の身分を有することを要件とする身分犯であると解するのが相当である。そして，同罪は財産犯であること，「強盗として論ずる」とされていることから，窃盗を構成的身分とする真正身分犯（身分があって初めて犯罪が成立するもの）であると解するのが妥当である。

よって，真正身分犯について定めた規定である65条1項により，窃盗の身分を有しない乙にも事後強盗罪の罪責を問いうる。

そして，「逮捕を免れ」るという目的を達しているから，事後強盗罪の既遂犯となる。

(2)　②の見解

同条は，「窃盗」であることを加減的身分とする不真正身分犯（身分があることによって刑の加重がなされるもの）である。よって，身分を有しない乙には基本犯である脅迫罪（222条）が成立するにすぎない。

(3)　自説

238条を身分犯を定めた規定であると解すべきであるのは①の見解の通りである。そして，「強盗として論ずる」とされている事後強盗罪の基本犯が，人の身体や意思決定の自由を保護法益とする暴行罪や脅迫罪であると解するのは不自然である。よっ

● 〔設問2〕①の見解は「事後強盗の罪の共同正犯」が成立するとの立場であるが，「事後強盗既遂罪の共同正犯」が成立するとの立場とまでは言っておらず，出題趣旨も，①の立場から「事後強盗未遂罪の共同正犯」が成立するとの説明等が考えられるとしている。本答案は，この点を深読みしすぎたのか，①の立場は事後強盗既遂罪の共同正犯を成立させる立場であると勘違いしているように読める。

て，同条は真正身分犯を定めたものであると解すべきである。そして，65条はその文言から，1項は真正身分犯の成立及び科刑，2項は不真正身分犯の成立及び科刑について定めたものと解すべきである。よって，本件では同条1項の適用により，乙は事後強盗罪の罪責を負いうる。よって，この点で①は妥当である。

もっとも，238条は「強盗として論ずる」としていることから，その未遂・既遂の判断は強盗罪と同様，財物奪取の未遂・既遂によって判断すべきである。よって，本件では甲が窃盗未遂罪にとどまる以上，事後強盗罪の既遂とする①は妥当ではなく，乙には事後強盗未遂罪が成立するにすぎないと解する。

3　もっとも，実際には甲はＡＴＭから不正に現金を引き出そうとしたところをＣに捕まえられていたのに対し，乙は甲が万引きをしたと勘違いしている。そこで，乙には具体的な犯罪事実についての認識がないから，故意が認められないのではないか。

この点，故意責任の本質は，規範の問題に直面しえたにもかかわらずあえて犯罪行為を行ったことに対する道義的非難である。そこで，客観的に生じた事実と認識した事実が同一構成要件内で符合していれば，なお道義的非難を向けることが可能であるから，故意が認められる。本件で甲には窃盗未遂罪が成立しており，乙は甲に窃盗罪が成立するという認識を有しているから，乙の故意は認められる。

4　以上により，乙は事後強盗未遂罪の罪責を負う。

第3　設問3

1　丙が投げたボトルワインがＤの頭部に直撃し，Ｄは加療約3週間を

● 本答案は，事後強盗罪の既遂・未遂の基準について，判例（最判昭24.7.9）と同様の立場に立つものである。しかし，身分犯説に立ち，窃盗未遂犯人も「窃盗」に含まれるとすると，暴行・脅迫により事後強盗の「既遂罪」が成立するはずである。上記判例と同様の立場に立つならば，窃盗についても実行行為の一部をなしていると解すべきであり，本罪を結合犯と捉えるのが論理的であると考えられる。

● 出題趣旨によれば，甲による窃盗の内容や，窃盗が既遂か未遂かについて，甲・乙間で認識の齟齬があることに触れながら，それらの事情が故意や共謀の成否に影響するかを検討する必要がある。本答案は，この

要する頭部裂傷の傷害を負っている。よって，丙の行為がDに対する傷害罪（２０４条）の客観的構成要件に該当することは明らかである。以下で丙の刑事責任を否定する構成を検討する。

2　まず，丙のDに対する傷害罪の故意が認められないとして，主観的構成要件該当性を否定する。

しかし，上述のように故意責任の本質はあえて犯罪行為を行ったことに対する道義的非難であるから，同一構成要件内での認識があれば足りる。そして，このように故意を抽象化する以上，故意の個数は問題とならない。丙には甲に対する傷害の故意があるから，Dに対する傷害の故意も否定することができない。

3　次に，正当防衛（３６条１項）が成立するとして違法性が阻却されるとする。

しかし，Dは不法な行為を何ら行っていない以上，丙のDに対する侵害行為が正当防衛となるということはできない。

4　次に，緊急避難（３７条１項本文）が成立し違法性が阻却されるとする。

この点，確かに丙はDという「他人の生命」に対する甲の侵害という「現在の危難を避けるため」，採り得る唯一の手段であったボトルワインを投げつけるという行為をしており，「やむを得ずにした行為」ということができそうである。

しかし，丙に避難の意思があったといえるかどうかは疑問である。防衛の意思に避難の意思が含まれるという見解もあるが，Dを守ろうとする防衛の意思に，Dへの侵害を許容する避難の意思が含まれてい

ると解することは困難と考える。

5　一種の誤想防衛として責任故意を否定する。

しかし，丙は甲のDに対する侵害行為の存在は正しく認識しており，誤想防衛との説明をすることは難しい。

以　上

点について，故意の成否という形で論理的に検討できており，出題趣旨に合致する。

● 採点実感によれば，〔設問３〕では，重要な理論上の説明がいくつも存在することから，１つの説明のみではなく複数の説明とそれらの難点を検討する必要があった。本答案は，故意，正当防衛・緊急避難，誤想防衛と４つも理論上の説明及びその難点を適切に論じることができており，非常に優れている。

► **MEMO** ──────────────────────────────

設問1
1　本件キャッシュカード等が入った封筒をAから受け取り，これをショルダーバッグ内に隠し入れた行為について
（1）　詐欺罪の成否
　　まず，詐欺罪（刑法（以下，法令名省略）２４６条１項）の成否が問題となるが，以下の理由から成立しない。
　　同罪の成立のためには，「人を欺」く行為を要するところ，欺く行為は，財物の交付に向けられたものでなければならないと解される。しかし，本件においては，甲は，Aに対して，「キャッシュカードを証拠品として保管しておいてもらう必要があります」「後日，お預かりする可能性があるので，念のため，暗証番号を書いたメモも同封してください。」と申し向けたものの，封筒を甲に対して交付することについては，何ら述べておらず，挙動その他の事情からみても，財物の交付に向けられた欺く行為があるとはいえない。したがって，詐欺罪は成立しない。
（2）　窃盗罪の成否
　ア　次に，窃盗罪（２３５条）の成否が問題となる。窃盗罪は，①他人の②財物を③窃取したこと④故意に加えて，毀棄罪との区別及び使用窃盗の不可罰かの必要性から，⑤不法領得の意思があるとき，成立すると解される。
　イ　②について，本件キャッシュカード及び暗証番号を記載したメモが財物に当たるかが問題となるが，本件キャッシュカードは，それ自体所有権の対象となるものであるのみならず，これ

を利用して預金の引き出しを受けられる等の財産的価値を有するから，財物にあたると解され，メモについても所有権の対象となることから，財物に当たると解される（②充足）。
　ウ　①につき，「他人の」とは，近代国家においては，自力救済は原則として禁止されるべきであるから，他人が占有する財物を意味すると解される。本件キャッシュカード等は，Aがこれを甲に手渡してから間もない時点で甲が封筒をショルダーバッグ内に入れたというのであるから，未だAの占有下にあったものといえ，他人の財物にあたる（①充足）。
　エ　③につき，甲は，本件キャッシュカード等の入った封筒を，Aの意思に反して，自らのショルダーバッグ内に隠し入れて，その占有を取得したといえるから，「他人の財物を窃取した」といえる（③充足）。また，甲は右事実につき認識があるから故意が認められるし，甲は本件キャッシュカードを用いて預金を引き出す意思で，これを窃取したのであるから，不法領得の意思も認められる（④⑤充足）。
　オ　したがって，甲には窃盗罪が成立する。
2　甲がA宅を立ち去り，本件キャッシュカード等の返還請求を免れたことについて
　　詐欺利得罪（２４６条２項）の成否が問題となるが，同罪の成立のためには，財産上の利益につき認識のある状態で，被欺罔者がこれを移転させたことを要すると解されるところ，本件において，Aは，甲が本件キャッシュカード等をショルダーバッグ内に入れてい

● 出題趣旨によれば，甲に窃盗罪と詐欺罪のいずれが成立し得るのかを巡り，Aの処分行為の有無が問題となる。本答案は，再現答案①のように，Aの処分行為（処分意思）の有無を詳細に検討することができているわけではないが，具体的な事実を摘示して「財物の交付に向けられた欺く行為があるとはいえない」と論述できており，この点で，安易に欺罔行為を認定した再現答案③④よりも優れているといえる。

● キャッシュカード及びメモ紙の財物性について的確に検討できている。

● 本問において，キャッシュカード等の占有がAにとどまっているか（占有の弛緩にすぎないか），甲に移転しているかについては詳細に検討すべき問題であるが，本答案は，「他人の」という要件で簡潔に検討するにとどまっており，適切に題意を把握することができていない。

● 窃盗罪の故意・不法領得の意思について検討することができている。

● 本答案の「2」に係る論述は，もともと問題になり得ないものを問題視し，結局問題にはならないことを確認するだけの論述といえ，全体として余事記載である。

ることを認識しておらず，返還請求権の存在につき認識していないから，詐欺利得罪は成立しない。

設問2

1　前提

　　甲が現金を引き出そうとした行為について窃盗未遂罪が成立するから，甲は「窃盗」に当たる。甲は乙と共謀して，Cからの「逮捕を免れる目的」で，乙をして，Cに対してナイフを示しながら「離せ。ぶっ殺すぞ。」等と申し向けさせ，もって反抗を抑圧するに足る「脅迫」を加えたといえる。したがって，甲には，事後強盗の共謀共同正犯が成立する（238条，60条）。

2　①からの説明

　　事後強盗は，窃盗を構成的身分とする身分犯であると解する。したがって，窃盗でない者が先に窃盗を犯した者の逮捕を免れるため，反抗を抑圧するに足る脅迫を加えた場合，65条1項により，非身分者にも事後強盗罪の共同正犯が成立しうる。

　　本件において，乙は，甲と共謀して，甲の逮捕を免れさせる目的で，Cに対して反抗を抑圧するに足る脅迫を加えたものであるから，事後強盗罪の共同正犯の客観的構成要件要素を満たす。

　　また，乙は，甲が実際にはATM内の現金を不正に引き出そうとしていたのに，甲が万引きをしたものであると誤認しているが，構成要件的に符合した事実につき認識があり，規範の問題に直面したものといえるから，故意は否定されない。

　　以上から，乙には，事後強盗罪の共同正犯が成立する。

3　②からの説明

　　事後強盗罪は，窃盗を加重的身分とする身分犯であると解する。したがって，窃盗でない者が先に窃盗を犯した者の逮捕を免れるため，反抗を抑圧するに足る脅迫を加えた場合，65条2項により，非身分者には脅迫罪が成立する。

　　本件において，乙は，甲と共謀して，故意にCに対して脅迫を加えたものであるから，脅迫罪が成立する。

　　甲については，事後強盗罪の共謀共同正犯が成立することから，異なる罪名間での共犯関係が問題となるが，部分的犯罪共同説より，この場合，構成要件的に符合する限度で共犯が成立すると解される。したがって，乙には，事後強盗罪と構成要件的に符合する脅迫罪の限度で共同正犯が成立する。

4　私見

　　事後強盗罪は，窃盗と暴行，又は脅迫との結合犯であると解する。そうすると，窃盗でない者が先に窃盗を犯した者の逮捕を免れるため，反抗を抑圧するに足る脅迫を加えた場合において，事後強盗罪の共同正犯が成立するか否かは，承継的共同正犯の成否によって決せられることとなる。

　　共同正犯の処罰根拠は，共謀に基づく相互利用補充関係により，犯罪結果を因果的に惹起した点にある。そして，後行行為者は，自己が関与する前の行為により生じた結果に対して，因果性を及ぼすことはできないから，原則として承継的共同正犯は成立しないと解される。もっとも，例外的に，後行行為者が先行する行為及びその結果を認識

● 出題趣旨によれば，事後強盗罪の「窃盗」（238）には未遂犯も含むことを端的に指摘する必要がある。

● 事後強盗罪を窃盗犯人であることを身分とする真正身分犯と捉える理由（事後強盗罪の実行行為は暴行・脅迫であり，「窃盗が」は実行行為の主体を表している等）についても論述すべきである。

● 再現答案①と比較すると，簡略的な論理展開となってはいるが，甲・乙間で認識の齟齬があることに言及し，故意の成否という形で検討することができている。

● 事後強盗罪を窃盗犯人であることを加重身分とする不真正身分犯と捉える理由（窃盗犯人でない者が暴行・脅迫をしても暴行罪・脅迫罪にとどまるが，窃盗犯人が暴行・脅迫を行うと事後強盗罪が成立するから，本罪は暴行・脅迫罪の加重類型である等）についても論述すべきである。

● 部分的犯罪共同説とは，各共同者の意思に不一致があった場合でも，構成要件が同質的で重なり合う限度で共同正犯の成立を認める見解である。本問では，甲・乙間で窃盗の内容や事後強盗の目的の内容等について認識の齟齬があるものの，いずれも同一の構成要件内の齟齬にとどまっており，各共同者の意思に不一致があるとまではいえない。したがって，本問では，いわゆる部分的犯罪共同説が問題となる場面ではない（出題趣旨・採点実感も部分的犯罪共同説について何ら言及していない）。

令和元年・司法

したうえで，これを自己の犯罪の手段として積極的に利用する意思が
ある場合，先行する行為は，その者自身の行為と同視することができ
るから，後行行為者も，先行行為について共同正犯としての責任を負
うと解される。
　本件において，乙は，甲の窃盗の結果を認識しているとはいえず，
また，これを積極的に利用する意思も認められないから，承継的共同
正犯は成立しない。したがって，乙には，脅迫罪が成立するにとどま
り，この限度で甲と共同正犯が成立する。
設問3
1　前提
　　丙は，Dの頭部に対してボトルワインを直撃させ，加療3週間を要
する頭部裂傷の傷害を負わせているから，「人の身体を傷害した」と
いえ，傷害罪（204条）の客観的構成要件を満たす。また，丙は，
甲に対してボトルワインを投げつける意思で，右行為に及んでいるか
ら，構成要件的に符合する甲の傷害結果を認識していたものといえ，
規範の問題に直面したといえるから，故意が認められる。したがっ
て，傷害罪の主観的構成要件を満たす。
2　考えうる理論構成と難点
(1)　丙がDの傷害結果に関する刑事責任を負わないとするには，①正
　当防衛（36条1項）②緊急避難（37条1項）③誤想防衛による
　ことが考えられる。
(2)　正当防衛は，正対不正の関係を前提として，急迫不正の侵害に
　「対し」て行われるものである。Dは，丙及び甲に対して何ら不正

の侵害をするものではないから，Dとの関係で正当防衛の適用を認
　めることは困難である。
(3)　緊急避難の成立のためには，法益の権衡を要するところ，丙が避
　けようとした害と，Dの加療3週間を要する傷害結果との間に，権
　衡が認められるかは明らかでない。
(4)　誤想防衛の成立が認められたとしても，傷害罪にかかる故意責任
　が阻却されるにとどまり，結果回避義務違反が認められる場合，過
　失傷害罪が成立しうるため，丙がDの傷害結果に関する刑事責任を
　負わないとする理論構成としては，不十分なものに留まることとな
　る。
　　　　　　　　　　　　　　　　　　　　　　　　　　以　上

● 　本答案の私見は，出題趣旨の「g」
の立場と同じ説明である。承継的共
犯に関する説明や，乙に脅迫罪の共
同正犯が成立すると結論付けるまで
の論理展開が丁寧になされている。
事後強盗罪を結合犯と解する理由
（再現答案④コメント参照）につい
ても論述できれば，さらに高く評価
されたものと思われる。

● 　〔設問3〕では，まず丙の行為が
どの犯罪の構成要件に該当するかを
検討しなければならないが，本答案
は「前提」という形で的確にこの点
を論じることができている。

● 　正当防衛により丙の行為の違法性
が阻却されるとの説明に対する難点
として，適切な論述ができている。

● 　「避けようとした害」（37Ⅰ本文）
は，甲のナイフを用いた攻撃による
Dの生命の侵害又は重度の傷害であ
り，法益権衡の要件は満たすものと
考えられる。

● 　誤想防衛の一種として故意が阻却
されるとの説明に対する難点とし
て，過失犯が成立する余地がある旨
指摘することができており，高く評
価されたものと推察される。

▶ MEMO

令和元年・司法

第1　設問1
1　甲が本件キャッシュカード等が入った封筒とダミー封筒をすり替え
て，本件キャッシュカード等が入った封筒を持ち去った行為
(1)　上記甲の行為に詐欺罪（246条1項）が成立しないか。
　ア　「人を欺いて」
　　(ア)　「人を欺いて」とは，財物等を交付させる目的で交付の判
　　　断の基礎となる重要な事項を偽ることをいう。
　　(イ)　本件で，甲は，Aに対し，「あなたの預金口座が不正引き
　　　出しの被害に遭っています。」と言い，Aを不安にさせてい
　　　る。そして，甲は金融庁職員に成りすましており，Aも80
　　　歳と高齢であるから，甲の上記発言を信じやすい。
　　　　そうだとすれば，甲の上記行為は，Aが本件キャッシュカ
　　　ード等が入った封筒を交付する判断の基礎となる重要な事項
　　　を偽る現実的危険性がある行為といえる。
　　(ウ)　したがって，甲の上記行為は，「人を欺いて」といえる。
　イ　「財物」
　　　本件キャッシュカード等を使用すれば，Aの預金を自由に引
　　　き出すことができるので，「財物」に当たる。
　ウ　「交付」
　　(ア)　「交付」とは，欺罔行為によって錯誤に陥った被欺罔者
　　　が，その状態で財物の処分行為をすることをいう。
　　(イ)　本件で，確かに，甲は上記行為によって，Aを騙して，本
　　　件キャッシュカード等の占有の移転を受けている。

- 欺罔行為は，相手方の処分行為に向けられたものでなければならない。本答案は，採点実感にいう「安易に欺罔行為を認定している答案」に分類されよう。

- キャッシュカード及びメモ紙の財物性については，再現答案②が的確に検討できている（再現答案①コメントも併せて参照されたい）。

　　　しかし，Aは本件キャッシュカード等を封筒に入れること
　　　を了承しているだけで，本件キャッシュカード等の占有を甲
　　　に移転させる気は全くない。
　　　　そうだとすれば，Aは，甲の上記行為によって錯誤に陥っ
　　　ているが，本件キャッシュカード等を処分する意思は有して
　　　いない。
　　(ウ)　したがって，「交付」があったとはいえない。
　エ　したがって，甲の上記行為に詐欺未遂罪（250条，246
　　条1項）が成立する。
(2)　それでは，甲の上記行為に窃盗罪（235条）が成立しないか。
　ア　本件キャッシュカード等は，前述したとおり，Aの「財物」
　　であるから，「他人の財物」に当たる。
　イ(ア)　「窃取」とは，相手方の意思に反して，財物の占有を自
　　　己又は第三者に移転させることをいう。
　　(イ)　本件で，前述したとおり，Aは本件キャッシュカード等を
　　　封筒に入れる意思は有していた。しかし，それは，あくまで
　　　本件キャッシュカード等を自己が保管する目的であって，本
　　　件キャッシュカード等の占有を移転させる意思はない。
　　　　そうだとすれば，甲が本件キャッシュカード等を持ち去っ
　　　た行為は，Aの意思に反する本件キャッシュカード等の占有
　　　の移転といえる。
　　(ウ)　したがって，「窃取」に当たる。
　ウ　そして，甲は，上記窃盗罪の構成要件該当事実について，認

- この点については，Aは，金融庁職員に後日預けるまでは自己が保管する意思しかなかったことを指摘できると，より説得的な論理展開となった。

- 採点実感によれば，欺罔行為を肯定した答案の相当数が，詐欺未遂罪の成否に全く言及することなく，詐欺罪自体を不成立としていたとされているが，本答案は，一応詐欺未遂罪の成否について言及できている。

- 不法領得の意思についても論じる必要がある。

識・認容しているので，故意（３８条１項本文）が認められる。
エ　したがって，甲の上記行為に窃盗罪が成立する。
2　罪数
甲の上記行為に詐欺未遂罪及び窃盗罪が成立し，両者は，観念的競合（５４条１項前段）なので，甲は窃盗罪の罪責を負う。
第2　設問2
1　①の立場
(1)ア　「窃盗」（２３８条）とは，窃盗罪の未遂（２４３条）も含む。本件で，甲が現金を引き出そうとした行為に窃盗未遂罪が成立するので，甲には「窃盗」という身分がある。
　　　しかし，乙は，窃盗罪に該当する行為を何らしていないので事後強盗罪が成立するのか，共犯と身分（６５条）の関係が問題となる。
イ　６５条１項の「犯人の身分によって構成すべき」と同条２項の「身分によって刑の軽重があるとき」という文言から，同条１項は真正身分犯の成立と科刑，同条２項は不真正身分犯の成立と科刑を規定していると解すべきである。
ウ　本件で，事後強盗罪は，「窃盗」という身分があることによって初めて犯罪が成立する真正身分犯である。そして，乙は，「窃盗」という身分がないものの，甲に協力することを頼まれて，後述する行為を行っているので，「犯罪行為に加功したとき」に当たる。

● 〔設問2〕①は，「どのような説明が考えられるか」と問うものであるから，再現答案①②のように，その説明を淡々と行えばよく，問題提起を行う必要はない。

● 事後強盗罪を真正身分犯と捉える理由も論述すべきである。

エ　したがって，乙には６５条１項が適用される。
(2)ア　「逮捕を免れ…るために，…脅迫」とは，相手方の反抗を抑圧するに足りる程度の害悪の告知をいう。
イ　本件で，乙は，Cに向かって，刃体の長さ約１０センチメートルという生命身体への侵害を生じさせる危険性を有する凶器を示し，「離せ。ぶっ殺すぞ。」という強い言葉を言っている。
　　　これらの乙の言動は，Cの反抗を抑圧するに足りる程度の害悪の告知にあたる。
ウ　したがって，乙の上記行為は，逮捕を免れるための脅迫に当たる。
エ　もっとも，事後強盗罪の既遂は，「窃盗」の既遂罪が成立する必要があるところ，甲の現金引き出し行為は未遂なので，本件事後強盗罪も未遂である（２４３条，２３８条）。
オ　したがって，乙の上記行為に事後強盗未遂罪の共同正犯（６０条）が成立する。
2　②の立場
(1)　事後強盗罪は，真正身分犯ではなく，窃盗罪と逮捕等を免れるための暴行又は脅迫が組み合わさった結合犯である。
　　　そのため，窃盗罪に加わらず，後の暴行又は脅迫にのみ加わった場合には，承継的共同正犯の理論を肯定しない限り，その者に事後強盗罪の共同正犯の罪責を負わせることはできない。
　　　しかし，承継的共同正犯を肯定することは，因果性を及ぼして

● 「脅迫」の判断基準及び当てはめについて，適切に論述できている。

● 再現答案①のコメントにおいても指摘したとおり，事後強盗罪を身分犯と捉えつつ，事後強盗罪の既遂・未遂を窃盗の既遂・未遂で決めると考えるのは困難である。

● 事後強盗罪を結合犯と捉える理由（再現答案④コメント参照）も論述すべきである。

いない，窃盗についても責任を負わせることになるため，肯定することはできない。

　　したがって，乙に事後強盗罪の共同正犯を認めることはできない。

⑵　それでは脅迫罪の共同正犯（６０条，２２２条１項）は成立しないか。

　ア⑺　「脅迫」とは，相手方の反抗を抑圧するに足りない程度の害悪の告知をいう。

　　⑷　本件で，乙がＣに向けたナイフはわずか１０センチメートルしかないので，殺傷能力はそこまで高くはない。

　　　　ただ，「離せ。ぶっ殺すぞ」という強い口調で脅してはいる。

　　　　そうだとすれば，乙の上記行為は，相手方の反抗を抑圧するに足りない程度の害悪の告知といえる。

　　⑼　したがって，乙の上記行為は，Ｃの「生命，身体」に対して「脅迫」したといえる。

　イ　また，乙は，上記脅迫罪の構成要件該当事実について認識・認容しているので，故意が認められる。

　ウ　そして，前出した甲の頼みを聞いて，乙は上記行為に及んでいるので，共謀が成立している。

　エ　したがって，乙の上記行為に脅迫罪の共同正犯が成立する。

3　私見

⑴　乙の上記行為には，事後強盗未遂罪の共同正犯が成立する。

　ア　まず，事後強盗罪は，真正身分犯である。なぜなら，事後強盗罪は，窃盗が逮捕等を免れるために暴行又は脅迫することが刑事学的に顕著であるため，設けられた犯罪だからである。

　イ　そのため，前述したとおり，６５条１項の適用が乙にはある。

　ウ　そして，確かに，乙がＣに向けたナイフは，刃体は，１０センチメートルで殺傷能力が高いと断定することはできない。しかし，Ｃは甲のショルダーバッグをつかんでおり，距離が近い。そうだとすれば，ナイフを向けた乙と甲の距離も近いといえる。そのため，乙のナイフを向けたりする等の上記言動はＣの反抗を抑圧するに足りる程度の害悪の告知といえる。

　　　　したがって，逮捕を免れるための脅迫といえる。

　エ　もっとも，乙と甲は主従関係もなく，乙自身が甲に協力することによって何らかの対価を得るわけでもない。したがって，事後強盗罪未遂の幇助犯（６１条１項）が成立するとも思える。

　　　　しかし，乙自身が事後強盗罪の実行行為を行っており，ナイフという重要な凶器も乙の物であるから，乙は，「共同して犯罪を実行した者」（６０条）といえる。

⑵　したがって，乙の上記行為には事後強盗未遂罪の共同正犯が成立する。

第3　設問3

1　前提として，丙がＤにボトルワインを投げて，加療約３週間を要す

● ここでも，乙に脅迫罪の共同正犯が成立するとの立場の説明を淡々と行えばよく，問題提起を行う必要性はない。

● 本答案は，脅迫罪（２２２）における「脅迫」の意義（一般に人を畏怖させるに足りる害悪の告知，最判昭３５.３.１８参照）を正しく論述できていない。

● 事後強盗罪の立法趣旨と法的性質（身分犯か結合犯か）との間には，直接の関係はないように思われる。ここでは，事後強盗罪の実行行為は暴行・脅迫であり，「窃盗が」は実行行為の主体を表しており，事後強盗罪は暴行・脅迫罪の加重類型ではなく，窃盗犯人しか実現し得ない真正身分犯であるといった説明が考えられる。

● 幇助とは，実行行為以外の方法で正犯の実行行為を容易にすることをいう。本答案は，直前に乙の「脅迫」の該当性を肯定しており，その時点で幇助犯の成否が問題となる余地はない。したがって，本答案の「エ」に係る論述は，余事記載である（さらにいえば，幇助の根拠条文は６２条である）。

● 〔設問3〕では，まず丙の行為がどの犯罪の構成要件に該当するかを

る頭部裂傷の傷害を負わせた行為は，傷害罪（２０４条）の客観的構成要件に該当する。

2　まず，丙がDの傷害結果の刑事責任を負わないとするために，丙には故意がなかったという理論構成が考えられる。

　具体的にいうと，丙は，甲を狙って投げたのであって，Dを狙ったわけでないから客体の錯誤となり，傷害罪の故意が認められないという理論である。

　しかし，判例，通説の考え方によれば，人は具体的な人ではなくおよそ人であることの認識・認容があれば故意が認められると考える。そのため，上記理論を採用することは困難である。

3　次に，緊急避難（３７条１項本文）が成立することによって，丙の上記行為の違法性が阻却されないか。

⑴　「現在の危難」とは，法益侵害の危険が切迫していることをいう。本件で「他人」であるDが甲に襲われているので，法益侵害の危険が切迫しているといえ「現在の危難」に当たる。

⑵　ボトルワインを投げる行為は，丙の採り得る唯一の手段なので「やむを得ずにした行為」といえる。

⑶　「これによって生じた害が避けようとした害の程度を超えなかった場合」とは，得られた利益と失われた利益の厳格な権衡を意味する。

　本件で，一見失われた利益は，Dの身体で，得られた利益は，財産で，権衡がとれていないとも思える。

　しかし，甲の行為が継続すれば，Dの生命，身体が侵害された

可能性が非常に高い。

　そうだとすれば，権衡はとれているといえ，緊急避難が成立する。

以　上

検討しなければならないが，本答案はこの点について端的に論述できている。

●　本問で問題となるのは方法の錯誤であり，客体の錯誤ではない。

●　本答案は，緊急避難について比較的詳しく要件を検討しているが，〔設問３〕では，緊急避難のみならず，正当防衛や誤想防衛といった重要な理論上の説明が存在するから，１つの説明に多くの時間・紙面を割くのは得策ではない。

●　出題趣旨によれば，緊急避難により丙の行為の違法性が阻却されるとの説明に対する難点としては，危難から逃れさせるべきDに傷害を負わせる行為が避難行為といえるのか，といった点が指摘できる。

設問1

1　甲が，Aから，金融庁職員になりすましてA宅を訪問し，本件キャッシュカード等の交付を受けた行為について，二項詐欺罪（246条2項）の成否を検討する。

2　要件は，①欺罔行為②錯誤③処分行為④それぞれに因果関係があること⑤故意⑥不法領得の意思である。①の欺罔行為とは，交付の判断の基礎となる重要な事項を偽る行為である。③の処分行為には，処分行為意思が必要であるが，客体の終局的移転を認識している必要はなく，外形的移転を認識していればよい。なぜなら，客体の移転を認識させないのが詐欺の典型であるのにもかかわらず，これを除外しては法益保護を全うできないからである。

3　本件においては，甲は，金融庁職員を名乗りA宅に赴き，本件キャッシュカード等の保管の必要を告げたことにより，Aはそれを信じ，それらが入った封筒をそれと認識しながら，甲に手渡した（①②③④）。甲は一連の事実を認識しているし，不法領得の意思に欠けることはない（⑤⑥）。

4　したがって，甲には二項詐欺罪の既遂が成立する。

5　甲が，ATMから現金を引き出そうとした行為について，窃盗罪（235条）の未遂の成否を検討する。

6　まず，「窃取」とは相手方の意思に反して財物の占有を取得する行為である。ここで，甲がATMにキャッシュカードを差し込んだ時点では，すでにAの口座は凍結していたのであるから，不能犯とならないか問題となる。不能犯となるかどうかは，一般人が認識し得た事情

と本人が認識した事情を基礎として，結果が発生する現実的危険があるかどうかにより判断する。本件において，凍結していた事情について，本人はもちろん，一般人も認識し得たとはいえない。そうであれば，キャッシュカードをATMに差し込む行為は，Aの意思に反して銀行預金の占有を取得するおそれのある行為であるから，少なくとも実行の着手が認められる。

7　しかし，結果は発生しなかった。また，甲はこれらの事実を認識認容しており，故意が認められる。また，不法領得の意思に欠けることもない。

8　したがって，甲には窃盗の未遂が成立する。

設問2

1　乙に事後強盗罪（238条）の共同正犯（60条）が成立するかを検討する。要件は，①共謀②①に基づく実行行為として，窃盗が238条規定の目的で暴行または脅迫を行うこと③正犯意思である。②の窃盗は未遂で足りる。また暴行等の程度は，相手方の反抗を抑圧するに足りる程度である必要がある。なぜなら，事後強盗が強盗とみなされるのは，これと同視できることにあるので，程度も同程度のものが要求されるからである。

2　まず，乙が甲に「またやったのか。」と尋ね，これに対し甲が乙がCの反抗を抑圧してくれることを期待して，「なんとかしてくれ。」と言っていることから，Cに対して反抗を抑圧するに足りる暴行等を行うことにつき現場共謀が成立している。よって①を満たす。また，窃盗は身分であるから，65条により連帯し，乙は商品の取り返しを

● 本問は，キャッシュカード及び口座の暗証番号を記載したメモ紙という物の交付が認められる事案であるから，シンプルに1項詐欺罪の成否を検討すべきである。

● 再現答案③と同様，本答案も，採点実感にいう「安易に欺罔行為を認定している答案」に分類されよう。甲に詐欺罪を肯定するのであれば，甲が金融庁職員を名乗った事実や，Aに虚言を申し向けた事実を摘示するのではなく，甲が，本件キャッシュカード等を所持した状態で，Aに対し，「印鑑を持ってきてください。」と言ってAを玄関から離れさせた行為を欺罔行為として認定すべきである。

● ATMから現金を引き出そうとした行為は，ATMを管理する金融機関の占有を侵害するものであり，Aに対する罪責とはならないから，本答案の「5」から「8」までの論述は，余事記載である。

● 出題趣旨によれば，〔設問2〕では，①の立場と②の立場の双方からの説明に言及しつつ，自説を論じる必要があった。再現答案①②③はそのような論理展開となっているが，本答案は，①の立場からの説明ではなく，まず自説を論じた後，②の立場からの説明に言及し，これを批判して論述を終えており，出題趣旨が期待するような論理展開とはなっていない。

防ぐ目的でCに対して反抗を抑圧するに足りる暴行を行なった。ここで，甲の目的は逮捕を免れることにあるから，共犯者間で目的に錯誤があることになる。しかし，同一構成要件内の錯誤であれば，規範に直面し反対動機の形成が可能であるといえるため，非難が可能である。したがって，この点により故意は阻却されない。さらに③については，かつて一緒に万引きをしたことがある友人を助けているという点から，乙は今後の甲との関係性を維持する利益を有しているから認められる。

3　したがって，乙には，事後強盗の共同正犯が成立する。

4　これに対して，事後強盗の性質について窃盗罪と脅迫罪の結合犯であると考える立場からは次のような反論が考えられる。この立場からは，窃盗未遂が成立したあとに乙との共謀が成立しているから，承継的共同正犯の問題となる。そして，乙は窃盗の結果に対して因果性を及ぼし得ないことから承継は否定されると反論する。また承継的共同正犯につき，異なる見解である先行行為を積極的に利用したかどうかを基準とする見解に立っても，乙が窃盗の結果を積極的に利用した事実はないから，承継は否定されると反論できると主張することが考えられる。したがって，脅迫の限度で共同正犯が成立するにすぎないと説明される。

5　しかし，これに対しては，そもそも事後強盗を結合犯と捉えることに問題があるとの再反論が可能である。すなわち，窃盗に着手した時点で事後強盗の未遂が成立することになり妥当ではない。したがって，やはり乙には，事後強盗の共同正犯が成立する。

● 甲・乙間で238条の目的の内容について認識の齟齬があることに気付き，故意の成否に影響があるかどうかについて検討することができている。

● ②の立場からの説明として，出題趣旨の「f」「g」の立場と同様の説明が端的になされている。ここでは，事後強盗罪を結合犯と解する理由（事後強盗罪は財産犯であり，事後強盗罪の既遂・未遂は窃盗の既遂・未遂によって決まるから，事後強盗罪の財産犯性を基礎付けている窃盗は，身分ではなく実行行為の一部と解すべきである等）についても論述できれば，さらに高く評価されたものと思われる。

設問3
1　前提として，丙は，ワインボトルを投げつけたことにより，Dに頭部裂傷の傷害を負わせている。そして，丙は甲を狙って投げたもののDに直撃した点から，打撃の錯誤として故意が阻却されるかが問題となるが，同一構成要件内の錯誤として故意は阻却されない。したがって，傷害罪（204条）の構成要件に該当する。

2　ここで，丙に正当防衛が成立し，違法性が阻却されないかが問題となる。しかし，傷害結果が生じたDは不正の侵害ではない。したがって，正当防衛は成立しない。

3　では，緊急避難はどうか。緊急避難については法益の均衡が要求されるが，生じた結果がDの傷害結果であるのに対して，保護された法益は存在しないから，この要件を満たさない。したがって，緊急避難も成立しない。

以　上

● まずは，丙がDの傷害結果に関してどのような罪を負い得るかを明らかにする必要がある。

● 「傷害結果が生じたDは不正の侵害ではない」との論述は，一見してその論旨が不明確である。

● 出題趣旨によれば，緊急避難により丙の行為の違法性が阻却されるとの説明に対する難点としては，危難から逃れさせるべきDに傷害を負わせる行為が避難行為といえるのか，といった点が指摘できるが，本答案が論述するような法益権衡の要件を満たさないという難点はない。

令和元年・司法

予備試験

平成27年

［刑　法］

以下の事例に基づき，甲，乙，丙及び丁の罪責について論じなさい（特別法違反の点を除く。）。

1　甲は，建設業等を営むＡ株式会社（以下「Ａ社」という。）の社員であり，同社の総務部長として同部を統括していた。また，甲は，総務部長として，用度品購入に充てるための現金（以下「用度品購入用現金」という。）を手提げ金庫に入れて管理しており，甲は，用度品を購入する場合に限って，その権限において，用度品購入用現金を支出することが認められていた。

　　乙は，Ａ社の社員であり，同社の営業部長として同部を統括していた。また，乙は，甲の職場の先輩であり，以前営業部の部員であった頃，同じく同部員であった甲の営業成績を向上させるため，甲に客を紹介するなどして甲を助けたことがあった。甲はそのことに恩義を感じていたし，乙においても，甲が自己に恩義を感じていることを認識していた。

　　丙は，Ｂ市職員であり，公共工事に関して業者を選定し，Ｂ市として契約を締結する職務に従事していた。なお，甲と丙は同じ高校の同級生であり，それ以来の付き合いをしていた。

　　丁は，丙の妻であった。

2　乙は，1年前に営業部長に就任したが，その就任頃からＡ社の売上げが下降していった。乙は，某年5月28日，Ａ社の社長室に呼び出され，社長から，「6月の営業成績が向上しなかった場合，君を降格する。」と言い渡された。

3　乙は，甲に対して，社長から言われた内容を話した上，「お前はＢ市職員の丙と同級生なんだろう。丙に，お礼を渡すからＡ社と公共工事の契約をしてほしいと頼んでくれ。お礼として渡す金は，お前が総務部長として用度品を買うために管理している現金から，用度品を購入したことにして流用してくれないか。昔は，お前を随分助けたじゃないか。」などと言った。甲は，乙に対して恩義を感じていたことから，専ら乙を助けることを目的として，自己が管理する用度品購入用現金の中から50万円を謝礼として丙に渡すことで，Ａ社との間で公共工事の契約をしてもらえるよう丙に頼もうと決心し，乙にその旨を告げた。

4　甲は，同年6月3日，丙と会って，「今度発注予定の公共工事についてＡ社と契約してほしい。もし，契約を取ることができたら，そのお礼として50万円を渡したい。」などと言った。丙は，甲の頼みを受け入れ，甲に対し，「分かった。何とかしてあげよう。」などと言った。

　　丙は，公共工事の受注業者としてＡ社を選定し，同月21日，Ｂ市としてＡ社との間で契約を締結した。なお，その契約の内容や締結手続については，法令上も内規上も何ら問題がなかった。

5　乙は，Ｂ市と契約することができたことによって降格を免れた。

　　甲は，丙に対して謝礼として50万円を渡すため，同月27日，手提げ金庫の用度品購入用現金の中から50万円を取り出して封筒に入れ，これを持って丙方を訪問した。しかし，丙は外出しており不在であったため，甲は，応対に出た丁に対し，これまでの経緯を話した上，「御主人

と約束していたお礼のお金を持参しましたので，御主人にお渡しください。」と頼んだ。丁は，外出中の丙に電話で連絡を取り，丙に対して，甲が来訪したことや契約締結の謝礼を渡そうとしていることを伝えたところ，丙は，丁に対して，「私の代わりにもらっておいてくれ。」と言った。

　そこで，丁は，甲から封筒に入った５０万円を受領し，これを帰宅した丙に封筒のまま渡した。

　本問は，建設業等を営むＡ株式会社の総務部長である甲が，同社営業部長である乙からの要請を受け，Ｂ市職員であり，同市発注の公共工事に関する業者の選定及び契約締結権限を持つ丙に対し，業者選定の際に同社を有利に取り計らってほしいとの趣旨であることを了解したその妻丁を介して，総務部長として管理する用度品購入に充てるための現金の中から５０万円を供与したという事案を素材として，事実を的確に分析する能力を問うとともに，共同正犯，共犯と身分，贈収賄罪，業務上横領罪等に関する基本的理解とその事例への当てはめが論理的一貫性を保って行われているかを問うものである。

▶ MEMO

第1　甲の罪責について
1　まず，丙に対して謝礼を渡すために，用度品購入用現金のうち５０万円を金庫から持ち出した点に業務上横領罪（２５３条）が成立するか検討する。
(1)　「業務」とは，社会的地位に基づいて反復継続して行われる事務のうち，他人の物の占有を内容とするものをいうところ，甲は，Ａ社においての総務部長として，用度品購入現金を手提げ金庫に入れて管理する地位にあったのであるから，甲は，社会的に地位に基づいて反復継続的に用度品購入用現金を占有する事務を負っていたといえ，「業務」性をみたす。

● 「業務」の意義を正確に論述できているため，当てはめにおける事実の評価も適切に行うことができており，「業務上横領罪等に関する基本的理解とその事例への当てはめ」を求める出題趣旨に合致する。

(2)　また，用度品購入用現金はＡ社の所有にかかる物であり，甲はこれを管理していたのであるから，用度品購入用現金は「自己の占有する他人の物」にあたる。
(3)　そして，横領罪の保護法益は所有権及び委託信任関係にあるから，「横領」とは，委託の趣旨に背いて所有者でなければできない処分をする意思の発現行為をいう。本件において，用度品購入用現金は用度品を購入する場合に限って支出することが認められていたのであり，公共工事の契約をＡ社と締結する見返りとしての謝礼のために支出することは，与えられた権限の範囲外である。そして，公共事業の契約の締結はＡ社の利益となる側面はあるが，甲はＡ社のためではなく専ら乙を助けることを目的としている。以上からすれば，甲の行為はＡ社が甲に

● 「横領」の意義についても正確に論述できている。また，その当てはめについても，単に「横領」の該当性を指摘するのではなく，甲の権限と行為を入念に分析した上で評価することができている。この点，判例（最判昭28.12.25等）は，専ら本人のために処分する意思である場合には不法領得の意思を否定しているところ，本答案は「甲はＡ社のためではなく専ら乙を助けることを目的としている」との事実を摘示し，結論として甲の不法領得の意思を肯定している点は，適切である。

用度品購入用現金の管理を委託した趣旨に背くものといえる。
　　また，現金を支払うことは，本来所有者でなければできない処分である。
　　したがって，持ち出せばすぐに丙に渡すことができる状態になる以上，用度品購入用現金を手提げ金庫から持ち出した時点で，Ａ社の委託の趣旨に背き，Ａ社でなければできない処分をする意思が発現したといえ，「横領した」といえる。
　　よって，業務上横領罪が成立する。
2　次に，公共事業の受注業者としてＡ社を選定した対価として，５０万円を丁を介して丙に渡した点に，後述する丙の請託収賄罪（１９７条１項後段）への「賄賂」の「供与」にあたるから，贈賄罪（１９８条）が成立する。
3　以上の２罪は併合罪（４５条前段）となる。

● 「請託収賄罪」とあるのは，正しくは「受託収賄罪」である。

第2　乙の罪責について
1　まず，甲の業務上横領罪につき，乙に業務上横領罪の共同正犯（６０条）が成立するか検討する。
(1)　乙は業務上横領罪の実行行為を直接行っていないが，①共謀，②正犯意思，③共謀に基づいた実行が認められれば，業務上横領罪を「共同して実行した」といいうる。なぜなら，共謀に参加していれば，少なくとも心理的因果性は及ぼしている以上，相互に因果性を及ぼし，間接的に法益侵害を惹起したという共同正犯の処罰根拠が妥当するからである。

● 共謀共同正犯の肯否を論じる際には，その実質的根拠のみならず，形式的根拠（60条の解釈）にも触れて論じると丁寧である。

本件において，乙は，甲に，公共事業の契約に対する謝礼として用度品購入用現金を流用するよう依頼しており，これを甲は受け入れているから共謀があったといえる（①）。また，横領するよう甲に持ち掛けたのは乙であるから，乙は主体的に犯罪に関与しているといえ，横領を持ち掛けたのは乙の営業成績を上げ，降格を免れる目的であるから，乙は犯罪から独自の利益を得る目的で関与している。そうとすると，乙は自己の犯罪として行う意思を有していたといえ，正犯意思が認められる（②）。そして，甲は乙との共謀通りに実行している（③）。

したがって，乙は業務上横領罪を「共同して実行した」といえ，業務上横領罪の共同正犯となるとも思える。

(2) しかし，乙はA社の営業部長であって，甲と異なり，用度品購入用現金を管理する権限が与えられておらず，実際に管理していなかったのであるから，「業務」という身分と「占有」という身分を欠く。そこで，非身分者たる乙に業務上横領罪の共同正犯が成立するかが問題となる。

文言からして，65条1項は真正身分犯の規定であり，2項は不真正身分犯の規定と解すべきである。そして，非身分者も身分者を通じて法益侵害を間接的に惹起できる以上，65条1項の「共犯」には共同正犯も含まれる。

したがって，「業務」と「占有」の身分を欠く乙から見て，業務上横領罪は真正身分犯であるから，65条1項の適用により，乙には業務上横領罪の共同正犯が成立する。

(3) ただし，仮に乙が「占有」の身分を有していたとすれば，65条2項により，単純横領罪（252条1項）の共同正犯が成立したところ，「占有」の身分を欠いたために刑が重くなるのは均衡を欠く。したがって，科刑は単純横領罪を基準とすべきである。

2 次に，甲の贈賄罪について，乙に贈賄罪の共同正犯が成立するかが問題となるが，丙に対し公共工事の見返りとして50万円を渡すことにつき甲乙間に共謀があり（①），前述同様乙に正犯意思も認められ（②），甲は共謀通りに実行している（③）以上，贈賄罪の共同正犯が成立する。

3 以上の2罪は併合罪となる。

第3 丙の罪責

公共事業の見返りとして，甲から50万円を受け取った点に請託収賄罪（197条1項後段）が成立するか検討する。

まず，丙は，甲から今度発注予定の公共工事についてA社と契約してほしいと具体的な行為の依頼を受けているから，「請託を受けたとき」にあたる。

そして，丙はB市職員として，公共事業に関して業者を選定し，契約を締結する職務に従事していたのであるから，A社を契約相手として選定した見返りとして，50万円を受け取ることは「職務に関し」，「賄賂を収受」するにあたる。

● 共謀共同正犯の要件である①共謀の当てはめにおいて，必要十分な事実の摘示がなされている。

● 共謀共同正犯の要件である②正犯意思の当てはめが非常に適切である。単に事実を摘示するのみでなく，摘示した事実について「主体的に犯罪に関与しているといえ」ること，「乙は犯罪から独自の利益を得る目的で関与」していることというように，その都度適切な評価を加え，これらの評価に基づいて正犯意思を認めている。また，乙が社長から降格を命令されそうであるという事情も摘示し，うまく評価につなげている。

● 共犯と身分の問題について，その問題意識を本問の事案に即して論述した上で，65条の検討に移れている。そして，正犯に業務上横領罪が成立する場合の非身分者の罪責について，簡潔かつ適切に論証できている。

● 非身分者には業務上横領罪が成立するが，その科刑は単純横領罪を基準とするとの結論は，判例（最判昭32.11.19／百選Ⅰ［第7版］〔92〕）と同じである。

● 収賄罪の共同正犯は別途検討が必要であることに気付くことができている。

● 収賄罪について，要件を漏れなく認定できている。各要件の意義を述べた上で，本問の事案に即した当てはめができればさらに丁寧な論述になったと思われるが，紙面・時間上の制約や他の問題点に置くべきウェートとの費用対効果を考えると，丙の罪責については，本答案の論述で必要十分と考えられる。

よって，請託収賄罪が成立する。

第4　丁の罪責

1　丙の請託収賄罪につき，丁に共同正犯が成立しないか検討する。

　　前述同様の基準にあてはめると，まず，丁は，丙が５０万円を受け取る経緯を説明したうえで丙の代わりに受け取ってくれと依頼し，丁はこれを了承しているから，共謀が成立している（①）。そして，丁は共謀通りに実行している（③）。

　　では，正犯意思が認められるか検討するに，丁は受け取った金銭を封筒のまま甲に渡していることから，犯罪から独自の利益を受ける意思を有していなかったと推認できる。また，丁はたまたま丙が不在であったために受け取ったにすぎず，別の日に直接丙に渡してもよかったのであるから，丁の受領は不可欠なものとはいえず，丙の指示通りに機械的にこなしたに過ぎない。したがって，自己の犯罪としてする意思を有しているとはいえず，正犯意思は認められない（②不充足）。

2　もっとも，丁が丙に代わって受領し，そのまま丁が丙に渡すことで，請託収賄罪の完成を容易にしているといえ，「幇助」（６２条１項）にあたる。そして，丁は「公務員」の身分を欠くが，６５条１項の適用により，請託収賄罪の幇助犯の成立を認めることができる。

　　よって，請託収賄罪の幇助犯が成立する。

以　上

● 丁の罪責を検討する上で特に問題となる要件（共謀共同正犯の要件である正犯意思）を厚く検討できている。具体的な事実を摘示し，適切な評価を加えた，メリハリのついた当てはめとなっている。

● 丁の正犯意思を否定した場合には，次に受託収賄罪の幇助犯の成否が問題となることを飛ばさず，簡潔かつ適切に論じている。また，丁は「公務員」ではないことも指摘できている。

※　実際の答案は４頁以内におさまっています。

▶ MEMO ───────────────────

第1　甲の罪責

1　横領罪

(1)　甲が賄賂の目的で手提げ金庫から５０万円を取り出した行為につき，業務上横領罪（刑法（以下省略）２５３条）が成立しないか。

(2)　まず，甲はA社の総務部長としてその金銭を手提げ金庫に入れて管理しているから，「業務上」「占有する」といえる。

● 「業務」の意義を述べなければ当てはめとして不十分である。

(3)　次に，手提げ金庫内の金銭が「他人の物」にあたるか，民法上は金銭の所有と占有が一致するとされていることから，金銭の他人性が問題となる。

思うに，動的安全を重視する民法上は金銭の所有と占有が一致するとされていても，静的安全を重視する刑法上も同一に解する必要はないから，自己の占有する金銭も「他人の物」にあたり得ると解する。

本件では，甲の手提げ金庫内の金銭はA社の物であるといえるから，「他人の物」にあたる。

● 本問において，金銭は会社の金庫内にある以上，会社の物，すなわち「他人の物」に当たるのは当然である。この点，金銭の所有と占有の一致との関係で「他人の物」に当たるかが争われた判例（最判昭26.5.25／百選Ⅱ［第7版］〔63〕）は，被告人に金銭が寄託されていたという事案であり，本問と異なる。したがって，論点として検討する必要はない。

(4)　横領罪が委託信任関係を破壊して行われる領得罪であることから，「横領」とは，委託の趣旨に違背し，不法領得の意思を実現する行為をいうと解される。

本件では，甲は用度品を購入する場合に限って手提げ金庫から現金を支出することが認められていたから，これに反して５０万円を取り出した行為は，「横領」にあたる。

● 「横領」とは，不法領得の意思を実現する一切の行為であり，ここにいう「不法領得の意思」とは，他人の物の占有者が委託の任務に背いて，その物につき権限がないのに所有者でなければできないような処分をする意思をいう。

(5)　なお，甲の行為は背任罪（２４７条）にもあたりうるが，横領罪が①財物の②領得罪であるため背任罪より重罰に値することから，両者の区別もかかる観点から行うべきである。

本件では，５０万円の現金という①財物が客体であり，これを共犯者である乙の利益のために支出しているから，実質的には自己が②領得したと評価できるため，横領罪に問うべきである。

(6)　よって，業務上横領罪が成立する。

2　贈賄罪

(1)　甲が５０万円という「賄賂」を丙に対して「申込み」，丁を通じてこれを丙に「供与」した行為につき，贈賄罪（１９８条）が成立しないか。

(2)　後述のように，丙には収賄罪が成立する。

(3)　もっとも，甲は専ら乙を助けることを目的としているから，正犯意思がなく，幇助犯（６１条１項）にとどまる。

(4)　よって，贈賄罪の幇助犯が成立する。

● 横領罪と背任罪の区別は，横領罪の成否の検討に入る前に行わなければ実益がない。また，横領罪と背任罪の区別については，出題趣旨で特に言及されておらず，あえて論述する必要はない。

● 本問において，甲は実行行為に及んでいる以上，正犯となる。そのため，本問において，甲を贈賄罪の幇助犯（62Ⅰ）とする余地はない。

3　以上から，甲には①業務上横領罪と②贈賄罪の幇助犯が成立し，後述のように①は単純横領罪の範囲で乙との共同正犯となる。そして，①と②は併合罪（４５条前段）となる。

第2　乙の罪責

1　横領罪

(1)　乙が甲の業務上横領に関与したことにつき，横領罪の共同正犯（６０条）が成立しないか。

(2) 乙は自ら横領行為を行っていないから，共謀共同正犯が問題となる。

　　思うに，共同正犯の一部実行全部責任の根拠が相互利用補充関係にあることから，①意思連絡，②正犯意思，③重大な寄与，④共謀に基づく実行行為があれば共謀共同正犯が成立すると解する。

　　甲乙間には①意思連絡があり，乙は自らの降格を防ぐために関与しているから②正犯意思もあり，自ら甲に横領行為を提案しているから③重大な寄与もある。そして，甲が④実行行為に出ているから，乙に横領罪の共謀共同正犯が成立し得る。

(3) もっとも，業務上横領罪は身分犯であるから，共犯と身分が問題となる。

　　まず，65条は，その文言から，1項が真正身分犯の成立と科刑を，2項が不真正身分犯の成立と科刑を定めたものであると解される。そして，非身分者も共同正犯者を通じて真正身分犯の法益を侵害することができるから，65条1項は共同正犯にも適用されると解する。

　　ここで，業務上横領罪は「業務」者という不真正身分と「占有」者という真正身分を必要とする二重の身分犯である。そのため，非業務者かつ非占有者が業務上横領罪に加功した場合には，占有者の身分につき65条1項が，業務者の身分につき同条2項が適用され，単純横領罪（252条1項）の共犯が成立すると解される。

(4) よって，単純横領罪の共同正犯が成立する。

2　贈賄罪

(1) 乙は，自ら贈賄行為を行っていない。しかし，他人を道具のように利用して犯罪を実現した場合には，利用行為を法益侵害結果発生の現実的危険性が認められる実行行為と評価できるから，間接正犯が成立し得る。

　　乙は，自己に恩義を感じている甲を，そのことを認識しながら利用しているから，甲を道具のように利用して贈賄の結果を遂げたといえる。

(2) よって，贈賄罪の間接正犯が成立する。

3　以上から，乙には①単純横領罪の共同正犯と②贈賄罪の間接正犯が成立し，両者は併合罪となる。

第3　丙及び丁の罪責

1　丙及び丁に収賄罪（197条以下）が成立しないか。

2　丙はB市職員であるから「公務員」にあたり，50万円の金銭は「賄賂」にあたる。

　　また，公共事業の受注業者を選定し，B市として契約を締結する職務は，丙の具体的職務権限内であるから，「職務に関し」といえる。

　　さらに，甲の「請託を受け」ているから，受託収賄罪（197条1項後段）が成立し得るが，「不正な行為をし」てはいな

● 共謀共同正犯の要件について，正犯意思（②）と重大な寄与（③）は，ともに共謀共同正犯と幇助犯を区別する役割を果たす概念という意味で共通するから，「正犯性」又は「正犯意思」の要件のみを定立し，これとは別に「重大な寄与」という要件を定立しなくても問題はない。

● 共犯と身分については，問題点を漏れなく指摘した上で，正確な処理を行うことができている。

● 判例（最判昭32.11.19／百選Ⅰ［第7版］〔92〕）と同じ立場に立っている。

● 他人を道具として利用したといえるためには，被利用者が規範的にみて利用者の犯罪実現の障害とならない場合でなければならない。例えば，被利用者が意思能力を欠いている場合，故意を欠く場合などが挙げられるが，本問のように被利用者が利用者に恩義を感じているだけでは，到底これに当たらない。また，本答案は，正犯であるはずの甲に幇助犯が成立するとしており，論理的に矛盾している。

● 「賄賂」とは，職務に関連した不正の利益であるから，「50万円の金銭」というように単に金額を摘示するだけでは，「賄賂」の構成要件該当性を基礎付ける事実の摘示として不十分である。

いから，加重収賄罪（197条の3第1項）は成立しない。
　　　そして，丙は甲との間で賄賂の収受を「約束」している。
3　もっとも，現実に賄賂を「収受」したのは「公務員」でない
　丁であるから，丙と丁に共同正犯が成立するかが問題となる。
　　　まず，丁と丙の間には①意思連絡がある。また，丁は丙の妻
　であり，家計を共通にしていると考えられるから，現金の収受
　につき，両者に②正犯意思がある。丁は現実に受け取っている
　から，③重大な寄与があり，丙はこれを受け取ることを丁に指
　示しているから，③重大な寄与がある。そして，かかる共謀に
　基づき，丁がこれを④収受している。
　　　また，丙は甲からそれまでの経緯を聞いているため，賄賂の
　認識があり，故意に欠けるところもない。
　　　さらに，賄賂罪は真正身分犯であり，65条1項は共同正犯
　にも適用されることから，丙及び丁に受託収賄罪の共同正犯が
　成立し得る。
4　なお，丙・丁は贈賄罪の正犯者を乙ではなく甲だと認識して
　いたものと考えられるが，事実と認識が構成要件の範囲内で符
　合していれば，故意責任の本質である反規範的人格態度に対す
　る道義的非難に値するため，かかる具体的事実の錯誤は故意を
　阻却せず，犯罪の成立に影響しないと解される。
5　よって，丙及び丁に受託収賄罪の共同正犯が成立する。
　　　　　　　　　　　　　　　　　　　　　　　　　　以　上

※　実際の答案は4頁以内におさまっています。

● 「請託を受ける」とは，贈賄者か
ら特定の事実に関して依頼を受けて
承諾することをいうところ，本答案
はこれに該当する具体的事実を全く
摘示しておらず，事実の摘示が不十
分である。

● 本答案は，「丙と丁に共同正犯が
成立するか」という問題提起のもと，
丙と丁の罪責を一緒に検討している
が，罪責は人ごとに分けて論ずべき
である。特に，丁に受託収賄罪の共
同正犯が成立するかどうかを論じる
際に，丙の罪責も併せて論じると，
極めて論旨が不明瞭になる。

● 乙に贈賄罪の間接正犯が成立する
という前提自体失当であるため，こ
の部分の論述も不適切である。

▶ MEMO

第1　甲が丙に公共工事の受注を依頼し用度品購入金５０万円を交付した行為

1　上記行為について、贈賄罪及び業務上横領罪の成否を検討する。

2　まず、贈賄罪については、後述するように丙において受託収賄罪が成立し、甲はその「賄賂を供与し」たのであるから、贈賄罪が成立する。乙という第三者のためにする目的であっても、賄賂罪の、公務の中立性とそれへの国民の信頼保護からは、なお可罰的である。

3(1)　次に、業務上横領罪について、甲は、総務部長という反復継続する社会生活上の地位としての「業務」に基づいて本件用度品購入用現金を管理しており、「自己の占有」がある。また、金銭では民事上所有と占有が一致することから「他人の」といえるかが問題となるも、使途が定められていれば刑法上独立の保護に値するから、この場合でも他人物性を肯定してよい。

(2)　では、「横領」、すなわち、正当な権利者でなければできないような振る舞いがあるといえるか。これについて、当該現金は用度品の購入に使途が限定されており、当該現金を賄賂に供することは、この使途を逸脱するものであるから、「横領」があるといえる。加えて、不法領得の意思についても、第三者のためにする場合でも可罰的だから、

欠けるところはない。よって、業務上横領罪が成立する。

4　上記二罪は、社会通念上「一つの行為」によって二つの法益が侵害されているところ、包括一罪となる。

第2　乙の罪責

1　乙は、甲に積極的に働きかけ、甲の上記犯罪実行を促している。そこで、乙において、甲の上記犯罪との関係で、共謀共同正犯又は教唆犯が成立しないか。まず、共謀共同正犯を検討する。

2(1)　共謀共同正犯の議論は、犯罪実行がないとしても、①他者と共謀をなし、②自己の犯罪として重要な関与をしていれば、他者を介して犯罪を成立させたものとして処罰を許容するものである。そこで、以下各要件を検討する。

(2)　まず、①共謀の有無について、相互に利用補充しあって犯罪を遂行する意思連絡があったか、問題となる。本件では、甲乙は先輩後輩の関係にあり、恩義を感じる関係にはあったものの、一方が他方を支配するような関係にはなく、上記意思を肯定できる。そして、これに基づく一部実行もある。

(3)　次に、②正犯性については、犯罪の成果を享受したか、関与の内容・態様を考慮して総合的に判断すべきである。本件では、乙は直接の実行はない。しかし、丙への依頼の内容・実行の方法などを詳細に甲に教示している。また、

- 　矛盾する論述をしないよう注意する観点から、項目立ては、「第1　○○した行為」「第2　△△した行為」という形式で一貫するか、「第1　甲の罪責」「第2　乙の罪責」という形式で一貫すべきである。

- 　条文の摘示は習慣化する必要がある。また、贈賄罪は目的犯ではないので、賄賂を供与する行為について故意があれば、誰のためであっても贈賄罪は成立する。

- 　再現答案②と比較すれば、金銭と「他人の物」に関する論述は、この程度の分量であればバランスを失するものとはいえない。

- 　「横領」の定義は、正確に論じた方が良い。

- 　本問の事案における業務上横領罪を構成する行為と贈賄罪を構成する行為は別々の行為であって、「一つの行為」とはいえない。

- 　共謀共同正犯の要件としては、「共謀に基づく実行行為」が必要であるが、本答案はこの要件を提示しておらず、不適切である。

- 　本答案が①共謀の有無の問題として検討している具体的事実は、いずれも本答案でいう「②自己の犯罪として重要な関与」に関する事情であり、不適切である。

- 　「②自己の犯罪として重要な関与」の要件が「②正犯性」の要件に変化している。両者は実質的には同じ意味であるとしても、自己の定立した

乙は，当該契約の成就によって降格を免れているという利益を享受している。そうすると，乙の本件犯罪の関与の程度は大きく，正犯性を肯定できる。
(4) よって，乙においても，甲同様，横領罪と贈賄罪が成立する。もっとも，業務上横領罪は占有においては構成的，業務においては加重的な身分犯であるところ，共犯は，横領罪と贈賄罪の限度となる。
第3 丙の罪責
　「公務員」である丙は，公共工事の事業者選定という「職務に関し」，甲からの「請託を受けて」，A社選定を「約束を」するとともに，これと対価性のある，５０万円という「賄賂を収受」した。この点で，受託収賄罪が成立する。なお，この後の選定・契約の内容が法令や内規上問題ない点で，加重収賄は成立しない。
第4 丁の罪責
1 丁が丙に代わり金銭を受け取った行為について，丁の受託収賄罪との関係で共犯が成立しないか。まず，収賄罪は主体を「公務員」と規定するところ，同罪は非公務員でも成立するか，問題となる。この問題については，賄賂罪の保護法益は公務の中立性及びそれへの国民の信頼であり，かかる法益に対しては，非公務員でも公務員を介して，侵害可能である。よって，収賄罪は非公務員においても成立しうる。

2(1) 共犯の成立を肯認しうるとして，では，幇助犯と共同正犯のいずれが成立するか。以下，まず共同正犯の成否を検討する。
(2) 共同正犯についても，第2で示した①共謀，②正犯性が要件として妥当する。まず，①共謀について，丁は甲から従前の経緯の説明をうけ，また丙から「私の代わりにもらっておいてくれ」と告げられており，丁の収賄について認識しつつ，これを補助し犯罪を遂行する意思を丁との間で形成していたといえる。他方，②正犯性については，金銭の受け取りを代わりに行ったにすぎず，例えば後日甲が丙に直接渡すこともありえたのであるから，担った役割としては重要ではなく，成果の享受も，夫婦別産制のもとでは反射的なものに止まるといえる。よって，②に欠け，本件の丁の関与は幇助に止まるものというべきである。
第5 罪数
　以上より，甲においては，業務上横領罪・贈賄罪が成立し，これらは包括一罪となる。またこれと共謀共同正犯の関係に立つ乙においては，横領罪・贈賄罪が成立し，包括一罪となる。丙に受託収賄罪，丁に同罪の幇助犯が成立する。
以　上

要件を理由もなく変更するのは不適切である。

● 横領罪と贈賄罪は別個の犯罪であるため，再現答案①のように，贈賄罪の共謀共同正犯の成否についても検討する必要がある。

● 収賄罪の検討が要件と事実の羅列に終始している。費用対効果を考慮したとしても，本答案のような論述では相当低い評価になると思われる。少なくとも，構成要件に該当する事実の摘示とその評価は必須であると考えられる。

● 収賄罪は「非公務員でも成立するか」という問題は，収賄罪の構成要件の解釈上の問題としてではなく，非身分者も65条１項の「共犯」としての罪責を負い得るかという共犯論の問題として論じなければならない。本答案のように，構成要件の解釈上の問題として論じた上，非公務員も「公務員」という構成要件に含まれるとすると，これは類推解釈の禁止原則に抵触し，許されない。

● 本問の事案における具体的な事実を摘示しつつ検討しており，適切な論述といえる。

● 共同正犯を否定した後に幇助犯を検討している点は良いが，甲の具体的な幇助行為や因果性の有無についての検討がないのは不適切である。共同正犯が成立しないから幇助犯が成立する，という単純な論理は成立しない。

平成28年

問題文

[刑 法]

以下の事例に基づき，甲及び乙の罪責について論じなさい（特別法違反の点を除く。）。

1　甲（４０歳，男性）と乙（３５歳，男性）は，数年来の遊び仲間で，働かずに遊んで暮らしていた。甲は，住宅街にある甲所有の２階建て木造一軒家（以下「甲宅」という。）で一人で暮らしており，乙も，甲がそのような甲宅に一人で住んでいることを承知していた。乙は，住宅街にある乙所有の２階建て木造一軒家（以下「乙宅」という。）で内妻Ａと二人で暮らしており，甲も，乙がそのような乙宅にＡと二人で住んでいることを承知していた。甲宅と乙宅は，直線距離で約２キロメートル離れていた。

2　甲と乙は，某年８月下旬頃，働かずに遊びに使う金を手に入れたいと考え，その相談をした。そして，甲と乙は，同年９月１日に更に話合いをし，設定した時間に発火し，その火を周囲の物に燃え移らせる装置（以下「発火装置」という。）を製作し，これを使って甲宅と乙宅に放火した後，正当な請求と見せ掛けて，甲宅と乙宅にそれぞれ掛けてある火災保険の保険金の支払を請求して保険会社から保険金をだまし取り，これを折半することにした。その後，甲と乙は，二人でその製作作業をして，同月５日，同じ性能の発火装置２台（以下，それぞれ「Ｘ発火装置」，「Ｙ発火装置」という。）を完成させた上，甲宅と乙宅に放火する日を，Ａが旅行に出掛けて乙宅を留守にしている同月８日の夜に決めた。

3　Ａは，同日昼，旅行に出掛けて乙宅を留守にした。

4　甲と乙は，同日午後７時，二人で，甲宅内にＸ発火装置を運び込んで甲宅の１階の居間の木製の床板上に置き，同日午後９時に発火するように設定した。その時，甲宅の２階の部屋には，甲宅内に勝手に入り込んで寝ていた甲の知人Ｂがいたが，甲と乙は，Ｂが甲宅にいることには気付かなかった。

　　その後，甲と乙は，同日午後７時３０分，二人で，乙宅の敷地内にあって普段から物置として使用している乙所有の木造の小屋（以下「乙物置」という。）内にＹ発火装置を運び込んで，乙物置内の床に置かれていた，洋服が入った段ボール箱（いずれも乙所有）上に置き，同日午後９時３０分に発火するように設定した。なお，乙物置は，乙宅とは屋根付きの長さ約３メートルの木造の渡り廊下でつながっており，甲と乙は，そのような構造で乙宅と乙物置がつながっていることや，乙物置及び渡り廊下がいずれも木造であることを承知していた。

　　その後，甲と乙は，乙宅の敷地内から出て別れた。

5　甲宅の２階の部屋で寝ていたＢは，同日午後８時５０分に目を覚まし，甲宅の１階の居間に行ってテレビを見ていた。すると，Ｘ発火装置が，同日午後９時，設定したとおりに作動して発火した。Ｂは，その様子を見て驚き，すぐに甲宅から逃げ出した。その後，Ｘ発火装置から

出た火は，同装置そばの木製の床板に燃え移り，同床板が燃え始めたものの，その燃え移った火は，同床板の表面の約１０センチメートル四方まで燃え広がったところで自然に消えた。なお，甲と乙は，終始，Ｂが甲宅にいたことに気付かなかった。

6　Ｙ発火装置は，同日午後９時３０分，設定したとおりに作動して発火した。乙は，その時，乙宅の付近でうろついて様子をうかがっていたが，Ｙ発火装置の発火時間となって，「このままだと自分の家が燃えてしまうが，やはりＡには迷惑を掛けたくない。それに，その火が隣の家に燃え移ったら危ないし，近所にも迷惑を掛けたくない。こんなことはやめよう。」と考え，火を消すために乙物置内に入った。すると，Ｙ発火装置から出た火が同装置が置いてある前記段ボール箱に燃え移っていたので，乙は，乙物置内にある消火器を使って消火活動をし，同日午後９時３５分，その火を消し止めた。乙物置内で燃えたものは，Ｙ発火装置のほか，同段ボール箱の一部と同箱内の洋服の一部のみで，乙物置には，床，壁，天井等を含め火は燃え移らず，焦げた箇所もなかった。また，前記渡り廊下及び乙宅にも，火は燃え移らず，焦げた箇所もなかった。

7　その後，甲と乙は，甲宅と乙宅にそれぞれ掛けてある火災保険の保険金を手に入れることを諦め，保険会社に対する保険金の支払の請求をしなかった。

　本問は，数年来の遊び仲間である甲と乙が共謀して，各々の自宅建物に掛けてある火災保険金をだまし取ろうと考え，甲が一人で暮らす甲宅内と，乙が内妻Aと二人で暮らす乙宅（Aは旅行のため留守）と木造の渡り廊下で繋がっている物置内にそれぞれ発火装置を設置したところ，甲宅内に設置した発火装置から出た火はその床板を燃やしたところで消え（なお，同発火装置の設置及び発火の際，甲宅には甲の知人Bがいたが，甲及び乙はBの存在に全く気付かなかった），乙宅の物置内に設置した発火装置から出た火は，本件を後悔して物置に戻ってきた乙によって消し止められ，発火装置下の段ボール箱及び同箱内の衣服の一部を燃やしたにとどまったことから，甲と乙は火災保険金の請求を諦めたという事例を素材として，事実を的確に分析する能力を問うとともに，放火罪，抽象的事実の錯誤，中止犯の成否及びこれが成立する場合に共犯へ及ぼす影響等に関する基本的理解と事例への当てはめが論理的一貫性を保って行われているかを問うものである。

▶ MEMO

第1　Ｘ発火装置を甲宅の居間の床板上に置き，発火するよう設
　　定した行為について
1　甲と乙は，共同して放火の計画を立てて実行しているので，
　かかる行為につき共同正犯（刑法（以下，法令名略）６０条）
　としての罪責を負う。
2　上記の行為につき，現住建造物等放火罪（１０８条）が成立
　するか。まず，現住性が認められるか検討する。
⑴　「人が住居に使用し」とは，犯人以外の者が起臥寝食の場所
　として利用していることを指すところ，甲以外の者は甲宅を起
　臥寝食の場所として利用していない。したがって，「人が住居
　に使用し」ているとはいえない。
⑵　もっとも，甲宅に運び込まれたＸ発火装置が某年９月８日午
　後９時に発火したとき，甲の知人Ｂが甲宅の居間でテレビを見
　ていた。したがって，「現に人がいる建造物」に当たるから，
　客観的な現住性が認められる。
3　そして，Ｘ発火装置が作動して発火した時点で，結果発生の
　現実的危険性が認められるから，着手したといえる。
4　では，「焼損」という結果が発生したといえるか。
⑴　放火罪は，第一次的には不特定または多数人の生命・身体・
　財産の安全を保護法益とする公共の危険罪である。かかる観点
　から，「焼損」とは，火が媒介物を離れて，客体が独立に燃焼
　を継続し得る状態に達したことをいうと解する。

⑵　本問についてみる。Ｘ発火装置から出た火は，同装置そばの
　木製の床板に燃え移り，同床板が燃え始めたものの，燃え移っ
　た火は，同床板の表面の約１０センチメートル四方まで燃え広
　がったところで自然に消えた。火は独立して燃焼を継続し得る
　状態に達しているとはいえないから，結果は発生していない。
5⑴　以上より，甲と乙にはそれぞれ現住建造物等放火の未遂罪
　　（１０８条，１１２条）が成立するとも思える。しかし，甲
　と乙は，甲宅にＢが現在していたことを知らず，主観的には
　非現住建造物等放火罪の故意しか有していない。故意のない
　行為は罰せられない（３８条１項）から，現住建造物等放火
　の未遂罪は成立しない。
⑵　ここで，故意の本質は，規範の問題が与えられたのにあえ
　て犯罪を行う意思であり，規範の問題は構成要件該当事実の
　認識により与えられる。したがって，主観と客観が異なる構
　成要件にまたがる場合は，原則として故意犯が成立しない。
　しかし，現に生じた事実と，行為者の表象した事実の両者
　に，行為態様及び保護法益から重なり合いが認められれば，
　その限度で行為者は規範の問題を与えられたといえるから，
　その限度での故意犯の成立を認めるべきである。
　　本問についてみる。現住建造物等放火罪と非現住建造物等
　放火罪では，建造物等に放火するという行為態様及び不特定
　または多数人の生命・身体・財産という保護法益について共

● 本問において，甲乙間に共同正犯
が成立することは明らかであるか
ら，本答案のような簡潔な指摘でも
良い。

● 現住性の要件について，正確に意
義を提示し，端的に検討できている。

● 本問では，Ｂの存在を甲らが認識
していなかったため，抽象的事実の
錯誤の問題が生じるが，本答案はこ
の点の処理に関して，まず全ての構
成要件該当性を客観的に検討し，そ
の後，主観面の検討を行っており，
適切である。

● 独立燃焼説を採用する学説の多く
は，「焼損した」といえるためには，
独立燃焼開始後，ある程度の燃焼継
続可能性が生じることが必要である
とする。その理由としては，公共の
危険は，燃焼がある程度継続するこ
とによって生じること等が挙げられ
ている。本答案は，独立燃焼説を採
りつつ，「自然に消えた」点に言及
して放火罪の既遂を否定しており，
深い理解が示されている。

● 故意責任の本質から原則論を導い
た上で，例外的に故意犯の成立を認
めるための規範を正しく定立し，具
体的に当てはめを行っている点で，
的確な論理展開であるといえる。

通する。したがって，甲と乙には，非現住建造物等放火の未遂罪（１０９条２項，１１２条）が成立する。

第２　Ｙ発火装置を乙物置内の段ボール箱上に置き，発火するよう設定した行為について

1　第1と同様に，甲と乙は共同正犯として罪責を負う。

2　かかる行為につき，現住建造物等放火罪（１０８条）が成立するか。まず，乙物置の現住性について検討する。

(1)　乙は，乙宅にAと二人で住んでいるのだから，犯人以外の者が起臥寝食の場所として利用しているといえ，「住居に使用し」ているといえる。ここで，犯行当時にAが旅行に出かけて乙宅を留守にしていたことが問題となるが，かかる事情は結論に影響しない。なぜなら，Aが不在であっても，Aの財産権はなお侵害されうるからである。

(2)　しかし，Ｙ発火装置が設置されたのは乙宅の敷地内にある乙物置である。乙物置単独では現住性が認められないが，乙宅と乙物置の一体性をいかに解すべきか。

　１０８条が特に重く処罰されるのは，現住建造物への放火が類型的に，不特定または多数の生命・身体・財産に対する重大な危険を持つからである。したがって，かかる類型的危険があるかという観点から，延焼可能性のある物理的一体性と，機能的一体性の二つの観点から，一個の建造物と認められるかを判断すべきであると解する。

　本問についてみる。乙宅と乙物置は，木造の渡り廊下でつながっており，その廊下は長さ約３メートルしかないのであるから，延焼可能性のある物理的一体性が認められる。したがって，乙宅と乙物置の現住性は一体的に判断すべきであり，乙物置の現住性が認められる。

3　Ｙ発火装置が設定どおりに作動した時点で，犯行の着手が認められる。

4　もっとも，火は段ボール箱に燃え移った段階で消火されたので，いまだ放火の客体である乙物置が独立して燃焼を継続し得る状態に達したとはいえない。したがって，結果は発生しておらず，両者には現住建造物等放火の未遂罪（１０８条，１１２条）が成立するにとどまる。

5　ここで，乙が消火活動を行っているが，乙は中止犯（４３条但書）として刑が減免されないか。

(1)　中止犯の刑の減免の根拠は，責任が事後的に減少する点に求められる。したがって，「自己の意思により犯罪を中止した」とは，外部的事実の影響を受けずに主として自発的に，という意味に解すべきである。

(2)　本問についてみるに，乙物置への放火は未遂にとどまる。そして，乙は，すでにＹ発火装置が発火するよう設定されており，その発火を妨げる事情がないにもかかわらず，自発的に放火をやめることを決意し，消火活動を行っている。したがっ

●　本問では，甲宅には火災保険が掛けられているため，115条の適用により，「他人の物を焼損した」として，他人所有の非現住建造物等放火罪（109Ⅰ）の未遂罪が成立する。本答案は，この点を見落としている。なお，109条2項の罪に未遂罪はない（112参照）。

●　結論としては正しいが，現住建造物放火罪の加重根拠は，人の生命に対する危険を伴う点にあるから，「Aの財産権はなお侵害されうるから」との理由付けは不適切である。ここでは，判例（最決平9.10.21／百選Ⅱ［第7版］〔83〕）を意識して，「使用形態に変更はない」等と論じられると良かった。

●　本答案は，建造物の一体性の有無について，「延焼可能性のある物理的一体性と，機能的一体性の二つの観点から」判断すべきであるとの規範を定立する一方，当てはめでは機能的一体性の有無を検討していない点で，不適切である。もっとも，現住部分と非現住部分が物理的一体性を有し，かつ，非現住部分に放火することによって直ちに現住部分への延焼の危険が生じるような構造である場合には，建造物の一体性が肯定されることに異論はないと解されており，本問においても，機能的一体性を問題とするまでもなく，乙宅と乙物置との一体性を肯定できた事案といえる。そのため，「延焼可能性のある物理的一体性が認められる」とする本答案は，規範と当てはめが対応していない点を除けば，論述の内容自体にはさほど問題はないと思われる。

て，乙には中止犯が成立する。

(3) ここで，甲は乙と共同正犯の関係にあることから，甲についても刑の減免が認められるかが問題となるも，否定すべきである。なぜならば，責任が減少するか否かは個別的な判断によるべきであり，責任段階の事情は共犯者間で連帯しないと考えるからである。

第3　火災保険の保険金の支払を請求しようとしたことについて

正当な請求と見せかけて不当な保険金の支払を請求することは，詐欺罪（246条1項）に当たり得る行為である。もっとも，本問では，いまだ欺罔行為を行っていないから，結果発生の現実的危険性が生じておらず，詐欺の未遂罪（246条1項，250条）すら成立しない。

第4　罪数

1　甲には，非現住建造物等放火の未遂罪と現住建造物等放火の未遂罪が成立する。ここで，甲宅と乙宅は直線距離で約2キロメートル離れているのであるから，二つの放火行為により生じ得る公共の危険は別個のものであると解する。したがって，両者は併合罪（45条）となる。

2　乙には，非現住建造物等放火の未遂罪と現住建造物等放火の未遂罪が成立し，両者は併合罪となるが，後者については中止犯として刑の減免を受ける。

以　上

※　実際の答案は4頁以内におさまっています。

- 共犯者の1人に中止犯が成立する場合に他の共犯へ及ぼす影響について検討することができており，出題趣旨に合致している。

- 判例（大判昭7.6.15）と同じ結論であり，理由も述べられている点で，適切である。

- 非現住建造物等放火罪には，他人所有非現住建造物等放火罪（109Ⅰ）と自己所有非現住建造物等放火罪（同Ⅱ）があるため，そのいずれが成立するのかを明確にすべきである。なお，甲宅と乙宅の距離関係を考察して，本件各放火の罪が別個の公共の危険を害するとして併合罪が成立する旨論じている点は，適切である。

▶ MEMO ─────────────────────────

第1　甲宅への放火行為につき甲乙に現在建造物等放火罪の共同正
　　犯（108，60条）の成否
1　共犯の処罰根拠は，自己または他者の行為を介して結果発生に
　向けた因果を作出する点にある。そこで，共謀及びそれに基づく
　実行行為があれば，共同正犯が成立すると考える。

● 共犯の処罰根拠から，共同正犯の要件を正しく提示している点で，適切である。

2　甲と乙は，9月1日に，発火装置を作成し，これを使って甲宅
　と乙宅に放火した後，正当な請求と見せかけて，甲宅と乙宅に掛
　けてある火災保険の保険金を保険会社から詐取することを計画し
　ている。甲と乙は，このだまし取った保険金を折半することを約
　しており，双方とも自己の犯罪を実現する意思を有して，甲宅と
　乙宅に放火しようとしているから，特定の犯罪の共同遂行の合意
　及び正犯意思を有しているといえ，共謀がある。

● 共謀とは，犯罪の共同遂行に関する合意をいい，これは「正犯意思」と「意思の連絡」に分けられるのが一般的であり，本答案もこれに基づいて検討できているといえるが，やや表現の正確性に欠ける。なお，実行共同正犯における正犯意思については，再現答案③参照。

3　共謀に基づく実行行為
⑴　「現に人がいる建造物」とは，犯人以外の「人」が現在する建
　造物をいうところ，本件では甲宅2階には勝手に甲宅内に入り込
　んだBが居たことから，同要件を満たす。
　　「放火」とは，目的物ないし媒介物に対する点火行為をいうと
　ころ，甲乙は，甲宅1階の居間の木製の床板上にX発火装置を置
　き，9月8日午後9時に作動して発火しているから，媒介物であ
　るX発火装置に対する点火行為をしたといえ，同要件を満たす。
　　「焼損」とは，目的物が独立して燃焼するに至ったことをいう
　ところ，本件ではX発火装置そばの木製の床板に燃え移り，同床

● 本答案は，共同正犯の要件である「共謀に基づく実行行為」を検討する中で，甲乙が共同遂行した犯罪の構成要件該当性を検討するという論じ方をしている。もっとも，構成要件該当性は，実行行為のみを論ずるものではないから，「共謀に基づく実行行為」という表現が適切かどうかは疑問である。

板が燃え始め，結果，同床板の表面約10センチメートル四方ま
で燃え広がっていることから，甲宅が木造一軒家であることを踏
まえれば，即時に燃え広がり得る状況に至っており，独立して燃
焼するに至ったといえ，同要件を満たす。
　　以上より，現在建造物等放火罪の客観的構成要件を満たす。
⑵　構成要件的故意
　　もっとも，甲乙は甲が一人で暮らしている甲宅に火を放ったこ
　とから，自己所有非現住建造物（109条2項）の故意しか有して
　いないため，それより重い現在建造物等放火罪は成立しない
　（38条2項）。
　　そこで，自己所有非現住建造物等放火罪の成立を認めることが
　できないかを検討する。
　　構成要件とは，社会通念に従って類型化された違法有責行為類
　型であるところ，保護法益と行為態様から整理される。そこで，
　保護法益と行為態様が実質的に重なり合う限度において，重い罪
　の客観的構成要件該当性を満たす場合であっても，軽い罪の客観
　的構成要件該当性が認められると考える。
　　本問において，現在建造物等放火罪と自己所有非現住建造物等
　放火罪は，保護法益を不特定多数人の生命身体財産及び現在者の
　生命身体と，不特定多数人の生命身体財産とそれぞれ共通するの
　で保護法益の重なり合いが認められる。また，行為態様も目的物
　に対する放火という点で共通する。したがって，実質的に見て現

● 現在建造物放火罪（108）の構成要件要素（「現に人がいる」「放火」「焼損」）について，各構成要件の正確な意義を示した上で，それぞれ適切に当てはめをすることができており，放火罪における基本的理解と事例への当てはめを問う出題趣旨に合致する。

● 「実質的に重なり合う限度において」という規範を導くには，故意責任の本質から法定的符合説を論じなければならず，本答案は，この点を論じていないため，不適切である。もっとも，構成要件は「保護法益と行為態様から整理される」としている点は良く，具体的検討においても，保護法益と行為態様がいかなる意味で重

在建造物等放火の構成要件と自己所有非現住建造物等放火は重なり合うといえる。

したがって、甲乙の行為は、自己所有非現住建造物等放火罪の客観的構成要件該当性も満たす。

4 以上より、同行為につき自己所有非現住建造物等放火罪の共同正犯が成立する。

第2 乙宅への放火行為につき甲乙に現住建造物等放火罪の共同正犯（108、60条）の成否

1 甲乙は、上記の通り、甲宅と同様に乙宅への放火についても計画しており、共謀の要件を満たす。

2 現住建造物等放火罪の成否

(1) 「現に人が住居に使用し」ている「建造物」とは、犯人以外の「人」が日常生活に使用している建造物をいうところ、本件では、乙宅には乙のみならず内妻Aが生活しており、犯行がなされた8日の夜は、旅行に出かけて留守にしていたに過ぎないため、乙宅はAが日常生活に使用している建造物として、同要件を満たすようにも思える。

もっとも、甲乙は乙物置にY発火装置を設置して火を放とうとしたことから、現在部分への放火がないとも考えられるため、現在性の要件を満たすかを別途検討する。

108条の趣旨は、不特定多数人の生命身体財産のみならず、類型的に見て居住者の生命身体を害する可能性が高いことから、より重く処罰する点にある。そうだとすれば、現在性は、放火した場所との構造的物理的一体性のみならず、現在部分への類型的な延焼可能性から社会通念に従って判断する。

本問において、乙物置と乙宅は屋根付きの長さ3メートルの木造の渡り廊下で繋がっており、木造物でかつ屋根があるということは物理的一体性が認められ、また、社会通念上火の回りが早く、類型的に見て乙宅への延焼可能性はかなり高いといえる。

したがって、同要件を満たす。

(2) 「放火」について検討すると、甲乙は乙物置に発火装置を置き、9月8日午後9時30分に作動して発火していることから、媒介物であるY発火装置に対する点火行為をしたといえ、同要件を満たす。

「焼損」について検討すると、乙が消火器を使って消火活動をしたため、Y発火装置のほか、段ボール箱の一部と同箱内の洋服の一部しか燃えておらず、独立して燃焼するに至ったとはいえないから、同要件を満たさない。

以上より、甲乙の行為は、現住建造物等放火未遂罪（108、112条）の構成要件を満たす。

(3) 乙の中止犯（43条但書）の成否

「犯罪を中止した」とは、構成要件的結果発生に向けた因果を遮断することをいうところ、乙は消火器を用いて乙物置内の消火行為を行い、乙宅が独立して燃焼するに至るのを防いだため、同

● なり合うかについて適切に検討できており、抽象的事実の錯誤の基本的理解と事例への適切な当てはめがなされているといえ、出題趣旨に沿う。

● 本問では、甲宅には火災保険が掛けられているため、115条の適用により、他人所有の非現住建造物等放火罪（109Ⅰ）が成立する。

● 判例（最決平9.10.21／百選Ⅱ［第7版］〔83〕）は、現住性が失われたか否かは「使用形態の変更」があったか否かという観点から判断しているところ、本答案は、かかる観点から適切な当てはめがなされており、適切である。

● 本問では、乙宅ではなく、非現住部分である乙物置に放火されているが、乙物置は乙宅の敷地内にあって渡り廊下でつながっているから、乙物置も現住建造物に当たらないか、複合建造物の一体性が問題となる。本答案は、物理的一体性とそれに基づく延焼可能性を規範として定立し、適切に当てはめている。なお、本件のような複合建造物の一体性について、物理的一体性と機能的一体性を基準に判断する判例（最判平元.7.14／百選Ⅱ［第7版］〔82〕）があるところ、かかる判例の見解に従い、機能的観点（乙物置が乙宅と一体として日常的に物置として利用されていたこと）からの検討をしても良かった。

● 中止犯は、未遂犯が成立することを前提として、その刑を減免するか否かの問題であるから、体系上の理解を示すため、中止犯の成否の検討

要件を満たす。

　「自己の意思により」とは，外部的事情を踏まえて，やろうと思えばやれたにもかかわらず，あえて犯行を継続しなかったと客観的に評価できる場合をいうところ，乙は消火活動をせずそのままにしておけば，乙宅を燃焼させるに至らせることができ，また，Aや近所への迷惑を踏まえても，一般に犯行を継続することは可能であったと客観的に評価できるため，同要件を満たす。

　したがって，乙には中止犯が成立する。

　もっとも，中止犯の根拠は，自らの意思により犯行を中止したことによる責任減少にあるので，共犯者間で連帯せず，甲にはその適用がない。

3　以上より，甲乙は同行為につき，現住建造物等放火未遂罪の共同正犯の罪責を負い，乙には中止犯が成立する。

第3　甲乙が火災保険の保険金の支払を請求して保険会社から保険金を騙し取ることを企てた行為につき，詐欺未遂罪（２４６，２５０，６０条）の成否

1　甲乙は，甲宅・乙宅に火を放ち，それに基づいて保険会社に対して保険金の支払を請求するよう企てていることから，詐欺についての共謀がある。

2　もっとも，未遂犯（４３条）の処罰根拠は，構成要件的結果発生の現実的危険を惹起した点に求められるので，未遂犯が成立するためには，このような危険が現実に発生したことを要する。

　本問において，甲乙は，いまだ保険会社に対して火災保険の支払について請求手続を取るなどの一切の行為に及んでいないため，いまだ結果発生の現実的危険は生じていない。

3　したがって，同行為につき何ら犯罪は成立しない。

第4　罪責

　甲と乙は，現在建造物放火罪，及び現住建造物放火未遂罪の共同正犯としての罪責を負い，乙には後者につき中止犯が成立する。なお，放火罪は公共の安全を保護法益にする以上，別個の公共の危険が害された場合には包括一罪とはならない。

以　上

※　実際の答案は4頁以内におさまっています。

に入る前に未遂犯の成否を確定すべきである（構成要件該当性が認められるとするのみでは足りない）。また，解釈に争いがあるはずの中止犯の各成立要件について，中止犯の法的性質を述べることなく，その意義を論述するのは適切とはいえない。

● 　中止犯が成立する場合に共犯へ及ぼす影響についても適切に論じられており，出題趣旨に合致している。

● 　判例（大判昭7.6.15）によれば，火災保険金の詐欺目的で家屋に放火した事案において，家屋に放火した時点ではなく，失火を装って保険会社に支払の請求をした時点に詐欺罪の実行の着手を認めているところ，本答案は，同判決を意識した当てはめがなされている。

● 　罪数について，本件各放火の罪が別個の公共の危険を害することから，包括一罪とはならないことを論じている点は良いが，併合罪（45前段）となることまで示すことができると，なお良かった。

▶ MEMO

平成28年・予備

1　甲乙の共謀について

　　以下の検討の前提として，甲乙間の共謀について検討する。共謀は，正犯意思及び意思連絡からなる。後者について，発火装置を利用した甲乙宅への放火という行為の合意がなされており，肯定できる。前者も，保険金詐欺の成果である保険金を折半することを合意しており，また，甲乙ともに重要な役割を担う認識があるから，自己が犯罪を行う意思としての正犯意思を肯定できる。

　　以上より，甲乙間には，甲乙宅への放火行為についての共謀がなされている。これに基づく実行行為については，以下，格別に検討する。

2　甲宅への発火装置の設置について，現住建造物放火罪（108条）が成立しないか。

(1)　甲宅の現住性について

　　現住とは，現に人が起臥寝食に利用していることをいう。このとき，一時的に人が不在である場合でも，具体的な利用の可能性があれば，当該建物を利用する人の生命・身体への危険という保護法益が侵害されうるところ，かかる可能性がある場合を含む。

　　本件では，客観的にＢが現に所在していることから，現住性を肯定できる。

(2)　放火行為について

　　放火行為といえるためには，放火の対象物が独立に燃焼するに至っていることを要すると解する。本件では，発火装置の設置

後，設定時間に発火はしたものの，床板の周囲に燃え広がったにとどまり，独立して燃焼するに至っているとはいえない。よって，放火未遂に止まる。

(3)　構成要件的の故意について

　　甲宅は客観的には現住建造物であるが，甲乙はＢの存在には気づいておらず，主観的に非現住建造物である。そこで，かかる構成要件間にまたがる錯誤の場合の故意処罰が問題となる。

　　故意責任とは，規範の問題に直面しながら反対動機を形成したにもかかわらず，あえて行為に出たことに対する道義的非難である。そして，規範の問題は構成要件を通して与えられる。そこで，構成要件間にまたがる錯誤の場合でも，構成要件的に符合する限度で規範の問題は与えられるから，かかる限度で故意責任を肯定できる。

　　本件では，現住建造物・非現住建造物放火罪の間では，軽い非現住建造物放火の限度で両者は構成要件的な重なり合いが存するから，非現住建造物放火罪の限度で犯罪が成立する。

　　なお，甲宅は自己所有であるが，保険が設定されており，115条により109条1項が適用される。

(4)　以上，他人所有非現住建造物放火未遂罪が成立する。

3　乙宅への発火装置の設置について，現住建造物放火罪が成立しないか。

(1)　現住性について

● まずは，共同正犯の成立要件を明確に示してから，「甲乙の共謀について」の検討に入るべきである。

● 本問は実行共同正犯の事案であり，実行行為を行った者に正犯意思は通常認められるから，その旨を指摘すれば，正犯意思の有無についての検討は十分であると思われる。

● Ｂが甲宅に実際に居ることは，「現住性」の問題ではなく「現在性」（「現に人がいる」（108））の問題であり，区別して論じる必要がある。

● 本答案は，「放火」と「焼損」の意義を混同している点で不適切である。「放火」は実行の着手に関する要件であり，本答案のように未遂罪を成立させるためには，どの時点で実行の着手があったのかを特定する必要がある。また，本答案は，「床板の周囲に燃え広がった」としているが，事実摘示として不正確であり，正しくは，「床板の表面の約10センチメートル四方まで燃え広がったところで自然に消えた」という事実を摘示して，具体的に評価する必要があった。

● 「両者は構成要件的な重なり合いが存する」としているが，その具体的な規範を定立する必要がある（再現答案①参照）。なお，本答案は115条を摘示できており，この点は評価できる。

ア　乙宅は，Aが旅行に出かけてはいるものの，上述のように具体的な所在の可能性も含むから，客観的にみて現住建造物放火罪にあたる，とも思える。

イ　しかし，本件では，発火装置を設置したのは乙物置である。そこで，乙物置と乙建物を一体をなす現住建造物として処罰できるか，問題となる。

これについて，上述のとおり現住建造物放火罪の加重処罰は，人の生命・身体の保護を趣旨とする。かかる趣旨からすると，火が人に近づくかという構造的一体性，人が火に近づくかという機能的一体性という観点から一体性を検討するべきである。

本件では，乙物置は乙建物と屋根つきの木造渡り廊下でつながっており，延焼の可能性があるから，構造的一体性を肯定できる。また，乙建物は普段から利用されており，機能上の一体性も肯定できる。したがって，上記一体性を肯定できる。よって，客観的にみて，乙建物・乙物置についての現住性を肯定できる。主観的にも，物置としての利用を認識しているから，現住性を肯定できる。

(2)　未遂犯・中止犯

ア　Y発火装置は，設定通りに発火したが，乙の消火措置により鎮火し，物置が独立して燃焼するには至っていないところ，未遂が成立するにとどまる。

イ　では，かかる乙の消火措置について，中止犯が成立するか。

中止犯が量刑を減軽する趣旨は，既遂結果を惹起しうる状況にあったにもかかわらず，自らの意思により中止行為を行い，既遂結果を回避した者に対する政策的褒章である。そこで，①行為者の認識に与えた外部事情が，通常中止行為を行わせるものかという任意性と，②中止行為と既遂結果惹起の間の因果関係が要求される。

本件では，①外部事情が特段存在しない状況で乙は消火措置をとっているから，任意性を肯定できる。また，②燃え移る危険性のあった火を消し止め，独立燃焼状況（既遂結果）を回避しているから，因果関係も肯定できる。よって，乙の消火措置について，中止犯が成立する。

ウ　では，共同正犯である甲について，中止犯が成立するか。上記のとおり，中止犯の趣旨は，既遂結果惹起を回避した個人に対する褒章であるから，中止行為を行っていない者について褒章を与える理由はない。よって，中止行為を行っていない甲については，中止犯は成立しない。

4　罪数

甲宅について，①甲乙ともに，非現住建造物放火未遂罪，乙宅について，②甲乙ともに，現住建造物放火未遂罪が成立し，②については，乙には中止犯が成立するが，甲については成立しない。①と②は併合罪関係となる。

以　上

● 本答案は，建造物の一体性について，物理的一体性・機能的一体性の観点から考慮されており，適切である。この点，本答案は，物理的一体性について，単に屋根付き木造渡り廊下でつながっていることを理由に延焼可能性を認めているところ，廊下の長さが約3メートルであるという事実も摘示して評価できると，より説得力のある論述となった。なお，構造物の一体性については，再現答案①のコメント参照。

● 未遂犯が成立するというためには，未遂犯の処罰規定を示す必要がある。すなわち，現住建造物等放火罪の未遂罪の処罰規定である112条を摘示しなければならない。

● 本答案は，中止犯の法的性格について，政策説に立つことを明らかにした上で，任意性と因果関係を検討している点は良いが，「中止した」の要件についての具体的な検討がなく，不適切である。

● 本答案が採用している政策説から，共犯である甲について中止犯が成立しないことを的確に説明できており，適切である。

● 事例7記載の事実から，甲・乙に詐欺未遂罪（246Ⅰ，250）が成立するかどうかについても，簡潔に検討すべきである。

第1　甲の罪責
1　乙とともに甲宅内にX発火装置を置いた行為について，現在建造物放火罪の共同正犯（60条，108条）が成立しないか。
　(1)ア　まず，甲宅にはBという犯人及び共犯者以外の者がいたので，「人が現に存する……住居」にあたる。
　　　　そして，発火装置を置いた行為は，甲宅の燃焼を惹起させる行為といえ，「放火して」にあたる。
　　　　もっとも，同床板の表面約10センチメートル四方までしか燃え広がっておらず，甲宅の重要部分を喪失させるに至っていないため，「焼損」したといえるか。
　　　　この点，同罪は公共危険罪であるから，「焼損」とは広く，火が媒介物を離れて独立して燃焼を継続させるに足りる状態であることをいうと考える。
　　　　本件では，発火装置から離れて床板に独立して燃焼している以上，「焼損」したといえる。
　　イ　もっとも，甲はBが自宅にいることを認識しておらず，自己所有物としての認識しかなかったため，109条2項の故意（38条1項本文）しかない。また，乙もBが自宅にいることを認識しておらず，現住者かつ所有者である甲の同意があるので，自己所有物としての認識しかないから，109条2項の故意しかない。したがっ

て，38条2項によって，108条の罪は成立しない。
　(2)　もっとも，108条と109条2項は軽い109条2項の限度で形式的重なり合いがあるので，109条2項の客観的構成要件該当性が認められる。
　　　　したがって，自己所有非現住建造物放火罪の共同正犯が成立するのみである（60条，109条2項）。
2　乙と共に乙物置内にY発火装置を設置した行為について，現住建造物等放火罪の共同正犯が成立するか。
　(1)ア　犯人以外の者であるAが出掛けているため，乙宅に現在性はない。また，乙の同意があるため，現住性はなく自己所有物建造物にあたるとも思える。しかし，内縁の妻Aは旅行に行っているに過ぎず，住居としての使用形態に変更があるとはいえないので，なお現住性はある。そして，Aの同意がない以上，乙宅の現住性は失われない。したがって，乙宅は「現に人が住居に使用する」にあたる。
　　　　次に，「放火して」といえるか。Y発火装置は直接的には乙物置を燃やすにすぎないが，乙物置と乙宅は木造の渡り廊下でつながっており，乙物置から乙宅に火が燃え移る可能性があったことから，Y発火装置の設置は乙宅の燃焼を惹起させる行為といえる。よって，「放火して」にあたる。そして，実行の着手も認められる。

●　条文の文言は，正確に引用しなければならない。正しくは，「現に人がいる建造物」(108)である。また，本答案は，「発火装置を置いた行為は，甲宅の燃焼を惹起させる行為といえ」るとして，「放火」の要件を充たす旨論述しているが，その理由が明確に示されていない。

●　独立燃焼説に立った場合であっても，燃え移った火が「床板の表面の約10センチメートル四方まで燃え広がったところで自然に消えた」という事実をどう評価するかが問題となる（再現答案①参照）。

●　甲乙は，甲宅について火災保険が掛けてあることの認識があるから，115条が適用される。そのため，甲には他人所有の非現住建造物等放火罪（109Ⅰ）の故意が認められるといえ，「109条2項の故意しかない」とするのは誤りである。また，本答案は，抽象的事実の錯誤について，どのような立場に立つのかを明らかにしておらず，なぜ軽い109条2項の限度で犯罪が成立するのかが不明であり，不当である。

●　Aが旅行に行っている事実について，判例（最決平9.10.21／百選Ⅱ[第7版]〔83〕）の見解に立って論述できており，適切である。

●　本答案は，「放火」の要件の中で建造物の一体性を検討しているが，

　　　　もっとも，乙宅に火は燃え移らず，焦げた箇所もない
　　　ため，火が独立して燃焼を継続させる状態になったとは
　　　いえず，「焼損」したとはいえない。
　　　　よって，現住建造物放火未遂罪の共同正犯の客観的構
　　　成要件に該当する。
　　イ　また，甲は乙の同意を得ているものの，乙宅にAと二
　　　人で住んでいることを承知しており，Aの同意も得てい
　　　ないので，なお108条の故意が認められる。また，乙
　　　もAの同意がない以上，108条の故意が認められる。
　　ウ　よって，現住建造物放火未遂罪の共同正犯が成立する
　　　にとどまる（60条，112条，108条）。
　(2)　後述するように，乙には中止犯（43条但書）が成立す
　　　るが，かかる必要的減免の効果は，人的処罰阻却事由なの
　　　で，共犯者甲に及ばない。
３　1と2の罪は直線で2キロメートル離れており，同じ公共
　の危険を生じたとはいえないため，包括一罪ではなく併合罪
　（45条前段）となる。
第2　乙の罪責
１　甲とともにX発火装置を設置した行為について，前述の通
　り，自己所有非現住建造物放火罪の共同正犯が成立する。
２　甲とともにY発火装置を設置した行為について，現住建造
　物放火未遂罪の共同正犯が成立する。

　　　　もっとも，乙は消火活動をしているため，中止犯が成立
　し，必要的減免されないか。
　　　乙は，Aや近所に迷惑をかけたくないと任意に中止行為を
　行っており，「自己の意思により」といえる。また，自ら火
　を消し止めていることから，真摯な作為を行ったといえ，
　「中止した」といえる。よって，中止犯が成立する。
　　　以上より，上記罪が成立するが，必要的減免される。
３　1と2は，前述通り，併合罪となる。
　　　　　　　　　　　　　　　　　　　　　　　　以　上

建造物の一体性は客体に関する問題
（「現に人が住居に使用……建造物」）
であり，どの要件でどの問題を論じ
るべきなのか，論点の正しい理解が
できていない。また，建造物の一体
性を判断するための規範や，それを
導くための論理展開も欠如してお
り，低い評価とならざるを得ない。

● 中止犯が「人的処罰阻却事由」で
あるとする本答案の論述は，趣旨が
不明である上，そのように考えた理
由もなく，評価できない。中止犯の
必要的減免の根拠には，政策説，違
法減少説，責任減少説等があり，こ
れらの説に沿って論述するのが一般
的である。

● 本問は実行共同正犯の事例である
から，共同正犯が成立することにつ
いては，端的な論述で足りるものと
思われる。しかしながら，本答案の
ように，甲の罪責・乙の罪責，いず
れの箇所においても「共同正犯が成
立する」との論述しか存在せず，共
同正犯の成立要件すら論述しないの
は，さすがに不十分であると評価せ
ざるを得ない。

平成29年

［刑　法］

以下の事例に基づき，甲及び乙の罪責について論じなさい（特別法違反の点を除く。）。

1　甲（４０歳，男性）は，公務員ではない医師であり，Ａ私立大学附属病院（以下「Ａ病院」という。）の内科部長を務めていたところ，Ｖ（３５歳，女性）と交際していた。Ｖの心臓には特異な疾患があり，そのことについて，甲とＶは知っていたが，通常の診察では判明し得ないものであった。

2　甲は，Ｖの浪費癖に嫌気がさし，某年８月上旬頃から，Ｖに別れ話を持ち掛けていたが，Ｖから頑なに拒否されたため，Ｖを殺害するしかないと考えた。甲は，Ｖがワイン好きで，気に入ったワインであれば，２時間から３時間でワイン１本（７５０ミリリットルの瓶入り）を一人で飲み切ることを知っていたことから，劇薬を混入したワインをＶに飲ませてＶを殺害しようと考えた。

　　甲は，同月２２日，Ｖが飲みたがっていた高級ワイン１本（７５０ミリリットルの瓶入り）を購入し，同月２３日，甲の自宅において，同ワインの入った瓶に劇薬Ｘを注入し，同瓶を梱包した上，自宅近くのコンビニエンスストアからＶが一人で住むＶ宅宛てに宅配便で送った。劇薬Ｘの致死量（以下「致死量」とは，それ以上の量を体内に摂取すると，人の生命に危険を及ぼす量をいう。）は１０ミリリットルであるが，甲は，劇薬Ｘの致死量を４ミリリットルと勘違いしていたところ，Ｖを確実に殺害するため，８ミリリットルの劇薬Ｘを用意して同瓶に注入した。そのため，甲がＶ宅宛てに送ったワインに含まれていた劇薬Ｘの量は致死量に達していなかったが，心臓に特異な疾患があるＶが，その全量を数時間以内で摂取した場合，死亡する危険があった。なお，劇薬Ｘは，体内に摂取してから半日後に効果が現れ，ワインに混入してもワインの味や臭いに変化を生じさせないものであった。

　　同月２５日，宅配業者が同瓶を持ってＶ宅前まで行ったが，Ｖ宅が留守であったため，Ｖ宅の郵便受けに不在連絡票を残して同瓶を持ち帰ったところ，Ｖは，同連絡票に気付かず，同瓶を受け取ることはなかった。

3　同月２６日午後１時，Ｖが熱中症の症状を訴えてＡ病院を訪れた。公務員ではない医師であり，Ａ病院の内科に勤務する乙（３０歳，男性）は，Ｖを診察し，熱中症と診断した。乙からＶの治療方針について相談を受けた甲は，Ｖが生きていることを知り，Ｖに劇薬Ｙを注射してＶを殺害しようと考えた。甲は，劇薬Ｙの致死量が６ミリリットルであること，Ｖの心臓には特異な疾患があるため，Ｖに致死量の半分に相当する３ミリリットルの劇薬ＹをＶに注射すれば，Ｖが死亡する危険があることを知っていたが，Ｖを確実に殺害するため，６ミリリットルの劇薬ＹをＶに注射しようと考えた。そして，甲は，乙のＡ病院への就職を世話したことがあり，乙が甲に恩義を感

じていることを知っていたことから，乙であれば，甲の指示に忠実に従うと思い，乙に対し，劇薬Ｙを熱中症の治療に効果のあるＢ薬と偽って渡し，Ｖに注射させようと考えた。

　甲は，同日午後１時３０分，乙に対し，「ＶにＢ薬を６ミリリットル注射してください。私はこれから出掛けるので，後は任せます。」と指示し，６ミリリットルの劇薬Ｙを入れた容器を渡した。乙は，甲に「分かりました。」と答えた。乙は，甲が出掛けた後，甲から渡された容器を見て，同容器に薬剤名の記載がないことに気付いたが，甲の指示に従い，同容器の中身を確認せずにＶに注射することにした。

　乙は，同日午後１時４０分，Ａ病院において，甲から渡された容器内の劇薬ＹをＶの左腕に注射したが，Ｖが痛がったため，３ミリリットルを注射したところで注射をやめた。乙がＶに注射した劇薬Ｙの量は，それだけでは致死量に達していなかったが，Ｖは，心臓に特異な疾患があったため，劇薬Ｙの影響により心臓発作を起こし，同日午後１時４５分，急性心不全により死亡した。乙は，Ｖの心臓に特異な疾患があることを知らず，内科部長である甲の指示に従って熱中症の治療に効果のあるＢ薬と信じて注射したものの，甲から渡された容器に薬剤名の記載がないことに気付いたにもかかわらず，その中身を確認しないままＶに劇薬Ｙを注射した点において，Ｖの死の結果について刑事上の過失があった。

4　乙は，Ａ病院において，Ｖの死亡を確認し，その後の検査の結果，Ｖに劇薬Ｙを注射したことが原因でＶが心臓発作を起こして急性心不全により死亡したことが分かったことから，Ｖの死亡について，Ｖに対する劇薬Ｙの注射を乙に指示した甲にまで刑事責任の追及がなされると考えた。乙は，Ａ病院への就職の際，甲の世話になっていたことから，Ｖに注射した自分はともかく，甲には刑事責任が及ばないようにしたいと思い，専ら甲のために，Ｖの親族らがＶの死亡届に添付してＣ市役所に提出する必要があるＶの死亡診断書に虚偽の死因を記載しようと考えた。

　乙は，同月２７日午後１時，Ａ病院において，死亡診断書用紙に，Ｖが熱中症に基づく多臓器不全により死亡した旨の虚偽の死因を記載し，乙の署名押印をしてＶの死亡診断書を作成し，同日，同死亡診断書をＶの母親Ｄに渡した。Ｄは，同月２８日，同死亡診断書記載の死因が虚偽であることを知らずに，同死亡診断書をＶの死亡届に添付してＣ市役所に提出した。

　本問は，(1)医師甲が，劇薬Xを混入したワインをVに飲ませてVを殺害しようと考え，劇薬Xをワインの入った瓶に注入し，同瓶をV宅宛に宅配便で送ったが，V宅が留守であったため，Vが同瓶を受け取ることはなかったこと（Vの心臓には特異な疾患があり，そのことを甲は知っていた。また，劇薬Xの致死量は１０ミリリットルであり，甲は致死量を４ミリリットルと勘違いしていたところ，Vを確実に殺害するため，８ミリリットルの劇薬Xを同瓶に注入したが，Vがその全量を摂取した場合，死亡する危険があった。），(2)甲が，Vに劇薬Yを注射してVを殺害しようと考え，医師乙に６ミリリットルの劇薬Yを渡してVに注射させたところ，Vが痛がったため，３ミリリットルを注射したところで注射をやめたが，Vは劇薬Yの影響により心臓発作を起こし，急性心不全により死亡したこと（乙は，甲から渡された容器に薬剤名の記載がないことに気付いたが，その中身を確認せずにVに劇薬Yを注射した。また，甲は，劇薬Yの致死量が６ミリリットルであること，心臓に特異な疾患があるVに３ミリリットルの劇薬Yを注射すれば，Vが死亡する危険があることを知っていたが，乙は，Vの心臓に特異な疾患があることを知らなかった。），(3)公務員ではない医師乙が，専ら甲のために虚偽の死因を記載したVの死亡診断書を作成し，Vの母親Dを介して，同死亡診断書をC市役所に提出したことを内容とする事例について，甲及び乙の罪責に関する論述を求めるものである。

　甲の罪責については，殺人未遂罪又は殺人予備罪，殺人罪の成否を，乙の罪責については，業務上過失致死罪，虚偽診断書作成罪及び同行使罪，証拠隠滅罪，犯人隠避罪の成否を検討する必要があるところ，事実を的確に分析するとともに，各罪の構成要件，離隔犯における実行の着手時期，未遂犯と不能犯の区別又は予備行為の危険性，間接正犯の成否，因果関係の有無等に関する基本的理解と事例への当てはめが論理的一貫性を保って行われていることが求められる。

MEMO

第1　乙の罪責
1　VにYを注射した行為に，業務上過失致死罪（刑法（以下法名省略）２１１条）が成立しないか。
　⑴　乙はA病院の内科に勤務する医者であり，社会生活上の地位に基づき反復継続して人の生命に危険を生じさせる仕事に従事しているから，上記行為は「業務」上なされたといえる。
　⑵　中身を確認しないまま注射をした点で，刑事上の過失があるとされているから，「必要な注意を怠っ」ている。
　⑶　そして，「よって」Vを「死」亡させている。
　⑷　したがって，同罪が成立する。
2　死亡診断書用紙に虚偽の死因を記載し，Dに渡した行為に，虚偽診断書作成罪及び同行使罪（１６０条，１６１条）が成立しないか。
　⑴　乙は「医師」にあたる。
　⑵　上記用紙は，C市役所という「公務所」に「提出すべき……死亡証書」にあたる。
　⑶　実際はYの注射により死亡したにもかかわらず，熱中症に基づく多臓器不全で死亡したと「虚偽の記載」をしている。
　⑷　そして，Dの認識しうる状態に置き「行使」している。
　⑸　したがって，両罪が成立する。
3　後述のように「罰金以上の刑に当たる罪」である殺人罪を

● 業務上過失致死罪の成否について，各構成要件ごとに，端的に当てはめがなされており，出題趣旨に合致する論述といえる。

● 「因果関係の有無」の検討がなされていない。

● 虚偽診断書作成罪及び同行使罪の成否についても，端的に構成要件該当性を認定できている。もっとも，同行使罪の「行使」とは，虚偽診断書を公務所に提出する行為をいうところ，本問において，実際に公務所に提出したのは乙ではなくDであるから，間接正犯の成否も問題となり得る。

「犯した者」である甲を，官憲の発見から免れさせようとして「隠避させ」た行為につき，犯人隠避罪（１０３条）が成立する。
4　甲という「他人」の「刑事事件に関する証拠」となる上記診断書を無形「偽造」した行為に，証拠偽造罪（１０４条）が成立する。
5　以上より，(a)業務上過失致死罪，(b)虚偽診断書作成罪，(c)虚偽診断書行使罪，(d)犯人隠避罪，(e)証拠偽造罪が成立する。(b)と(c)は罪質上罪例「手段」と目的の関係にあるので牽連犯（５４条１項後段）となり，(b)と(d)と(e)は社会通念上「一個の行為」であるから観念上競合（同項前段）となって，これらと(a)は併合罪（４５条前段）となる。
第2　甲の罪責
1　劇薬Xを注入したワインをV宅宛てに宅配便で送った行為に，殺人未遂罪（２０３条・１９９条）が成立しないか。
　⑴　未遂犯の処罰根拠は，法益侵害惹起の現実的危険性を生じさせた点にある。そして，刑法の一般予防の観点から，かかる危険性の有無は，一般人を基準に，一般人が認識しうる事情及び行為者が特に認識していた事情を基礎として，行為時点について判断すべきである。
　⑵　甲はワインに8ミリリットルのXを注射している。甲はXの致死量を4ミリリットルと勘違いしており，甲基準では致

● 犯人隠避罪の成否を検討できているが，同罪の対象となる具体的事実も指摘すべきである。

● 証拠偽造罪の成否を検討しているが，Vが死亡した事件について，これが「他人の刑事事件」といえるかも問題となる（再現答案②参照）。この点については，乙は専ら甲のために内容虚偽の診断書を作成していることから，「他人の刑事事件」に当たると解される。

● 殺人未遂罪の成否に関して，「未遂犯と不能犯の区別」の論点が問題となるところ，本答案は，多数説である具体的危険説の立場から，本問事実関係に即した具体的検討がなされており，出題趣旨に合致する論述といえる。

死量の倍のＸが注射されているが，一般人基準ではなお致死量は１０ミリリットルなのであって，致死量に満たないとも思える。しかし，甲はＶの心臓に特異な疾患のあることを特に認識している。すると，上記疾患のあるＶに８ミリリットルのＸを飲ませることは，一般人基準でもＶ死亡の現実的危険性があるといえる。

(3) したがって，同罪が成立する。

2 乙にＶへの注射を指示し，６ミリリットルのＹを入れた容器を渡した行為に，殺人罪の間接正犯（１９９条）が成立しないか。

(1) まず，上記行為に実行行為性が認められるか。

ア 実行行為とは，法益侵害を惹起する現実的危険性を有する行為をいうところ，間接正犯であっても被利用者を介することで当該危険性を生じさせることはできる。そこで，①正犯意思があり，②利用者の行為の因果経過に対する一方的な支配利用が認められれば，実行行為性が認められると解する。

イ 甲には，浪費癖のあるＶと別れたいという個人的な動機に基づき，Ｖの殺人を自己の犯罪として実現する①正犯意思がある。

確かに，乙は容器の中身を確認しないという過失によってＶを死亡させており，一方的支配利用は認められないと

も思える。しかし，乙はＶに何ら個人的な恨みも持っておらず，故意犯の実現に対してはなお規範的障害があったと考えられる。そして，甲は乙が自己への恩義を感じているという関係を利用して，自己の指示に従って乙が自動的にＶに注射をするという状況を作り出している。そのため，②乙の注射行為の因果経過に対する一方的な支配利用が認められる。

ウ したがって，実行行為性が認められる。

(2) 次に，乙は３ミリリットルを注射した時点で注射をやめたにもかかわらず，Ｖの心臓に特異な疾患があったためにＶは死亡しているところ，因果関係は否定されないか。

ア 因果関係は，行為時の客観的な全事情を基礎として，行為の危険性が結果へと現実化した場合に，認められると解する。

イ Ｖの心臓に特異な疾患があったという事情を基礎とすると，上記行為にはもとから３ミリリットルの注射時点でＶを死に至らしめる危険性があったのであり，実際のＶの死亡もかかる危険性が現実化したものにすぎない。

ウ したがって，因果関係も否定されない。

(3) よって，同罪が成立する。

3 以上から，殺人未遂罪と殺人罪が成立し，両者は併合罪となる。 以 上

● 出題趣旨によれば，本罪の成否に関連して，「離隔犯における実行の着手時期」も問題とすべきであったところ，本答案はこの論点に関する言及がなされていない。すなわち，宅配業者は，Ｖ宅が留守のため郵便受けに不在連絡票を残しワイン瓶を持ち帰っており，結局Ｖがワイン瓶を受け取ることはなかったという事実があるところ，この時点で，生命侵害の現実的危険性が発生したといえるかの検討が求められていた（再現答案②参照）。

● 殺人罪の成否に関して，「間接正犯の成否」が問題となるところ，間接正犯に実行行為性が認められるための要件を示した上で，具体的検討を行っており，出題趣旨に合致する。

● 本答案は，「乙は……規範的障害があった」としているが，乙は容器の中身が劇薬Ｙであることを認識していないから，規範的障害はなかったはずである。ここでは，乙には過失があるとはいえ，犯罪事実の認識がなく違法性を意識していない以上，甲には抵抗しないはずであり，結局，甲は乙を一方的に利用・支配している旨論述するのが妥当である。

● 「因果関係の有無」について，その判断基準として危険の現実化説の立場から，当初の行為の危険性が特異な心臓疾患を有するＶに現実化したとして，因果関係を肯定しており，出題趣旨に合致する。もっとも，Ｖの心臓疾患という介在事情のみならず，乙の過失行為という介在事情についても考慮できればなお良かった。

第1　甲の罪責について
1　まず，甲が毒入りワインをV宅に郵送した行為について，殺人未遂罪（２０３条，１９９条）が成立しないか。本件劇薬Xの量は一般には致死量に達しないものであるから，「人を殺」す行為があったといえるのか，また本件で「実行に着手」（４３条本文）があったといえるか，が各々問題になる。
⑴　まず，本行為が「人を殺」す実行行為といえないのでないか，すなわち不能犯なのではないかという点につき，実行行為とは結果の現実的危険性のある行為をいうところ，その判断は行為者の立場に置かれた一般人の認識と，行為者が特に認識していた事情を基礎として，結果発生の現実的危険性が認められるかをもって判断すべきである。
　本件では，確かに一般の１０ｍｌの致死量より低い８ｍｌのXしか混入されていない。しかし，甲はVに特殊な心臓疾患があり，しかもワインを送ればその日のうちに一本を飲み干すことを知っていた。このことを基礎とすれば，８ｍｌのXをVが摂取し，その心臓疾患と相まって同女が死に至る現実的危険性は認められるものといえる。
　よって，本件で「人を殺」す行為があるものといえる。
⑵　としても，本件ワインはVに受領されずに終わっている。そこで，「実行に着手」したといえるかが問題となる。
　この点，未遂犯の処罰根拠は結果発生の現実的危険性の惹起にあるから，「実行に着手」したといえるには，あくまで結果発生の現実的危険性を生じさせることを要する。
　本件では，確かに本件ワインの不在連絡票がVの自宅に届いてはいるが，ワイン本体を受領したわけでなく，またワインの飲用にも着手したわけでない。とすれば，ワイン飲用によるX中毒死という事態はいまだ抽象的に想定されるのみであるから，死の結果についての現実的危険性があるものとはいえない。よって，「実行に着手」したとは認められない。
⑶　以上より，本罪の成立を認めることはできない。もっとも，甲においては殺人予備罪（２０１条，１９９条）が成立する。
2　次に，甲が情を知らない乙を用いてYをVに注射し，もって同女を死に至らしめた行為について殺人罪が成立しないか。乙を用いた行為が「人を殺し」たといえるか，本罪における間接正犯の成否が問題となる。
⑴　この点，正犯とは実行行為を行うものをいう。とすれば，被利用者の行為が背後者の実行行為と同視できる場合，具体的には背後者に正犯意思があり，しかも行為者を一方的に利用した場合に，間接正犯の成立を認めることが

● 殺人未遂罪の成否に関して，「未遂犯と不能犯の区別」と「隔離犯における実行の着手時期」がそれぞれ問題となる点に気付けており，的確な問題分析ができている。

● 「未遂犯と不能犯の区別」の論点について，具体的危険説の立場から判断基準を示しつつ，Vに心臓疾患があるという本問事案の特殊性に配慮した具体的検討がなされており，出題趣旨に合致する論述といえる。

● 「隔離犯における実行の着手時期」の論点について，実質的客観説の立場から判断基準を示した上で，V宅が留守であったことから，宅配業者が不在連絡票を残した上で，本件ワイン瓶を持ち帰っているという本問事案の特殊性に配慮した具体的検討がなされており，出題趣旨に合致する論述といえる。

● 殺人予備罪の成立を論じていることができている。

● 殺人罪の成否に関して，「間接正犯の成否」が問題となるところ，本答案は，間接正犯に実行行為性が認められるための判断基準を示した上で，過失行為者を利用したという本

できる。

　本件においても，甲は自らＶの死を欲しており，正犯意
思がある。そして，確かに乙にはＹの注射について過失が
あるとはいえ，あえてＶを殺害する意図は毛頭なく，殺人
罪の規範に直面しているわけではない。とすれば，本罪に
おいては甲は情を知らない乙を一方的に利用したものと評
価できる。

(2)　そして，以上の行為とＶの死との因果関係も肯定でき
る。以上より，本罪の成立を肯定できる。

3　よって，甲には殺人予備罪（２０１条，１９９条）と殺人
罪（１９９条）が成立し，両者は別個の意思決定に基づく行
為であるから，併合罪（４５条前段）となる。

第２　乙の罪責について

1　まず，ＶにＹを注射して同女を死亡させた行為について，
乙は医師としての「業務上」，過失によって同女を死亡させ
たのであり，業務上過失致死罪（２１１条前段）の罪責を負
う。

2　次に，乙が虚偽の死因を記載した死亡診断書を作成した行
為について，虚偽診断書作成罪（１６０条）が成立しない
か。

　乙は「医師」である。そして，死亡診断書は市役所という
「公務所に提出すべき診断書」である。

　そして，「虚偽の記載」について，本罪は医師による診断
書の重要性から，私文書であっても例外的に無形偽造を処罰
するものであるから，内容が客観的な事実に反する記載をも
含むものと解すべきである。本件でも，実際はＹ中毒死であ
るのに，Ｖの死因を心不全と記載することは，客観的な事実
に反する「虚偽の記載」といえる。

　以上より，本罪の成立を認めることができる。

3　さらに，以上の書面をＤに提示してこれを交付したこと
は，その書面の「行使」といえ，同行使罪（１６１条１項）
が成立する。

4　そして，以上の書面作成は乙，ひいては甲の犯罪を隠匿す
る「証拠」を「偽造」するものであるが，この行為につき証
拠偽造罪（１０４条）が成立しないか。本証拠が「他人の刑
事事件」に関するものかが問題となる。

　この点，本罪がその対象を「他人の刑事事件」に限定する
のは，自己の刑事事件については証拠偽造をしない期待可能
性のないことによる。とすれば，他人の刑事事件に関連する
証拠でも，それが自己の刑事事件にも関連する場合は，その
偽造をしない期待可能性がなく，「他人の刑事事件」といえ
ないというのが原則である。もっとも，もっぱら他人のため
にその証拠を偽造しないことについては以上の理由は妥当し
ないので，この場合は本要件の該当性を認めるべきである。

● 問事案の特殊性に配慮した具体的検討ができており，出題趣旨に合致する適切な論述といえる。

● 出題趣旨によれば，「因果関係の有無」を検討することが求められていた。すなわち，本問では，甲の行為とＶの死亡結果の間に，Ｖの心臓疾患や乙の過失行為という特殊事情が介在する点で因果関係の有無が問題となる（再現答案①参照）。

● 業務上過失致死罪の成否について検討している点で出題趣旨に沿うが，本問事案の事実関係も摘示しながら，論じられるとなお良かった。

● 虚偽診断書作成罪の成否について，構成要件の意義を示しながら，必要な事実を端的に指摘できており，適切な論述といえる。なお，虚偽の死因は，心不全ではなく熱中症に基づく多臓器不全である。

● 「行使」とは，公務所に提出することをいうから，Ｄへの交付では「行使」とはいえない（再現答案①コメント参照）。

● 証拠偽造罪の成否について，本証拠が「他人の刑事事件」に関するものといえるかが問題となるところ，本答案は，この点を丁寧に論述できており，適切な論述といえるが，もう少しコンパクトに論じられればなお良かった。

平成29年・予備

本件でも，本診断書は甲だけでなく乙についての事件の証拠ともなる。しかし，乙はもっぱら甲のためにその偽造した以上，本証拠は「他人の刑事事件」に関するものといえる。

　　以上より，本罪の成立を認めることができる。

5　以上，乙には①業務上過失致死罪（211条前段），②虚偽診断書作成罪（160条），③同行使罪（161条1項），④証拠偽造罪（104条）が成立する。②と③は牽連犯（54条後段）となり，これと④が観念的競合（同前段）なので，まとめて科刑上一罪となる。これと①が併合罪になる。

以　上

※　実際の答案は4頁以内におさまっています。

- 犯人隠避罪の検討が抜けている。

- 罪数についても丁寧に検討できている。

▶ **MEMO**

第1　甲の罪責
1　劇薬X入りのワインをVに送った行為
(1)　甲は劇薬入りワインを送ってVを殺害しようとした。もっとも、実際にVに届いておらずVは死亡していない。このように直接実行行為を行っていない甲を殺人未遂罪（２０３条，１９９条）の正犯に問擬できるか。そしてできるとして、その着手時期はいつと捉えるべきであるか。
　ア　正犯とは、犯罪について第一次的に責任を負う者である。そこで、他人を道具として利用した者は犯罪について一次的に責任を負うべきといえるから、間接正犯に当たり正犯として扱われると考える。その具体的要件は①一方的支配利用関係、②正犯意思である。また、判例は被利用者の行為を実行行為と捉えているが、利用行為自体に法益侵害の現実的危険性はあるから、利用者の利用行為を実行行為として扱うべきである。
　イ　本件では、甲は事情を知らぬ宅配業者を利用して毒入りワインをVの下に配送させており、一方的に支配利用しているといえる。また、甲はVとの交際関係を終了させるためにかかる行為を行っており、正犯意思も肯定される。そのため、甲は間接正犯にあたる。そして、上述のように利用者基準説が妥当するから、コンビニエンスストアでV宛に宅配便で送った行為を実行行為として捉

● ここでは、純粋に、甲がワインをVに送った行為自体を直接の実行行為と評価すれば足り、間接正犯を論じる必要はなかったと思われるが、宅配業者のような無過失行為者を利用して犯罪を実現する場合について、本答案のように間接正犯を論じることも誤りではない。

● 判例が一貫して被利用者説（到達時説）に立脚していることに言及できており、間接正犯の実行の着手時期に関する正しい理解をアピールすることができている。

● ここで問題となる正犯意思とは、被利用者を一方的に利用・支配して特定の犯罪を自ら実現する意思をいうから、被利用者をあたかも自己の道具として積極的に利用する意思を基礎付けるような事実を指摘すべきであった。

えられる。
(2)　では、かかる行為を実行行為と捉えるとしても、実行行為性は肯定できるのか。劇薬Xの致死量は１０ミリリットルであるところ、８ミリリットルしか入れられていないので死の結果が発生する現実的危険性がなかったとも思われる。いわゆる不能犯と未遂犯の判断基準が問題となる。
　ア　この点、未遂犯は構成要件に該当する行為で、不能犯は構成要件に該当しない行為である。そして、構成要件は社会通念に基づく類型である。そこで、未遂犯か不能犯かは社会通念の担い手たる一般人を基準にして判断する。具体的には、一般人から見て法益侵害の危険性があった場合は未遂犯、ない場合は不能犯になると考える。なお、一般人視点から法益侵害の危険性がなかった場合でも行為者が特に認識していた事情を加味すると危険がある場合は未遂犯になると考える。
　イ　本件では、１０ミリリットルが致死量で８ミリリットルを入れているので一般人基準では死の危険はない。しかし、Vの心臓疾患という甲が知っていた事情を加味すると、死の危険は肯定される。
(3)　したがって、殺人未遂罪が成立する。
2　劇薬Y入りの注射を乙に渡した行為
(1)　上述のように他人を利用して自己の犯罪を遂げようとす

● 殺人未遂罪の成否に関して、「未遂犯と不能犯の区別」の論点が問題となる点に気付いており、出題趣旨に沿う。

● 未遂犯と不能犯の区別の判断基準として、多数説である具体的危険説に基づいた規範を定立しているが、正確には、行為当時に一般人が認識し得た事実及び行為者が特に認識していた事実を基礎に、一般人の立場から具体的危険性の有無を判断して区別するという説である。

● 当てはめ部分に関しては、端的にポイントを示すことができている。

● 劇薬Y入りの「注射」ではなく「容器」である。事実の把握を誤ると、場合によっては致命傷になりかね

る者には間接正犯が成立し，その実行行為は利用者の行為であるといえる。そのため，上記行為につき殺人罪の実行行為が認められるとも思える。しかし，本件では乙の過失行為が介在しているので，甲を正犯として問擬できないのではないか。

　　ア　この点，あくまで一方的に支配利用関係があれば，過失犯を利用した場合でも背後者の正犯性は失われないので間接正犯は成立すると考える。

　　イ　本件では，甲が自らに恩を感じていることを知ったうえで乙にＶに注射するように依頼しており，一方的支配関係がある。そのため，その後に乙の過失行為が介在していても，甲の正犯性は失われない。

　(2)　したがって，上記行為につき殺人罪の実行行為性は認められ，Ｖは死亡しているので，殺人罪が成立する。

　3　罪数

　同一客体に向けられた時間的に近接した行為なので，殺人未遂罪は殺人罪に吸収される。

第2　乙の罪責

1　劇薬Ｙ入りの注射を中身を確認せずＶに行った行為

　(1)　上記行為につき業務上過失致死罪（２１１条）が成立しないか。

　　ア　「業務」とは，人が社会生活上反復継続して占める地位で人の生命身体に危険性をもつものであるところ，乙は内科医という反復継続して占める地位で人の生命身体に影響をもつ地位についているので，これを満たす。

　　イ　次に，「注意を怠り」はＶに中身を確認しないまま注射した行為に刑事上の過失があり，これを満たす。

　　ウ　Ｖは死亡しており「人を死」なせたといえる。

　　エ　また，上記死の結果と過失行為に因果関係はある（「よって」）。

　(2)　したがって，上記行為につき業務上過失致死罪が成立する。

2　診断書に虚偽の死因を記載した行為

　(1)　「医師」たる乙は「公務所に提出すべき診断書」たるＶの死亡診断書に死亡原因を偽るという「虚偽の記載」をしている。

　(2)　したがって，上記行為に虚偽診断書作成罪（１６０条）が成立する。

3　Ｄに上記診断書を渡した行為

　上記診断書をＤに渡しているので，「行使」したとして虚偽診断書行使罪（１６１条１項）が成立する。

4　罪数

　虚偽診断書作成罪と同行使罪は牽連犯（５４条）となり，これと業務上過失致死罪は併合罪（４５条）となる。　以　上

● 殺人罪の成否に関して，「間接正犯の成否」が問題となる点を論じており，適切な論述である。

● 過失行為者を利用した間接正犯という本問事案の特徴を踏まえている。しかし，間接正犯の成立要件への当てはめに関しては，事実の摘示・評価が，ともに不十分な論述である。

● 出題趣旨によれば，「因果関係の有無」の検討も必要であった。

● 本答案は「殺人未遂罪は殺人罪に吸収される」としているが，殺人未遂と殺人は付随（随伴）するものではなく，不可罰的（共罰的）事後行為でもないので，誤りである。ここでは，狭義の包括一罪と解するのが妥当である。

● 業務上過失致死罪の成否について，各構成要件に，端的に当てはめがなされており，出題趣旨に合致する論述といえる。

●「因果関係の有無」の検討がない。

● 虚偽診断書作成罪及び同行使罪の成否についても，端的に構成要件該当性を認定している。もっとも，同行使罪の「行使」とは，虚偽診断書を公務所に提出する行為をいう（再現答案①コメント参照）ので不適切な論述である。

● 本答案は，犯人隠避罪の成否及び証拠隠滅罪の成否の検討ができていない。

平成29年・予備

第1　甲の罪責
1　劇薬Xの入ったワインをV宅宛に郵送した行為に，Vに対
する殺人未遂罪（203条，199条）は成立するか。
⑴　ワインの郵送を宅配便に依頼する行為が，殺人罪の「実
行に着手」（43条）したといえるか。
ア　この点について，実行行為とは構成要件的結果発生の
現実的危険性を有する行為である。したがって，かかる
現実的危険を惹起させた場合に実行の着手が認められ
る。
イ　これを本件についてみると，8mlのXが入ったワイ
ンは心疾患のあるVが数時間で全量を摂取すれば死に至
るものである。そして，ワイン好きのXはワインが届け
ば数時間でそれを飲み切ることが予想される。さらに，
今日の現代社会では宅配便に依頼すればほぼ確実に相手
に届くのが通常である。
したがって，甲が本件ワインの郵送を宅配便に依頼す
る行為は，それがV宅に届けられ，Vがそれを飲むこと
を招来する行為であり，Vの死を惹起させる現実的危険
があり実行の着手にあたる。
⑵　そして，ワインはVに届けられず，Vの死は発生してい
ない。
⑶　さらに，甲には殺意がある。

⑷　したがって，上記行為に殺人未遂罪が成立する。
2　乙に対し，劇薬Yが入った容器を渡しVに注射するよう指
示し，Vに注射させ，Vを死亡させた行為について，Vの殺
人罪は成立するか。
⑴　乙に指示し，乙を利用するだけの行為が殺人罪の実行行
為にあたるか。
ア　この点について，他者を利用する行為も前述の現実的
危険を惹起しうるため実行行為にあたり得る。
もっとも，自由保障機能の観点から限定すべきであ
り，①利用意思があり，②被利用者に道具性が認めら
れ，③被利用者に行わせた行為に構成要件的結果発生の
現実的危険がある場合に実行行為にあたると解する。
イ　これを本件についてみると，甲は乙に劇薬Yを注射さ
せてVを殺害しようとしており，利用意思がある
（①）。また，乙は甲の部下であり甲への恩義から甲の
指示に忠実に従うことが予想され，甲の計画に気付いて
いないため道具性がある（②）。さらに，6mlのYは
Vにとっての致死量の2倍もの量であり，それを注射さ
せる行為はVの死を惹起する現実的危険を有する
（③）。
したがって，実行行為にあたる。
⑵　そして，Vの死という結果が生じている。

● 出題趣旨によれば，「未遂犯と不
能犯の区別」の検討が求められてい
たが，本答案は検討できていない。

● 離隔犯における実行の着手につ
き，判例（大判大7.11.16／百選Ⅰ
［第7版］〔65〕）は到達時説を採用
しているのに対し，本答案は，本問
事案に即して具体的に検討した結
果，いわゆる発送時説と同じ結論に
至っている。しかし，本答案は，「今
日の現代社会では宅配便に依頼すれ
ばほぼ確実に相手に届くのが通常で
ある」としているが，本問事案で
は，結局，劇薬Xが混入されたワイン
をVが受け取ることはなかったの
であり，この点について言及せずに
「Vの死を惹起させる現実的危険」
があるとするのは，説得力に欠け
る。

● 故意のない過失行為者の利用が問
題となる間接正犯において，通説
は，間接正犯を肯定するのに対し
（再現答案①コメント参照），有力説
は，教唆犯が成立するにすぎないと
する。すなわち，有力説は，過失行
為者は通常の注意をすれば結果を回
避できたはずであり，またそうする
ことを法によって期待されているの
で，甲の思い通りにはならず，一方
的に乙を利用・支配していたとはい
えないとする。

(3)　もっとも，乙は３ｍｌ注射したところでやめており，か
かる甲の計画外の介在行為があるところ，因果関係はある
か。
ア　この点について，因果関係とは重い結果発生を理由に
その責任を負わせられるかの問題であり，条件関係を前
提に行為の危険性が結果へと現実化しているといえる場
合に因果関係が認められる。そして，自由保障機能の観
点から，行為時に一般人が認識・予見し得た事情，行為
者が特に認識・予見していた事情を基礎に判断する。
イ　これを本件についてみると，甲はＶに心疾患があり，
６ｍｌはＶにとって致死量の２倍であることを知ってい
たため，これを基礎事情とすることができる。そして，
乙が途中で注射をやめることを認識し得ないとしても，
甲の行為自体に大きな危険性があり，それが現実化した
といえる。そのため，因果関係が認められる。
(4)　また，甲には殺意がある。
(5)　したがって，甲の上記行為に殺人罪が成立する。
3　以上より，甲の行為には殺人未遂罪・殺人罪が成立し，両
者は被害者が共通であるため後者に前者が吸収され，甲は後
者の罪責を負う。
第2　乙の罪責
1　Ｖに劇薬Ｙを注射した行為には過失があり，「業務上必要
な注意を怠」ったといえ，それに「よって」Ｖを「死」亡さ
せており，業務上過失致死罪（２１１条）が成立する。
2　Ｖの死亡診断書に虚偽の死因を記載した行為に私文書偽造
罪（１５９条）は成立するか。
この点，同条の「偽造」とは作成者と名義人の同一性を偽
る行為をいい，内容の偽造は含まれないため，同罪は成立し
ない。
3　では，虚偽診断書作成罪（１６０条）は成立するか。
本件診断書はＣ市役所に提出する必要があるため，「公務
所に提出すべき診断書」にあたり，死因を偽って「虚偽の記
載」をしているため，同罪が成立する。
4　虚偽の診断書をＤに交付した行為に偽造私文書行使罪（１
６１条１項）は成立するか。
虚偽診断書の場合，「行使」とは公務所への提出をいうと
解されるところ，Ｄは受け取った診断書を市役所に提出する
ことが通常であるから，Ｄへの交付行為には公務所への提出
の現実的危険があり，実際にＤは提出しているため，「行
使」にあたる。
したがって，同罪が成立する。
5　上記2の行為に，甲のための証拠隠滅罪（１０４条）は成
立するか。
(1)　Ｖの診断書は甲の殺人罪の証拠であり，「他人の刑事

●　因果関係の定義が不正確である。
また，危険の現実化説及び折衷的相
当因果関係説を理解できておらず，
両説を混同した論証になっている。
危険の現実化説では，行為時の事情
も行為後の事情も全て因果関係を判
断する基礎事情となる。

●　構成要件該当性が簡潔に論じられ
ているが，「業務上」の当てはめがな
い。

●　本問において，私文書偽造罪
（159）の成否を検討する余地はな
い。

●　「医師が」という要件にも当ては
めをすべきである。

●　正しい罪名は虚偽診断書行使罪で
ある。

●　再現答案①コメントのとおり，本
問では虚偽診断書行使罪の間接正犯
が問題となり得る。

●　本件証拠が自己の刑事事件（業務
上過失致死罪）の証拠でもあること

件に関する証拠」にあたり，死因を偽ることで「偽造」している。

(2) もっとも，乙は甲にも業務上過失致死罪が成立すると認識しており，「刑事事件」の内容に錯誤があるところ，故意が否定されるか。

　ア　この点について，故意責任の本質は反規範的人格態度に対する道義的非難にあり，構成要件内で符合していれば規範に直面したといえ，故意が認められる。

　イ　これを本件についてみると，刑事事件の内容は構成要件レベルで抽象化され，その点に錯誤があっても構成要件内で符合し故意が認められる。

(3) したがって，同罪が成立する。

6　以上より，乙の行為には①業務上過失致死罪，②虚偽診断書作成罪，③同行使罪，④証拠隠滅罪が成立し，②③は手段・目的の関係で牽連犯（５４条１項後段）に，②④は同一行為によるため観念的競合（同項前段）となり，乙はその罪責を負う。

以　上

※　実際の答案は４頁以内におさまっています。

に気付くことができていない。

● 本問事案において，「乙は甲にも業務上過失致死罪が成立すると認識して」いたという事情はない。また，出題趣旨も，錯誤論について何ら言及していない。さらに，事実の錯誤とは，事実とその認識との間に齟齬があることをいうが，甲に業務上過失致死罪が成立するというものは事実ではない。したがって，本問において事実の錯誤を検討する余地はない。

● 犯人隠避罪（103）の検討がない。

平成30年

[刑 法]

　以下の事例に基づき，甲及び乙の罪責について論じなさい（住居等侵入罪及び特別法違反の点を除く。）。

1　甲は，新たに投資会社を立ち上げることを計画し，その設立に向けた具体的な準備を進めていたところ，同会社設立後の事業資金をあらかじめ募って確保しておこうと考え，某年７月１日，知人のVに対し，同年１０月頃の同会社設立後に予定している投資話を持ち掛け，その投資のための前渡金として，Vから現金５００万円を預かった。その際，甲とVの間では，前記５００万円について，同会社による投資のみに充てることを確認するとともに，実際にその投資に充てるまでの間，甲は前記５００万円を甲名義の定期預金口座に預け入れた上，同定期預金証書（原本）をVに渡し，同定期預金証書はVにおいて保管しておくとの約定を取り交わした。同日，甲は，この約定に従い，Vから預かった前記５００万円をA銀行B支店に開設した甲名義の定期預金口座に預け入れた上，同定期預金証書をVに渡した。なお，同定期預金預入れの際に使用した届出印は，甲において保管していた。

2　甲は，約１年前に無登録貸金業者の乙から１０００万円の借入れをしたまま，全く返済をしていなかったところ，同年７月３１日，乙から返済を迫られたため，Vに無断で前記定期預金を払い戻して乙への返済に流用しようと考えた。そこで，同年８月１日，甲は，A銀行B支店に行き，同支店窓口係員のCに対し，「定期預金を解約したい。届出印は持っているものの，肝心の証書を紛失してしまった。」などとその話をして，同定期預金の払戻しを申し入れた。Cは，甲の話を信用し，甲の申入れに応じて，A銀行の定期預金規定に従って甲の本人確認手続をした後，定期預金証書の再発行手続を経て，同定期預金の解約手続を行い，甲に対し，払戻金である現金５００万円を交付した。甲は，その足で乙のところへ行き，受け取った現金５００万円を乙に直接手渡して，自らの借入金の返済に充てた。なお，この時点で，乙は，甲が返済に充てた５００万円は甲の自己資金であると思っており，甲がVから預かった現金５００万円をVに無断で自らへの返済金に流用したという事情は全く知らないまま，その後数日のうちに甲から返済された５００万円を自己の事業資金や生活費等に全額費消した。

3　同年９月１日，Vは，事情が変わったため甲の投資話から手を引こうと考え，甲に対し，投資のための前渡金として甲に預けた５００万円を返してほしいと申し入れたところ，甲は，Vに無断で自らの借入金の返済に流用したことを打ち明けた。これを聞いたVは，激怒し，甲に対し，「直ちに５００万円全額を返してくれ。さもないと，裁判を起こして出るところに出るぞ。」と言って５００万円を返すよう強く迫った。甲は，その場ではなんとかVをなだめたものの，Vから１週間以内に５００万円を全額返すよう念押しされてVと別れた。その後すぐに，甲は，乙と

連絡を取り，甲がVから預かった現金５００万円をVに無断で乙への返済金に流用したことを打ち明けた。その際，乙が，甲に対し，甲と乙の２人でV方に押し掛け，Vを刃物で脅して，「甲とVの間には一切の債権債務関係はない」という内容の念書をVに無理矢理作成させて債権放棄させることを提案したところ，甲は，「わかった。ただし，あくまで脅すだけだ。絶対に手は出さないでくれ。」と言って了承した。

4　同月５日，甲と乙は，V方を訪れ，あらかじめ甲が用意したサバイバルナイフを各々手に持ってVの目の前に示しながら，甲が，Vに対し，「投資話を反故にした違約金として５００万円を出してもらう。流用した５００万円はそれでちゃらだ。今すぐここで念書を書け。」と言ったが，Vは，念書の作成を拒絶した。乙は，Vの態度に立腹し，念書に加え現金も取ろうと考え，Vに対し，「さっさと書け。面倒かけやがって。迷惑料として俺たちに１０万円払え。」と言って，Vの胸倉をつかんでVの喉元にサバイバルナイフの刃先を突き付けた。Vは，このまま甲らの要求に応じなければ本当に刺し殺されてしまうのではないかとの恐怖を感じ，甲らの要求どおり，「甲とVの間には一切の債権債務関係はない」という内容の念書を作成して，これを甲に手渡した。

　　そこで，甲がV方から立ち去ろうとしたところ，乙は，甲に対し，「ちょっと待て。迷惑料の１０万円も払わせよう。」と持ち掛けた。甲は，乙に対し，「念書が取れたんだからいいだろ。もうやめよう。手は出さないでくれと言ったはずだ。」と言って，乙の手を引いてV方から外へ連れ出した上，乙から同ナイフを取り上げて立ち去った。

5　その直後，乙は，再びV方内に入り，恐怖のあまり身動きできないでいるVの目の前で，その場にあったV所有の財布から現金１０万円を抜き取って立ち去った。

　本問は，(1)甲が，Vから投資のための前渡金として預かった現金５００万円を，Vとの約定により甲名義の定期預金口座に預け入れて保管していたところ，Vに無断で前記定期預金を解約し，その払戻金を自らの借入金の返済に充てて流用したこと，(2)その後，Vから前記５００万円の返還を迫られた甲が乙と共にV方を訪れ，各々手に持ったサバイバルナイフをVの目の前に示したり，乙がVの胸倉をつかんでVの喉元に同ナイフの刃先を突き付けたりして，「甲とVの間には一切の債権債務関係はない」という内容の念書をVに無理矢理作成させたこと，(3)その際，乙がVに迷惑料として１０万円の支払を要求したところ，甲は，これを制止し，乙をV方から外へ連れ出した上，同ナイフを取り上げて立ち去ったものの，その直後に乙がV方内に戻り，Vの下から現金１０万円を持ち去ったことを内容とする事例について，甲及び乙の罪責に関する論述を求めるものである。

　(1)については，甲には銀行に対する正当な払戻権限があることを踏まえて，甲における現金５００万円に対する横領罪の成否について，預金の占有に関する擬律判断を含め，その構成要件該当性を検討し，(2)及び(3)については，甲及び乙における念書及び現金１０万円に対する強盗罪の成否について，各構成要件該当性のほか，甲・乙間における共謀に基づく共同正犯の成立範囲や共犯関係の解消の有無を検討する必要があるところ，事実を的確に分析するとともに，横領罪及び強盗罪の各構成要件，共犯者による過剰行為がなされた場合の共同正犯の成否等に関する基本的理解と具体的事例への当てはめが論理的一貫性を保って行われていることが求められる。

▶ MEMO ————————————————————

第一　乙の罪責
1　乙が５００万円を受け取り，費消した行為については，乙はその５００万円についての事情を何ら知らずに受け取っていることから何らの罪も構成しない。盗品等無償譲受けについての故意を欠くのである。
2　２項強盗罪（刑法（以下省略）２３６条２項）の成否
(1)　V方に押しかけ念書を作成させた行為について，２項強盗罪が成立するかが問題となる。
(2)　強盗罪における暴行・脅迫とは，相手方の反抗を抑圧するに足りる程度の暴行・脅迫と解する。本件では，乙がVの喉元にナイフを突きつけており，それによりVは生命に対する恐怖を実際に感じていることから反抗が抑圧されているといえ，「脅迫」にあたる。
(3)　２項強盗罪について処分行為が必要か。この点について処分行為を必要と解する立場もある。しかし，強盗罪は反抗を抑圧する程度の暴行脅迫により財物や利益を移転させる罪であり，１項強盗罪にも処分行為は要求されていない。したがって，処分行為は不要である。他方で，１項強盗罪と同等程度に利益が移転していることが要求されると解する。この点については利益移転の確実性や具体性から判断する。本件では，念書の作成によって事実上Vは取立てを断念せざるを得なくなっている。したがって，利益移転について相当の具体性があるといえる。

(4)　乙は自己の行為を認識しており，故意を否定する事情もなく，故意は認められる。また，不法領得の意思も認められる。
(5)　以上より，乙に２項強盗罪が成立する。なお，後で検討するように，これは甲との共同正犯（６０条）となる。
3　１項強盗罪の成否
(1)　乙が１０万円を抜き取った行為について，１項強盗罪が成立するかが問題となる。
(2)　暴行・脅迫については，2で検討したとおり，「脅迫」にあたる。なお，本件では脅迫を加えた後，甲に連れられ一度V宅を後にして，直後に再び侵入して恐怖により動けないVを横目に１０万円を抜き取っているが，かかる状況では乙の行った「脅迫」による反抗抑圧状態が継続しているとみるべきであるから，乙の脅迫は強盗罪の手段としての「脅迫」にあたる。
(3)　１０万円はV，すなわち「他人の財物」にあたる。
(4)　故意，不法領得の意思ともに否定すべき事情なく，認められる。
(5)　以上より，乙には１項強盗罪が成立する。なお，後に検討するとおり，単独犯である。
4　乙には２項強盗罪及び１項強盗罪が成立し，これらは併合罪となる（４５条前段）。
第二　甲の罪責
1　業務上横領罪の成否（２５３条）

● 乙の500万円の費消行為について犯罪が成立しないことに言及できている点で，事案の分析が的確になされている。もっとも，盗品等無償譲受け罪の条文（256Ⅰ）を摘示すべきである。

● 「暴行又は脅迫」が被害者の反抗を抑圧するに足る程度かどうかは，暴行・脅迫自体の客観的性質により判断される（最判昭24.2.8）。すなわち，判例の立場によれば，反抗抑圧をされるか否かは，実際に被害者が反抗を抑圧されたか否かではなく，社会通念上一般に被害者の反抗を抑圧される程度の暴行又は脅迫がなされたといえるか否かが問題となる。本答案は，この点を意識的に検討できていない（なお，実際に被害者が反抗を抑圧された事実は，強盗罪の既遂要件と解されている）。

● 本問において，Vは債権放棄の念書を作成・交付させられている以上，Vの処分行為があったことは明らかであるから，処分行為の要否について論じる実益はなかったと考えられる。

● 本答案も論述しているとおり，乙は，Vの反抗を抑圧する暴行・脅迫をした後，一度V方の外に出ているが，その直後，再びV方に侵入し，Vが恐怖のあまり身動きできない状態を利用して現金10万円を抜き取っている。すなわち，本問事案は，暴行・脅迫によって被害者の反抗を抑圧し，財物を強取したというシンプルな１項強盗罪の事案だと考えられる。
なお，本答案は「脅迫」に該当するかどうかを最も問題としているが，ここでは，乙の行為が暴行・脅迫による反抗抑圧状態を利用した奪取，すなわち「強取」に当たるかどうかが最も問題となる。

(1) 甲がVから預かった５００万円を返済に流用した行為について業務上横領罪が成立するか，横領罪と背任罪との関係が問題となる。思うに，横領罪と背任罪はそれぞれ特別一般の関係に立っている。そこで，まず横領罪の成否から検討していく。

(2) 「業務」の意義については，横領罪が財産犯であることに鑑み，社会生活上の地位に基づく行為であって，特に財産の管理に関わる行為を指すと解する。本件では，甲は投資会社を立ち上げようとしており，発起人であると考えられる。そして，５００万円は設立後の投資の為に預かったものであるから，甲はその使途に従い適正に管理する義務を負っていたというべきである。したがって，５００万円の預かりは「業務」にあたる。

(3) 「占有」について，横領罪は委託信任関係の破壊がその本質であることに鑑み，その関係を破壊しうる支配力があれば占有を認められると解する。本件では，確かに預金証書自体はVが所有しているものの，口座名義人は甲であるし，届出印も甲が有していたこと，さらに実際に預金証書がなくても５００万円の払戻しには成功していることから，甲は５００万円に対して委託信任関係を破壊できる支配力を有していたといえ，「占有」が認められる。

(4) 「他人の物」について，確かに民法上は金銭について所有と占有が一致することから５００万円はVの財物に当たらないようにも思える。しかし，横領罪は委託信任関係を保護するも

のであるから，本人が使途を定めて委託した場合には，なお「他人の物」に当たると解する。本件では，設立後の投資資金として交付したものであるから，「他人の物」にあたる。

(5) 「横領」の意義については，権利者を排除し，所有者でなければできない処分をすることをいうと解する。本件では，投資資金のために預かった５００万円を個人的な借金の返済に流用しており，所有者でなければできない処分だといえる。したがって，「横領」行為があったといえる。

(6) 故意や不法領得の意思を否定する事情はなく，認められる。

(7) 以上より，甲には業務上横領罪が成立する。

2 詐欺罪の成否（２４６条１項）
銀行に対して，証書を紛失したと虚偽を述べて口座を解約した行為について詐欺罪が成立するか。詐欺罪が成立するためには，人を「欺いた」ことが必要であるところ，これは財産移転に向けた欺罔であることが必要である。本件では，甲は口座の解約を確実に行うために紛失したと虚偽を述べたのみであり，財産移転それ自体に向けた欺罔はない。したがって，詐欺罪は成立しない。

3 2項強盗罪の成否
(1) Vに念書を書かせた行為に2項強盗罪が成立するか。
(2) 2項強盗罪の各要件については，前に検討したとおり満たす。また，故意，不法領得の意思も認められる。そして，この

● 横領罪と背任罪との区別については，本答案のように解する立場もあるが，両罪は法条競合のうちの択一関係にあり，共に成立し得るとしてもより重い罪に当たる横領罪のみが成立する，などと説明する立場もある。

● 業務上横領罪の業務者とは，委託を受けて他人の物を占有・保管する事務を反復または継続的に行う者をいう。したがって，反復継続性について言及することが望ましい。

● 出題趣旨によれば，甲には正当な払戻権限があることを踏まえて，「預金の占有に関する擬律判断」を検討することが求められていた。本答案は，「口座名義人は甲である」と述べており，甲に正当な払戻権限があることについて一応踏まえることができている。

● 金銭の所有と占有を一致させる理由は動的な取引の安全を保護するためであるが，刑法は寄託者と受託者の間の静的な権利関係を保護するという点で役割を異にするため，民事法上の原則を刑法上適用する必要はないと解されている。

● 横領罪における不法領得の意思とは，「他人の物の占有者が委託の任務に背いて，その物につき権限がないのに所有者でなければできないような処分をする」意思をいう（最判昭24.3.8／百選Ⅱ［第7版]〔65〕)。横領罪は占有侵害を伴わないから，権利者排除意思は不要である。

● 本答案は，「財産移転それ自体に向けた欺罔はない」としているが，甲が口座解約のために虚偽を申し述べたのは，金銭を得るために他ならず，預金口座の解約のみを行うためだけに欺罔行為を行ったと解するのは困難である。また，定期預金口座が解約されれば，その預金額の金銭

行為は乙との共謀に基づき，各々が実行しているから共同正犯となる。

(3) 以上より，甲には２項強盗罪の共同正犯が成立する。

４　１項強盗罪の成否

(1) 乙の１項強盗罪について甲も責任を負うか，共謀の射程が問題となる。

(2) 思うに，共同正犯が処罰されるのは，共犯が正犯を通じて間接的に法益を侵害しているからである（因果共犯論）。したがって，共謀の射程については共謀の因果性の有無により判断する。その判断にあたっては，共謀内容や主観面を考慮する。

　　本件では，当初の共謀はあくまで念書に係る部分のみであり，甲は「絶対に手を出すな」といっているから１０万円の引き抜きまでは共謀していない。また，その後乙は１０万円を奪うよう持ちかけても，甲はそれを拒絶し，乙を引っ張り出しているから，現場共謀もない。以上から，共謀は１項強盗罪には及ばない。したがって，甲は責任を負わない。

５　甲は業務上横領罪，及び２項強盗罪の共同正犯の罪責を負い，両者は併合罪となる。

以　上

※　実際の答案は４頁以内におさまっています。

は交付されるので，それらの行為を分断することも困難である。

　この点，銀行に対する詐欺罪を否定するには，預金の占有が甲にあること，甲に預金の正当な払戻権限があること等を指摘すべきである。

● 出題趣旨によれば，甲・乙間における共謀に基づく共同正犯の成立範囲について検討する必要があるところ，本答案は，この点について具体的に検討することができている。

▶ MEMO

再現答案② A評価（M・Hさん 順位130位）

第1 乙の罪責

1(1) 乙が甲と共同し，Vを脅し念書を取得した行為について強盗罪（刑法<以下略>236条1項）が成立するか。

(2)ア 「暴行又は脅迫」とは，反抗を抑圧するに足りる不法な有形力の行使，又は害悪の告知をいう。本件では，乙が「さっさと書け」といいながらVののど元にサバイバルナイフの刃先を突き付けているため，反抗を抑圧するに足りる不法な有形力の行使にあたり，「暴行」にあたる。

イ 「財物」とは，刑法上保護に値する経済的価値を有していることをいうところ，本件念書はただの紙1枚であるから「財物」にあたらない。

ウ よって，本件では強盗罪（236条1項）が成立しない。

(3) では，上記行為に2項強盗罪（236条2項）が成立しないか。

ア 上述の通り，本件は「暴行又は脅迫」がある。

イ 2項強盗罪においては1項強盗罪との均衡から処分行為は必要ないが，処罰範囲拡大防止のために，財産的利益が具体的にかつ現実的に移転したということが必要である。

本件では，たしかに，Vの甲に対する念書に債務関係がないことが記載されているが，それは脅迫によって無効のものであり，実際は債務が消えていないことから，財産的利益が具体的かつ現実的に移転したとはいえないとも思える。しかし，念書は訴訟において，重要な証拠となる以上，Vがこの念書の無効を主張立証しない限り，本件債務の不存在が認定される。そうであれば，本件念書を書かせて渡したことが財産的利益を具体的かつ現実的に移転させているといえる。

ウ そして，甲は本件債務の免除という不法な利益を得ているといえる。また，故意（38条1項）も問題なく認められる。

エ よって，本件行為に2項強盗罪が成立し，後述の通り甲と共同正犯（60条）となる。

2 また，本件行為は強要罪（223条）も成立するが同じ財物に向けられているものであるため，2項強盗罪に吸収される。

3(1) 乙がVの財布から10万円抜き取った行為について強盗罪（236条1項）が成立するか。

(2) 「暴行又は脅迫」とは上述の通りであるところ財物奪取に向けたものでなければならない。本件では，乙は「迷惑料として10万円払え」と述べて，のど元にサバイバルナイフを突き付けているところ，財物奪取に向けられた，相手方を反抗抑圧するに足りる不法な有形力の行使といえるため，「暴行」にあたる。

(3) 「強取」とは，暴行脅迫を手段として財物を奪取することをいう。

確かに，本件では乙は上記暴行を行ったあと，一度V方を出ているため，10万円とった行為は，本件暴行を手段としたものとはいえないとも思える。しかし，乙がV方を出たのは一瞬であり，すぐに戻ってきていることを考えると，Vの反抗抑圧状態は継続していたといえ，本件10万円の窃取行為は暴行を手段として財物を奪取したといえ，「強取」にあたる。

(4) 故意も認められる。

(5) よって，上記行為に強盗罪が成立する。

4 以上より，乙に2項強盗罪，1項強盗罪が成立し，両者は併合罪（45

● 本問では，後述の2項強盗罪を検討すれば足りる。そもそも，念書を作成した用紙が誰の物であるかについては本文中に記載がないから，念書を財物とした1項強盗罪の成否は想定されていなかったと考えられる。

● 2項強盗罪においては，1項強盗罪における財物の移転と同視し得る程度に具体的・現実的な利益移転が必要であること，及び本問事案の下でその利益移転が認められることについて，説得的に論述することができている。

● 強要罪（223）と強盗罪は，後者が前者の法条競合のうちの特別関係に立つため，強盗罪の成立を認める場合，強要罪は成立しない点に注意が必要である。

● 1項強盗罪の成否について，適切に事案を分析できている。

● 不法領得の意思も認められる点について，簡潔に言及すべきである。

条）になる。

第2　甲の罪責

1(1)　甲がCを「証書を紛失してしまった」と欺いて定期預金の払戻しを受けた行為について，詐欺罪（２４６条１項）が成立するか。

(2)　「欺いて」とは，財産的処分行為に向けられた，相手方が真実であるならば当該処分行為を行わなかったといえるような重要な事実を欺くことをいう。

　　本件では，確かに本件口座の名義は甲であるものの，実質的に口座に預け入れられた金銭はVのものである。そして，Vが定期預金証書を保管するという契約が甲V間で交わされている。そうだとすれば，甲が定期預金証書をなくしたのではなく，Vとかかる契約を締結したのだとCが知っていれば，Cは本件払戻しを行わなかったといえることから，重要な事実を欺いたといえ「欺いて」にあたる。

(3)　財物を「交付」とは終局的に移転させることをいうところ，本件ではCは５００万円を甲に終局的に移転させているため，「交付」にあたる。

2(1)　甲が本件定期預金を引き出した行為について横領罪（２５２条）が成立するか。

(2)　「占有する」とは事実上の占有のみならず，法律上の占有も含まれる。本件では，甲は本件定期預金の名義人であることから，「占有する」といえる。

(3)　「横領」とは不法領得の意思の一切の発現をいい，不法領得とは権限がないにもかかわらず，所有者でなければできないことをすることをいう。

本件では甲は投資された事業以外の目的において，当該５００万円を使うことを禁止されている。そうだとすれば，事業以外の目的で５００万円の払戻しを受けた行為は権限がないにもかかわらず所有者でなければできないような行為をしたといえ，「横領」にあたる。

(4)　以上より，甲の上記行為に横領罪が成立する。

3(1)　乙と共同して，Vを脅し，債務免除をさせた行為について，強盗罪が成立しないか。

(2)　上述のとおり，１項強盗罪は成立しない。

(3)　２項強盗罪が成立しないか。

　　甲と乙はVを刃物で脅して，債務免除の念書をVに書かせることを相談しており，共謀がある。そして，上述のとおり，２項強盗罪の実行行為もある。また，本件強盗罪の利益は，甲がVに負う債務から逃れる点にあることから，甲の正犯意思も認められる。

(4)　よって，上記行為に２項強盗罪の共同正犯（６０条）が成立する。

4(1)　乙がVの財布から１０万円を取得した行為について，甲の共同正犯が成立しないか。

(2)　まず，甲と乙は上述のとおり，事前に２項強盗罪の共謀はあった。では，上記１項強盗罪に共謀が及ぶか。

　　共謀が及ぶかは，共謀の内容と実際の犯行の内容の共通性を判断する。

　　本件では，念書を書かせることと，財布からお金を取ることに共通性はない。また，事前共謀の際，甲は「あくまで脅すだけだ。絶対に手は出さないでくれ。」といっており，他の罪について共謀はしていない。そうだ

● 本答案は，預金５００万円の占有が甲にあると後に述べている。また，出題趣旨によれば，甲には銀行に対する正当な払戻権限が認められる。したがって，銀行には甲の払戻しに応じる義務が生じる。にもかかわらず，甲に銀行に対する詐欺罪の成立を認める場合には，上記の点を踏まえた説得的な論理展開が求められるが，本答案は，上記の点について何ら言及がなく，不十分である。

● 判例（最判昭24.3.8／百選Ⅱ［第7版］〔65〕）を意識した適切な論述がなされている。

● 甲・乙間に２項強盗罪の共同正犯が成立することについてはほぼ争いがないと考えられるため，本答案のような端的な認定が望ましいと思われる。

● 出題趣旨によれば，現金10万円に対する強盗罪の成否について，甲・乙間における共謀に基づく共同正犯の成立範囲が問われていたのであり，本答案はかかる点につき共謀の射程の議論として検討ができている。

とすれば，1項強盗罪に共謀の射程は及ばない。

　もっとも，本件では乙が「迷惑料として俺たちに１０万円払え。」といった際，甲もサバイバルナイフを持っており，この行為を止めず黙認していた。そうであるならば，1項強盗罪の現場共謀が認められると考える。

(3)　そして，上述のとおり，実行行為と甲の正犯意思が成立する以上，共同正犯が成立するように思える。もっとも，本件では甲は乙が「１０万円も払わせよう」と言った際，「念書が取れたんだからいいだろ。もうやめよう。手は出さないでくれと言ったはずだ。」といい，乙をV方から連れ出しているため，共犯の離脱が認められないか。

　共同正犯の処罰根拠は相互利用補充関係にある。そうだとすれば，心理的に物理的に因果関係が遮断されれば，相互利用補充関係が遮断されたといえるため，共犯の離脱が認められる。

　本件では，乙の「１０万円も払わせよう。」との発言のあとに，甲はやめようと言っていることから，心理的因果関係は遮断されている。また，サバイバルナイフを取り上げていることからも，物理的因果関係が遮断されているといえる。よって，甲に共犯の離脱が認められ，共同正犯とならない。

5　以上より，詐欺罪，横領罪，2項強盗罪が成立し，併合罪となる。

以　上

※　実際の答案は４頁以内におさまっています。

● 乙がVの胸倉をつかんでVの喉元にサバイバルナイフの刃先を突き付けた時点では，Vはいまだ念書を作成していなかったこと，甲は「脅すだけだ。絶対に手は出さないでくれ。」等と述べていることから，甲に現金10万円に係る1項強盗罪の現場共謀が認められるとの認定には疑問の余地がある。

● 出題趣旨に照らすと，甲・乙間にVの現金10万円に対する1項強盗罪の現場共謀が認められるとした場合，甲にその共犯関係の解消が認められるかどうかが問題となる。本答案は，この点について，共同正犯の処罰根拠に遡り，適切に論理を展開して検討を加えており，出題趣旨に合致する。

　なお，甲に共犯関係の解消が認められたとしても，共謀に基づく乙の暴行・脅迫がなされている以上，甲の現金10万円に対する強盗未遂罪（236Ⅰ，243）の成否について検討することが必要となる。

▶ MEMO ────────────────────────────

第1　甲の罪責
1　Cに対し払戻しを申し入れ，５００万円の交付を受けた行為について
(1)　詐欺罪（刑法（以下略）２４６条１項）に当たる。
(2)ア　１項詐欺罪は「財物」を保護対象としているが，定期預金はこれに当たるか問題となる。しかし，定期預金は普通預金と金利が違うのみであり，現金同様の流動性を有しているから「財物」に該当することを認めてよい。
　　イ　詐欺罪が成立するためには欺罔，被欺罔者の錯誤，財物の交付，移転及びこれを包括する因果関係と故意が必要である。そして，甲が真の預託者Vとの約定に反して本件定期預金の５００万円の払戻しを受けると知っていれば窓口係員Cは甲に本件５００万円を交付することはなかったといえるのだから，甲は欺罔行為に及んだといえる。
　　ウ　甲の欺罔によってCは５００万円を甲に交付し，その所有を移転させている。
(3)　よって，甲には詐欺罪が成立する。
2　５００万円を乙に対する自己の債務に充当した行為について
(1)　横領罪（２５２条）が成立する。
(2)ア　業務上横領罪（２５３条）の「業務」とは，人が社会生活上の地位に基づいて反復継続して行う事務をいうところ，本件の投資金の保管は甲があくまでVとの個人的関係に基づい

て，のちに会社を設立するために行ったものであるから，反復継続性を欠きこれに当たらない。
　　イ　「自己の占有する」とは，濫用のおそれがある支配力を有していることをいい，甲は乙の５００万円を甲の設立する会社への投資に充てる約定で保管していたのだから，これに当たる。
　　ウ　金銭所有権は甲に移転していることから「他人の物」といえるか問題となる。
　　　　この点，委託信任関係も横領罪は保護する対象としており，金銭もこれに含まれると解すべきである。そこで，甲が乙から寄託された金銭も「他人の物」に当たる。
　　エ　「横領する」とは，不法領得の意思を発現する行為一切をいう。本件では，甲は本件５００万円を自己の乙に対する債務の弁済に充てている。これはVとの委託信任関係に背いてVの許可がなければできないような行為であるところ，不法領得の意思の発現を認めてよい。
(3)　したがって，甲に横領罪が成立する。
3　Vに対し，乙とともにサバイバルナイフを突きつけ念書を書かせた件について
(1)　強盗利得罪（２３６条２項）が成立する。
(2)ア　強盗罪にいう「暴行又は脅迫」とは，一般人の反抗を抑圧する程度のものであることが必要とされるところ，大人の男

● 本答案は，再現答案②と同様，預金５００万円の占有が甲にあると後に述べている。また，出題趣旨によれば，甲には銀行に対する正当な払戻権限が認められる。したがって，銀行には甲の払戻しに応じる義務が生じる。にもかかわらず，甲に銀行に対する詐欺罪の成立を認める場合には，上記の点を踏まえた説得的な論理展開が求められるが，本答案は，上記の点について何ら言及がなく，不十分である。

● 使途を定めて寄託された金銭が「他人の物」に当たるかという問題点については，刑法上の所有権保護の性質から，金銭の所有と占有の一致という民事法上の原則が適用されないことを論じるべきである（再現答案①コメント参照）。

● 本問において，甲とVとの間では，現金５００万円は投資のみに充てることの確認がなされている。したがって，甲がVに無断で定期預金を払い戻し，乙への返済に流用すべく，同定期預金の払戻しを申し入れた時点（又は現金５００万円の交付を受けた時点）で，甲の不法領得の意思が発現したと認定することも可能

二人がサバイバルナイフを首に突き付けて念書の作成を要求することは反抗を抑圧する程度の脅迫にあたるといえる。

イ 「財産上不法の利益を得」といえるか。

この点、強盗利得罪では暴行脅迫を原因とするから処分行為は不要と解するが、その財産的利益には具体的・現実的確定性が要求される。

本件で甲及び乙は迷惑料として５００万円の債務があるとの念書をＶに書かせ相殺するのだとしている。もっとも、この念書は５００万円の債務の成立ではなく甲のＶに対する５００万円の返還債務を帳消しにするための方便として要求されたものであるから、その実質は債務の免除である。そして、本件債務の免除行為は具体性があるといえるので「財産上不法の利益を得」といえる。

ウ 共同正犯（６０条）の処罰根拠は互いに利用補充しあって自己の犯罪を遂行し、法益侵害の危険を倍加させる点にある。そこで、共謀及びそれに基づく実行があれば共謀共同正犯として認められる。

本件では、甲と乙は５００万円の帳消しを共謀した上、Ｖに対する強盗行為も共同して行っているから、その共同正犯として問擬される。

(3) したがって、甲には強盗利得罪の共同正犯が成立する。

4 乙がＶの財布から１０万円を抜き取った行為について

共謀共同正犯の処罰根拠は上記のようなものであるところ、甲は共謀の段階で絶対に手を出さないでくれと乙にいい、また、実行の時も乙に手を出さないでくれといい、ナイフも取り上げている。したがって、乙の奪取行為に対して、共謀の射程、すなわち物理的心理的因果関係を欠くから、この行為については責任を負わない。

第2 乙の罪責

1 甲とともにＶに対し念書の作成を強要した行為については、先述の通り強盗利得罪の共同正犯が成立する。

2 Ｖの財布から１０万円を抜き取った行為について

(1) 強盗罪（２３６条1項）が成立しないか。

この点、乙はＶに対し「暴行又は脅迫」を新たに行っていないため、成立しないというべきである。強盗行為後の「暴行又は脅迫」は通常人としても低強度のもので構わないというべきであるが、本件でＶは乙が１０万円をもっていくのをただ見ているだけであり、これに該当しない。また、黙示の脅迫などを認めては処罰範囲が広がりすぎて妥当ではない。

よって、成立しない。

(2)ア では、窃盗罪（２３５条）が成立しないか。

イ Ｖの１０万円は「他人の財物」である。

ウ そして、窃取とは占有者の意思に反して、その占有を自己または第三者に不法に移転させることをいうところ、Ｖの財

である。少なくとも、現金500万円を乙に手渡し、自らの借入金の返済に充てた時点では遅いと解される。

● 本問事案から、念書が「甲とＶとの間には一切の債権債務関係はない」という債権放棄の内容のものであることは明らかになっているので、「その実質は債務の免除である」などと論述する必要はない。

● 甲と乙は実行共同正犯であるから、共謀共同正犯が問題となる余地はない。

● 出題趣旨によれば、甲・乙間における共謀に基づく共同正犯の成立範囲について検討することが求められていた。本答案は、共謀の射程について検討してはいるが、共謀の射程の判断枠組みが抽象的にしか示されておらず、不十分である。

この点、共謀の射程は、当初の共謀と実行行為との間に因果性が認められるかという観点から判断する。具体的には、①当初の共謀と実行行為の内容との共通性（被害者の同一性、行為態様の類似性、侵害法益の同質性等）、②当初の共謀による行為と過剰結果を惹起した行為との関連性（機会の同一性、時間的・場所的近接性等）、③犯意の単一性・継続性、④動機・目的の共通性、といった事情を総合的に考慮して判断する。

布から１０万円をＶの意思に反して占有を獲得しており，「窃取」したといえる。また，乙は１０万円のＶの占有を排除して，経済的に効用をその物の用法に従い享受する意思があると解され，不法領得の意思も肯定できる。

(3) よって，乙に窃盗罪が成立する。

第３　罪数

1　甲には詐欺罪，横領罪，強盗利得罪が成立し，これらはいずれも法益侵害態様が異なるため包括一罪にならず，併合罪（４５条前段）になる。

2　乙には強盗利得罪，窃盗罪が成立し，侵害法益が異なることからこれにも包括一罪は成立せず，併合罪（４５条前段）が成立する。

以　上

※　実際の答案は４頁以内におさまっています。

● 　本答案は，「本件でＶは乙が10万円をもっていくのをただ見ているだけ」であるとして１項強盗罪の成立を否定し，乙に窃盗罪が成立するとしているが，本問では，Ｖは「恐怖のあまり身動きできない」状態だったのであり，反抗抑圧状態にあったことは明らかであるから，窃盗罪が成立するとの結論には説得力に欠ける上に，事案の摘示も不適切である。

MEMO

再現答案④　C評価（A・Tさん　順位781位）

第1　甲が定期預金の払戻しを受けた行為
　甲が，定期預金の払戻しを受けた行為について，詐欺罪（刑法（以下法名略）２４６条１項）が成立するか。
　詐欺罪が成立するためには，財産的損害に向けられた欺罔行為が必要である。甲は定期預金証書を紛失してしまったとして再発行手続を経て解約手続を行い，５００万円の払戻しを受けている。確かに，証書の紛失は虚偽の話であるが，当該定期預金口座は甲名義であり，証書の再発行手続を経れば預金の払戻しを受けることが可能であるのだから，甲の虚偽の話は財産的損害に向けられた欺罔行為とはいえない。
　よって，詐欺罪は成立しない。
第2　甲が５００万円を返済に充てた行為
1　甲が，払戻しを受けた５００万円を借入金の返済として乙に手渡した行為について，業務上横領罪（２５３条）が成立するか。
2　払戻しを受けた５００万円は，甲が立ち上げた投資会社による投資のみに充てるものとしてVから受け取ったものであり，甲が「業務上」「占有する」「他人の物」にあたる。
　　そして，「横領」とは，不法領得の意思，すなわち委託の任務に背き，権利がないにもかかわらず，所有者でなければできないような処分をする意思の発現たるすべての行為をいう。本件では，甲はVから預かっている５００万円を自己の借入金の

●　本答案は，「定期預金口座は甲名義であり，証書の再発行手続を経れば預金の払戻しを受けることが可能である」としており，甲に正当な払戻権限が認められること，銀行には甲の払戻しに応じる義務があることを前提に詐欺罪の成否を検討している点で，適切な論述である。

●　甲には預金に対する事実上の支配が認められないから，甲が５００万円を「占有する」者といえるかどうかについて検討する必要がある。また，これが認められるとされた場合には，甲の占有が「業務上」のものか，甲が占有する５００万円が「他人の物」といえるかについても，それぞれ検討する必要がある。

返済に充てており，委託の任務に背いて所有者でなければできないような処分をしているから，不法領得の意思及びその発現行為が認められ，「横領」したといえる。
　　さらに，甲には故意が認められる。
3　よって，業務上横領罪が成立する。
第3　甲と乙が念書を書かせた行為
1　甲と乙が，共謀の上，Vに念書を書かせた行為について，強要罪の共同正犯（６０条，２２３条１項）は成立するか。
　　甲と乙は，共謀の上，あらかじめ用意していたサバイバルナイフを各々手に持ってVの目の前に示しながら，「甲とVの間には一切の債権債務関係はない」という内容の念書を作成させている。これは，「暴行を用いて」，Vに「義務のないことを行わせ」たものであり，強要罪の共同正犯が成立する。
2　さらに，かかる行為について，強盗利得罪の共同正犯（６０条，２３６条２項）が成立するか。
⑴　強盗利得罪が成立するためには，相手の反抗を抑圧する程度の暴行，脅迫が必要であるところ，乙はVの喉元にサバイバルナイフの刃先を突き付けており，Vは，このまま甲らの要求に応じなければ本当に刺し殺されてしまうのではないかとの恐怖を感じているから，Vの反抗を抑圧する程度の暴行，脅迫が認められる。
⑵　次に，暴行，脅迫を用いて財物を強取するという強盗罪の行

●　強要罪（２２３）と強盗罪は，後者が前者の法条競合のうちの特別関係に立つため，強盗罪の成立を認める場合には強要罪は成立しない。したがって，まず強盗罪の成否を検討しなければならない。

●　「暴行又は脅迫」が被害者の反抗を抑圧するに足る程度かどうかを判断する場合，人の喉元に殺傷能力の高いサバイバルナイフを突き付ける行為自体の客観的性質に着目すべきであり，被害者の主観面を重視すべきではない（再現答案①コメント参照）。

為態様に鑑み，処分行為は不要と考える。ただし，処罰範囲を限定するため，財産上の利益の移転に確実性，終局性が認められなければならないと考える。

　　本件では，「債権債務関係はない」旨の念書を書かせたにすぎず，また，当該念書も甲と乙が強要して書かせたものであるから，無効となる可能性が高い。とすると，Vが甲に対する債権を終局的に放棄したとはいえず，財産上の利益の移転に確実性，終局性が認められない。

(3)　よって，強盗利得罪の共同正犯は成立しない。

第4　乙が10万円を財布から抜き取った行為

1　乙が10万円を財布から抜き取った行為について，強盗罪（236条1項）が成立するか。

　　強盗罪が成立するためには，強盗利得罪と同様，相手の反抗を抑圧する程度の暴行，脅迫が必要である。

　　本件では，前述のようにVの反抗を抑圧する程度の暴行，脅迫を行い，念書を書かせた後，甲と乙は一度V方から外へ出ている。しかし，乙が再びV方に入ったのはその直後であり，Vは依然恐怖のあまり身動きできない状態であったから，反抗抑圧状態は継続しているといえる。とすると，新たな暴行，脅迫は不要であると考える。

　　そして，乙は身動きできないVの目の前で，V所有の財布から現金10万円を抜き取っており，10万円を「強取」したといえる。

　　よって，乙に強盗罪が成立する。

2　では，かかる乙の行為について，甲も共同正犯として罪責を負うか。

(1)　共同正犯の一部実行全部責任の根拠は，相互利用補充関係のもと，特定の犯罪を実現したという点にある。とすると，直接実行行為を行っていない者も，共犯者の行為を利用して犯罪を実現することは可能であるから，いわゆる共謀共同正犯としての罪責を負いうる。そこで，①共謀が存在し，②一部の者による実行行為が認められ，③正犯意思が存在する場合には，実行行為を行っていない者にも共同正犯が成立すると考える。

(2)　上述のように，乙には強盗罪が成立するから，②は認められる。

　　もっとも，甲は，事前の共謀の時点で，「あくまで脅すだけだ。絶対に手は出さないでくれ。」と乙に話しており，念書を取るという共謀が成立しているにすぎず，10万円を支払わせるという点については共謀が及んでいない。また，現場において乙が「迷惑料の10万円も支払わせよう」と持ちかけたのに対し，「念書が取れたんだからいいだろ。もうやめよう。手は出さないでくれと言ったはずだ。」と言って，乙をV方から外へ連れ出し，ナイフも取り上げている。とすると，現場における共謀も成立していない。

● 　Vが作成・交付させられた念書は，Vの債権放棄により以後500万円の返還請求を事実上断念させる内容のものであるから，具体的かつ確実な利益の移転があると評価するのが妥当である。

● 　1項強盗罪の成否について，適切に事案を分析できている。

● 　甲と乙は実行共同正犯であるから，共謀共同正犯が問題となる余地はない。

● 　出題趣旨によれば，甲・乙間における共謀に基づく共同正犯の成立範囲について検討することが求められていた。本答案は，共謀の射程について検討してはいるが，共謀の射程の判断枠組みが全く示されておらず，単に事実を摘示して評価を加えるのみの論述となっており，不十分である（共謀の射程に関する詳細な判断枠組みについては，再現答案③コメント参照）。

平成30年・予備

よって，①が認められない。
(3)　よって，甲は強盗罪の共同正犯としての罪責を負わない。
第5　罪責
　以上より，甲には⑦業務上横領罪（253条），⑦強要罪（2
23条1項）が成立し，⑦は乙と共同正犯（60条）が成立し，
⑦とは併合罪（45条前段）となる。そして，乙には⑦強要罪と
⑦強盗罪が成立し，⑦は甲と共同正犯（60条）が成立し，⑦と
は併合罪（45条前段）となる。

　　　　　　　　　　　　　　　　　　　　　　　以　上

※　実際の答案は4頁以内におさまっています。

令和元年

[刑　法]

　以下の事例に基づき，甲の罪責について論じなさい（Aに対する詐欺（未遂）罪及び特別法違反の点は除く。）。

1　不動産業者甲は，某月1日，甲と私的な付き合いがあり，海外に在住し日本国内に土地（以下「本件土地」という。時価3000万円）を所有する知人Vから，Vが登記名義人である本件土地に抵当権を設定してVのために1500万円を借りてほしいとの依頼を受けた。

　　甲は，同日，それを承諾し，Vから同依頼に係る代理権を付与され，本件土地の登記済証や委任事項欄の記載がない白紙委任状等を預かった。

　　甲は，銀行等から合計500万円の借金を負っており，その返済期限を徒過し，返済を迫られている状況にあったことから，本件土地の登記済証等をVから預かっていることやVが海外に在住していることを奇貨として，本件土地をVに無断で売却し，その売却代金のうち1500万円を借入金と称してVに渡し，残金を自己の借金の返済に充てようと考えた。

　　そこで，甲は，同月5日，本件土地付近の土地を欲しがっていた知人Aに対し，「知人のVが土地を売りたがっていて，自分が代理人としてその土地の売却を頼まれているんです。その土地は，Aさんが欲しがっていた付近の土地で，2000万円という安い値段なので買いませんか。」と言い，Aは，甲の話を信用して本件土地を購入することとした。

　　その際，甲とAは，同月16日にAが2000万円を甲に渡し，それと引き換えに，甲が所有権移転登記に必要な書類をAに交付し，同日に本件土地の所有権をAに移転させる旨合意した。甲は，同月6日，A方に行き，同所で，本件土地の売買契約書2部の売主欄にいずれも「V代理人甲」と署名してAに渡し，Aがそれらを確認していずれの買主欄にも署名し，このように完成させた本件土地の売買契約書2部のうち1部を甲に戻した（甲のAとの間の行為について表見代理に関する規定の適用はないものとする。）。

2　その後，Vは，同月13日，所用により急遽帰国したが，同日，Aから本件土地に関する問い合わせを受けたことで甲の行動を知って激怒し，同月14日，甲を呼び付け，甲に預けていた本件土地の登記済証や白紙委任状等を回収した。その際，Vは，甲に対し，「俺の土地を勝手に売りやがって。今すぐAの所に行って売買契約書を回収してこい。明後日までに回収できなければ，お前のことを警察に通報するからな。」と怒鳴った。

　　甲は，同月14日，Aに会いに行き，本件土地の売買契約書を回収させてほしいと伝えたが，Aからこれを断られた。

3　甲は，自己に対して怒鳴っていたVの様子から，同売買契約書をAから回収できなかったことをVに伝えれば，間違いなくVから警察に通報され，逮捕されることになるし，不動産業（宅地

建物取引業）の免許を取り消されることになるなどと考え，それらを免れるには，Ｖを殺すしかないと考えた。

　そこで，甲は，Ｖを呼び出した上，Ｖの首を絞めて殺害し，その死体を海中に捨てることを計画し，同月１５日午後１０時頃，電話でＶに「話がある。」と言って，日本におけるＶの居住地の近くにある公園にＶを呼び出し，その頃，同所で，Ｖの首を背後から力いっぱいロープで絞めた。

　それによりＶは失神したが，甲は，Ｖが死亡したものと軽信し，その状態のＶを自車に載せた上，同車で前記公園から約１キロメートル離れた港に運び，同日午後１０時半頃，同所で，Ｖを海に落とした。その時点で，Ｖは，失神していただけであったが，その状態で海に落とされたことにより間もなく溺死した。

　本問は，甲が，(1)Ｖから本件土地に対する抵当権設定の代理権しか付与されていなかったのに，Ａに本件土地を売る旨の売買契約書2部に「Ｖ代理人甲」と署名した上，その内容をＡに確認させるなどしたこと，(2)Ｖに無断で本件土地の売買契約をＡと締結したこと，(3)(2)に関して，逮捕を免れるなどのために，Ｖを殺害してその死体を海中に捨てることを計画し，実際にＶの首を絞めたが，それにより失神したＶが死亡したものと軽信し，その状態のＶを海に落とし溺死させたことを内容とする事例について，甲の罪責に関する論述を求めるものである。

　(1)については，本件土地の売買契約書の作成権限が与えられていなかった甲による同契約書の作成が代理権限の逸脱に当たることを前提に，有印私文書偽造罪・同行使罪の成否について，文書の名義人に関する擬律判断を含め，その構成要件該当性を検討する必要がある。

　また，(2)については，主に論ずべき点として，横領罪と背任罪の関係を踏まえて，本件土地に関する（横領罪における）占有が甲に認められるか，それが認められるとした場合に甲の行為が「横領」と評価できるか（既遂時期），仮に横領罪の成立が否定された場合に背任罪の成否を検討すべきかについて，本事例における事実関係を基に検討する必要がある。

　(3)については，行為者が第1行為（Ｖの首を絞める行為）により死亡結果が発生すると予見していたのに，実際は結果が発生せず，第2行為（失神したＶを海に落とした行為）により死亡結果が発生した場合（いわゆる遅すぎた構成要件の実現）の殺人既遂罪の成否に関し，第1行為と死亡結果との因果関係の有無及び因果関係の錯誤の処理，並びに，第2行為の擬律（抽象的事実の錯誤，過失致死罪の成否）について，また，第1行為と第2行為を1個の行為（一連の実行行為）と捉えた場合は，1個の行為と評価する根拠について，それぞれ検討する必要がある。

　いずれについても，各構成要件等の正確な知識，基本的理解や，本事例にある事実を丁寧に拾って的確に分析した上，当てはめを行う能力が求められる。

▶ MEMO

令和元年・予備

第１　本件土地を売却した行為について，業務上横領罪（刑法
（以下略）２５３条）が成立するか。
1　「業務」とは，社会生活上の地位に基づき反復継続して行う
事務であって財産の占有を内容とするものである。甲は，不動
産業者であるため，不動産という財産の占有を反復継続して
行っている。よって，甲の行為は「業務」上されたといえる。
2　「占有」とは，濫用のおそれのある支配力を有することをい
うため，いわゆる法律上の占有もこれに含まれうる。また，占
有は委託に基づく必要がある。
　　たしかに，甲は，抵当権設定の代理権を付与されたにすぎな
い。しかし，登記済証や白紙委任状等を預かっていたため，不
動産を処分可能であったといえ，濫用のおそれのある支配力を
有していた。そして，Ｖの依頼に基づき支配力を有するに至っ
たため，委託に基づくといえる。
　　よって，本件土地を委託に基づき「占有」していた。
3　「横領」とは，不法領得の意思の発現行為をいう。ここでい
う不法領得の意思とは，委託の任務に背いて，権限がないの
に，権利者でなければできないような処分をする意思をいう。
　　たしかに，甲は，本件土地を売却し，自己の借金の返済に充
てて費消する目的であった。しかし，不動産売買においては，
登記を具備するまで確定的に権利を取得したとはいえない。そ
のため，登記がされた時点で不法領得の意思が発現したという

べきである。甲は，未だＡに対し，所有権移転登記手続をして
おらず，必要な書類を交付してもいないため，実質的にも登記
がされたということはできない。よって，不法領得の意思が発
現したとはいえない。
　　したがって，甲の行為は「横領」にあたらない。
4　横領罪には未遂犯処罰規定がないため，甲の行為に業務上横
領罪は未遂すら成立しない（４４条）。
第２　売買契約書に署名しＡに渡した行為について，有印私文書
偽造罪（１５９条１項）及び同行使罪（１６１条）が成立す
るか。
1　「偽造」とは，名義人と作成者の人格の同一性を偽ることを
いう。
　　甲は，「Ｖ代理人甲」と署名した。売買契約書の性質から，
看取される意思や観念の表示主体たる名義人は，売却につき代
理権を有する甲である。しかし，甲は抵当権設定についての代
理権しか有していなかった。意思や観念を表示した者たる作成
者は，売却につき代理権を有しない甲である。よって，名義人
と作成者の人格の同一性を偽ったといえる。
　　したがって，「偽造」にあたる。
2　甲は，文書を真正なものとして認識可能な状態に置く目的を
有していたと考えられるから，「行使の目的」があった。そし
て，Ａに渡して，真正なものとして認識可能な状態に置いた

● 業務上横領罪（253）における
「業務」の意義を正確に示すことが
できている。

● 出題趣旨によれば，「横領罪と背
任罪の関係を踏まえて」とされてい
る。この点，他人の物の占有者が他
人の事務処理者である場合，横領罪
と背任罪の両方が成立する可能性が
ある。そのため，犯情の重い横領罪
が成立する場合，法条競合として，
横領罪の成立のみが認められる等の
説明（再現答案②③参照）をした上
で検討できると，より丁寧な論理展
開となった（なお，横領罪の成否よ
りも先に背任罪の成否を検討する場
合には，必ず横領と背任の区別につ
いて論じなければならない）。

● 出題趣旨によれば，甲の行為が
「横領」と評価できるか（既遂時期）
について検討することが求められ
る。この点，横領罪の既遂時期は，
不法領得の意思が外部に発現した時
点であるところ，不動産に関して
は，単に売却等の意思表示をしただ
けでは足りず，所有権移転登記を完
了して初めて既遂に達すると解する
のが一般的である。なぜなら，不動
産においては登記が対抗要件（民
177）とされており，単に売却等の
意思表示をしただけでは，所有権の
侵害が確定的ではないからである。
　本答案は，「横領」の定義を明示
した上で，不動産に関しては，登記
がされた時点で不法領得の意思の発
現が認められる旨を，理由を付して
論じることができており，出題趣旨
に合致する。

● 代理名義の冒用に関して，判例
（最決昭45.9.4／百選Ⅱ［第7版］
〔92〕）は，本答案の立場と異なり，
名義人を「本人」（Ｖ）と捉える立
場に立ち，名義人（Ｖ）と作成者
（甲）の人格の同一性に齟齬がある

め，「行使」したといえる。
3　V代理人甲と「署名」しているため，有印である。また，本件売買契約書は，「権利…に関する文書」である。
4　したがって，本件売買契約書2部につき，有印私文書偽造罪及び同行使罪が計2つずつ成立する。
第3　Vの首を絞めて海に落とした行為について殺人罪（199条）が成立するか。
1　甲は不利益を被ることを免れるためにVを殺そうとした。しかし，Vからの損害賠償請求権は未だ発生していないから具体的利益ではないし，免許取消は不確定なものであり現実性がない。よって，強盗殺人罪（240条）は成立しない。
2　首を絞めた行為と海に落とした行為は，殺意の有無という点で意思が連続していない。よって，別個の行為としてとらえるべきである。
3　海に落とした行為について
　客観的には保護責任者遺棄致死罪の構成要件に該当する。しかし，甲はVが死亡したものと信じていた。主観的には死体遺棄罪の認識であった。そして，これらは保護法益が生命身体と国民の宗教的感情とで実質的に重なるものではない。よって，甲には故意（38条）が認められない。
　もっとも，甲はVの死亡を軽信しており，過失致死罪（210条）が成立する。

4　Vの首を絞めた行為について
　Vは溺死している。因果関係が認められるか。妥当な帰責範囲を設定するため，法的因果関係をも要求すべきである。具体的には，行為の危険が結果として現実化したといえるかにより判断する。甲は，Vの首を絞めて殺害し死体を海中に捨てる計画であった。死の危険の高い行為をした者が死体を海中に捨てるなどして隠滅を図ることはよくあることである。Vの首を絞めて失神させた行為には，海中に捨てられて溺死する危険が含まれていたといえる。よって，甲の行為の危険がVの死亡結果として現実化したといえる。
　また，甲の認識した因果経過とは異なるが，甲の認識においてもVの死について因果関係は認められるため，故意を認めるには十分である。
　したがって，首を絞めた行為につき殺人罪が成立する。
第4　以上より，①有印私文書偽造罪及び②同行使罪が計2つずつ，③過失致死罪及び④殺人罪が成立し，①と②はそれぞれ包括一罪となり，罪質上通例手段結果の関係にあるので牽連犯となり（54条1項後段），③と④とはVの生命を侵害する点で共通しているため③は④に吸収され，①②と③④とは併合罪となる（45条）。
以　上

ことを理由に，無印私文書偽造罪（159Ⅲ）の成立を認めている（なお，「無印」なのは，名義人である本人（V）の「署名」「印章」の使用がないためである）。

● 本問では，甲はVに対し何ら財産上の債務を負っておらず，また，免許取消しを免れるという利益も確定的なものではないから，2項強盗殺人罪の成否の検討をする必要はない。出題趣旨も，強盗殺人罪の成否について何ら言及していない。

● 出題趣旨によれば，事例3以下では，いわゆる「遅すぎた構成要件の実現」の問題（因果関係の錯誤の問題）の処理が問われている。この問題では，まず甲の行為を1個とみるか2個とみるかが問題となる。この点，Vの首を絞める行為（第1行為）は殺意をもつ行為であるが，Vを海に落とした行為（第2行為）は殺意をもたない行為であり，それぞれ意思の内容が異なる（意思の連続性に欠ける）ため，これらを1個の行為とみることはできない。
　本答案は，行為の個数が問題となることを指摘した上で，その判断基準を意思の連続性に求めて2個の行為と別々に評価し，しかも結果に近い第2行為から検討を加えている点で，非常に優れた論理展開と評価できる。

● 本答案は，危険の現実化説に立ち，第2行為が第1行為の危険の現実化の妨げにならない（第2行為は第1行為と結果との間の介在事情にすぎない）ことを説得的に本問の事例に即して検討できており，高く評価されたものと推察される。

令和元年・予備

第1　本件土地を無断で売却した行為に横領罪（刑法（以下略）2
　　52条）が成立しないか。
1　まず，横領罪と背任罪（247条）は法条競合の関係にあるか
　ら，横領罪から検討する。
　　「自己の占有する」とは，本条の保護法益が濫用の誘惑のある
　場合の委託信任関係を保護する点にあるから，事実上のものに限
　られず，法律上の占有も含む。
　　本件では甲は本件土地の登記済証や委任状を有し，法律上の占
　有が認められるから，「自己の占有する」といえる。
2　次に，「横領」とは，不法領得の意思の意思を実現する一切の
　行為をいう。そして，ここにいう不法領得の意思とは，委託の任
　務に背き，所有者でしかなしえない行為をする意思をいう。本件
　では，甲は本件土地の売却につき代理権を有しないのであるか
　ら，売却する行為は委託の任務に背く所有者にしかできない行為
　であり，不法領得の意思を実現する行為だから「横領」にあた
　る。
3　故意（38条1項本文）とは，客観的構成要件該当事実の認識
　認容をいうところ，甲は権限のない売却の認識認容があり，横領
　の故意がある。
　　よって，甲の上記行為に横領罪が成立する。
第2　V代理人甲と記載した行為は，私文書偽造罪（159条1
　　項）及び同行使罪（161条1項）が成立しないか。

1　「行使の目的」とは，偽造にかかる文書を真正なものと認識さ
　せる目的をいう。甲はAに代理権を有する者による売買契約の成
　立と認識させるために記名しており，「行使の目的」が認められ
　る。
2　では，甲は自身の名前を記載しているところ，「偽造した」と
　いえるか。まず，「偽造した」とは，文書の名義人と作成者の人
　格同一性を偽ることをいう。そして，名義人とは，文書から認識
　される当該意思観念の帰属主体をいい，作成者とは文書の意思観
　念の実際の帰属主体をいう。本件作成者は甲であるところ，名義
　人はだれか。
　　本条の保護法益は，文書に対する公の信頼にあるから，記載か
　ら，どのような者によって作成されたことに対して信頼が生じる
　かによって判断されるべきである。
　　この点，代理権の有無は契約において重要な要素なのであるか
　ら，代理権があるという属性についても信頼が生じるものと考え
　る。
　　本件では，文書からは本件土地の売却についての権限がある甲
　についての信頼が生じているといえるから，名義人は代理権を有
　する甲である。したがって，代理権がないにも関わらず，代理人
　甲と記載したことは，名義人と作成者の人格同一性を偽ったもの
　であって「偽造した」にあたる。
3　また，Aに対し真正に作成されたものと認識させているから，

● 本答案は，出題趣旨にいう「横領
罪と背任罪の関係」（横領罪と背任
罪は法条競合の関係にあること）を
示した上で横領罪の成否を検討でき
ており，出題趣旨に合致する。

● 横領罪の「占有」は，処分の濫用
のおそれのある支配力（物に対する
事実上又は法律上の支配力）を有す
る状態をいい，その「占有」は委託
信任関係に基づいていることを要す
る。本答案は，甲の占有がVの委託
信任関係に基づいていることを指摘
できていない（再現答案①参照）。

● 出題趣旨によれば，甲の行為が
「横領」と評価できるか（既遂時期）
について検討することが求められる
（詳細は，再現答案①コメント参
照）。本答案は，「横領」の意義を
正しく述べている点は適切である
が，甲はAから代金の支払を受けて
おらず，登記もいまだ完了していな
いという事情に言及できていない点
で，不十分である。

● 本答案は，いわゆる帰属説に立
ち，名義人・作成者の意義を正しく
示すことができている。

● 本答案の「名義人」の考え方（文
書から認識される当該意思観念の帰
属主体）からすると，本件土地の売
買契約書は代理名義の文書であるこ
とから，文書から認識される意思観
念（本件土地を売却する意思）の帰
属主体は，「甲代理人V」ではなく

「行使した」といえる。

　これらの行為につき故意を有するから，甲の上記行為に私文書偽造罪及び同行使罪が成立する。

第3　Vの首を力いっぱい絞めた行為に強盗殺人罪（240条後段，236条2項）が成立しないか。

1　まず，240条は「死亡させた」とし，故意を有する場合は含まれないようにも思えるが，強盗が殺意をもって殺すような刑事学上顕著な事態を除くものとは考えられず，また，「よって」という結果的加重犯の文言が用いられていないことから，殺意を有する場合も含むと考える。

2　「暴行」（236条1項）とは，相手の反抗を抑圧するに足りる程度の不法な有形力の行使をいう。この点，背後から力いっぱいロープで首を絞める行為は，高度の死亡の危険を有し，反抗を抑圧するに足りる程度の不法な有形力の行使にあたる。

　もっとも，「財産上不法の利益を得」とは，1項との均衡から財物奪取同等の確実性が必要となる。そこで，実行行為該当性としてこのような結果発生の現実的危険性があるか。

　本件では，甲の行為によって不満に思っているのはVのみであるから，Vが死亡すれば，通報により逮捕される危険は一定程度確実に免れることができる。よって，上記行為は「財産上の利益を得」る現実的危険性を有し，「暴行」にあたり，強盗罪の実行行為にあたる。

3　結果としてVは死亡している。もっとも，その死因は失神しているVを甲が海に投棄したことによる溺死であるから，因果関係が問題となる。

　因果関係の機能とは，行為と結果の結びつきを検討することで処罰範囲の適正化を図る点にある。そうだとすれば，条件関係を前提に行為の危険が結果へと現実化している場合には因果関係が肯定される。

　本件において，甲の上記行為がなければ海に投棄されることもなかったといえるから，条件関係は認められる。もっとも，上記のように上記行為から直接に死亡結果が発生したといえない。また，上記行為によって海への投棄という行為が誘因誘発されたものでなく，設定された危険が実現したものでないから，間接的に実現したものともいえない。

　よって，行為の危険が結果へと現実化したとは言えないから因果関係を欠く。

　したがって，甲の上記行為に強盗殺人未遂罪（243条，240条後段）が成立する。

第4　甲がVを海に投棄したことにより，死亡させた行為に殺人罪（199条）が成立しないか。

1　海への投棄は殺人の実行行為であるところ，甲はVがすでに死亡していると認識しているから，死体遺棄罪（190条）の故意である。そこで殺人罪の故意を欠かないか。

「本人」たるVと解するのが素直である。

● 本問において，2項強盗殺人罪の成否を検討するのは，正しく事案を把握できていないか，2項強盗罪を正しく理解できていないことの表れと思われる（出題趣旨・再現答案①コメント参照）。本答案は，2項強盗の要件の検討について約1頁分の紙面を用いているが，これはほぼ余事記載と評価されたと思われる。

● 逮捕を免れる利益や，宅地建物取引業の免許の取消しを免れる目的が財産上の利益（236Ⅱ）に当たるとするのであれば，相当説得的な理由付けが必要と思われるが，これに欠けるため，不十分である。

● 因果関係の検討を行う前提として，甲の行為が1個のものではないことを確認しておくべきである（再現答案①コメント参照）。

● 本答案は，危険の現実化説に立ちつつ，再現答案①とは逆の結論を導いている。本問の事案に即して具体的・説得的に説明が加えられていれば，いずれの結論でも高い評価がされるものと考えられるところ，本答案は，甲の第1行為によって第2行為が「誘因誘発されたものでなく，設定された危険が実現したものでない」としている。もっとも，甲の第2行為（Vを海に落とした行為）については，甲自身が計画を立てているように，証拠隠滅を図る目的から起こり得ると考えられるため，介在事情（第2行為）の異常性は小さく，甲の第1行為に介在事情を誘発する危険性が含まれていたと評価することも十分可能であった。

2 　故意責任の本質は，規範に直面しつつ反対動機を形成できたに
　も関わらず，行為を行ったことに対する道義的非難である。
　　そこで，構成要件の重なり合いが認められる範囲ではなお規範
　に直面しているものとして道義的非難が可能である。そして，構
　成要件は保護法益と行為態様により類型化されたものであるか
　ら，重なり合いはこれにより判断する。
　　この点，死体遺棄罪は死体に対する礼儀の観念を保護法益とす
　るのに対し，殺人罪は人の生命を保護法益としているから，保護
　法益が異なり，重なり合いは認められない。
　　よって，故意が認められない。
　　したがって，殺人罪，死体遺棄罪は成立しない。
3 　そして，上記行為には重過失致死罪（２１１条後段）が成立す
　る。
第5 　甲には，横領罪（犯罪①），私文書偽造罪（犯罪②），同行
　使罪（犯罪③），強盗殺人未遂罪（犯罪④），重過失致死罪
　（犯罪⑤）が成立し，犯罪②③は牽連犯（５４条１項後段），
　その他は併合罪となる（４５条前段）。
　　　　　　　　　　　　　　　　　　　　　　　　　　以　上
※ 　実際の答案は４頁以内におさまっています。

- 　出題趣旨によれば，Ｖを海に落と
した行為との関係では，抽象的事実
の錯誤や，過失致死罪の成否の検討
が求められているところ，本答案は
この両者について検討することがで
きており，出題趣旨に合致する。

- 　重過失致死罪の成立を認めるので
あれば，甲に「重大な過失」が認め
られる旨の認定をする必要がある。

▶ MEMO

第1　甲が，本件土地の購入をＡに持ちかけた行為について

　　　上記行為につき，横領罪（刑法（以下法名略）２５２条１項）又は背任罪（２４７条）が成立しないか。両罪は法条競合の関係にあるから，法定刑のより重い横領罪の成否を先に検討する。

　　　なお，甲は不動産業者であるものの，Ｖと私的な付き合いから本件土地に抵当権を設定して借入することを依頼されているのであるから，「業務」（２５３条）にはあたらないといえ，業務上横領罪は成立しない。

1(1)　「占有」とは，濫用の恐れのある支配力が重要であるから，事実上の支配のみならず法律上の支配を含むと考える。

　　　そして，横領罪の保護法益は所有権と委託信任関係にあるから，「占有」は委託信任関係に基づくものであることを要する。

　　　甲はＶから上記依頼にかかる代理権を付与され，本件土地の登記済証や白紙委任状等の書類を預かっているから，Ｖの所有する本件土地という「他人の物」を事実上，法律上支配しているといえ，Ｖとの委託信任関係に基づき，これを「占有」しているといえる。

　(2)　「横領」とは不法領得の意思が発現する一切の行為をいう。具体的には，委託の趣旨に背いて権限なく所有者でなければできない行為をすることをいう。

　　　上記行為は本件土地の購入を持ちかけたにすぎず，この時点で本件土地の所有権がＡに移転するわけではないから，未だ不法領得の意思が発現したとはいえないとも思える。しかし，甲は本件土地の売却代金のうちの一部を自己の借金返済に充てる意図で上記行為に及んでいる。そして，Ｖが海外に在住していることから，Ｖが本件土地の売却を止めることは通常困難であり，甲は本件土地の登記済証や委任事項欄の記載のない白紙委任状を持っていたことから，甲が本件土地の登記を移転することは容易であった。そのうえで，Ａは本件土地付近の土地を欲しがっていたのであるから，上記行為によりＡが本件土地の売買に応じる可能性は高い。

　　　そうすると，上記行為の時点で甲の上記不法領得の意思が発現していたというべきであり，上記行為は「横領」にあたる。

2　したがって，上記行為につき横領罪が成立する。

第2　甲が，本件土地の売買契約書の売主欄に「Ｖ代理人甲」と署名した行為について

　　　上記行為に有印私文書偽造罪（１５９条１項）が成立しないか。

1(1)　本件土地の売買契約書は売買契約という「権利，義務…に関する文書」にあたる。

　(2)　「偽造」とは，名義人と作成者の人格の同一性を偽ることをいう。そして，文書偽造罪の保護法益は文書に対する公共の信

- 　本答案は，出題趣旨にいう「横領罪と背任罪の関係」（横領罪と背任罪は法条競合の関係にあること）を示した上で横領罪の成否を検討できており，出題趣旨に合致する。

- 　本答案は，横領罪における「占有」の意義を正確に示した上で，甲に法律上の占有を認めることができること，その「占有」が委託信任関係に基づくことを適切に論述できている（再現答案②コメント参照）。

- 　「横領」の意義を正しく述べることができている。

- 　「委託の趣旨に背いて権限なく所有者でなければできない行為」をしたと評価するにあたっては，甲が本件土地の売却権限を有しないにもかかわらず，Ｖに無断で，Ａに対し売却の意思表示をしたという点を指摘すれば足り，甲による登記の移転が容易であったことや，Ａが本件土地売買に応じる可能性が高かったこと等の事情は挙げる必要がなかったと思われる。
　また，不動産の「横領」の既遂時期に関しては，単に売却等の意思表示をしただけでは足りず，所有権移転登記を完了して初めて既遂に達すると解するのが一般的であり（再現答案①コメント参照），本答案はこの点に関する理解が十分ではなかったと思われる。

用にあるから，名義人とは一般人からして文書の意思主体と判断される者をいうと考える。

「V代理人甲」という署名を見た一般人は，代理における本人が権利義務の帰属主体である以上，本人が名義人であると判断すると考えられる。そうだとすれば，名義人はVである。そして，本件土地の売買契約書はVに無断で甲によって作成されたものであるから，上記行為は名義人Vと作成者甲の人格の同一性を偽る行為として「偽造」にあたる。

(3) そして，上記行為は本件土地の売買という「行使の目的」をもってなされており，甲がVという「他人」の「署名」を使用している。

2 したがって，上記行為につき有印私文書偽造罪が成立する。

第3 甲が，Vの首を背後から力いっぱいロープで絞め，その後Vを海に落として溺死させた行為について

上記行為につき殺人罪（１９９条）が成立しないか。

1 客観的には甲がVを海に落とした行為（第2行為）でVの死の結果が発生し，甲がVの首を絞めた行為（第1行為）ではVは失神したにとどまる。一方で甲は殺意をもって第1行為に及び，甲の主観では第1行為でVの死の結果が発生している。このように客観面と主観面にずれがあるため，行為に対応する故意がなく，上記行為に殺人既遂罪は成立しないとも思える。

しかし，第1行為が殺人罪の実行の着手（４３条本文）にあた

り，これに含まれる危険がVの死という結果として現実化したといえれば，上記行為が全体として殺人罪を構成し得ると考える。

(1) 殺人罪の実行の着手とは，人の死の結果を発生させる現実的危険性を有する行為をいう。

午後１０時という夜遅く人通りの少ない公園で首という身体枢要部をロープで背後から力いっぱい絞める行為は，窒息等による死の現実的危険性を有する。したがって，第1行為は実行の着手にあたる。

(2) Vの死の結果は甲の第2行為という甲自身による介在事情を経たものであるから，かかる結果が第1行為の危険が現実化したものといえるかは，①第1行為の不可欠性，②結果発生との時間的場所的近接性，③特段の障害の有無等から判断する。

第2行為に至るには第1行為によってVを失神させることが不可欠であった（①充足）。第1行為と第2行為は３０分程度しか時間的に差がなく，車での移動であったことから約１キロメートルの距離は近接したものといえる（②充足）。そして，本件は夜遅く人通りの少ないと思われる公園や港において車を利用してなされたものであるから，甲のV殺害を妨げる特段の障害はない（③充足）。

したがって，Vの死の結果は上記行為の危険が現実化したものといえ，両者に因果関係が認められるから，上記行為は殺人罪の客観的構成要件を充たす。

● 判例（最決昭45.9.4／百選Ⅱ［第7版］〔92〕）によれば，代理名義の文書は，表示された意識内容が本人に帰属する形式を有するため，名義人は本人である。本答案は，かかる判例を踏まえ，本件売買契約書の名義人を本人たるVと認定した上で，甲の行為は作成者（甲）と名義人（V）の人格の同一性を偽るものであり，「偽造」に当たるとの結論を導くことができており，適切な論理展開といえる。

もっとも，本答案が安易に「有印私文書偽造罪」の成立を認めている点は，不適切である（再現答案①コメント参照）。また，偽造私文書行使罪（161Ⅰ）の成否も検討する必要があった。

● 本答案は，甲の主観面と客観面にずれがあることを指摘し，「故意がなく，上記行為に殺人既遂罪は成立しないとも思える」と問題提起しているため，因果関係の錯誤に関する問題を検討するものと思いきや，甲の第1行為の危険がVの死という結果を現実化したといえるかどうかを検討する旨述べており，因果関係の錯誤の問題（主観面）と因果関係の存否の問題（客観面）を正しく区別・理解できていないのではないかとの疑問を抱かせる。

● 本答案が示している規範は，いわゆる「早すぎた構成要件の実現」に関する判例の規範（最決平16.3.22／百選Ⅰ［第7版］〔64〕参照）であり，問題状況が本問と全く異なるから，上記判例の規範を用いるのは誤りである。

(3) また，因果関係も故意の対象となる構成要件要素である以上，因果関係の錯誤が問題となるが，いかなる因果の経過により結果が発生するかは重要でないから，特段の事情がない限り因果関係の錯誤により故意が阻却されることはないと考える。

　　　本件では甲は一貫してV殺害を目的として上記行為に及んでおり，Vがロープで首を絞められたこと，海に落とされたことのいずれにより死亡したか自体は重要ではなく，上記特段の事情は認められない。

　　　よって，故意は阻却されない。

2　したがって，上記行為につき殺人罪が成立する。

第4　罪数

　　　甲は横領罪，有印私文書偽造罪，殺人罪の罪責を負い，それぞれ併合罪（45条前段）の関係に立つ。

以　上

※　実際の答案は4頁以内におさまっています。

● 因果関係の錯誤について検討できている点は適切である。もっとも，「いかなる因果の経過により結果が発生するかは重要でない」という理由付けは，やや正確性を欠く（再現答案④コメント参照）。

● 出題趣旨によれば，第2行為の擬律（抽象的事実の錯誤，過失致死罪の成否）について検討する必要があった。本答案は，この点について検討できていない。

▶ MEMO

令和元年・予備

第1　甲がVの土地を売った行為は背任罪に当たるか（刑法2
　　47条）
1　まず，甲はVから抵当権設定について代理権を授与されて
　いるに過ぎず，本件土地について濫用の恐れのある支配力を
　有しているとは言えないので，本件土地は「自己の占有する
　他人の物」（253条）に当たらず，業務上横領罪は成立し
　ない。
2　以下，背任罪の要件について検討する。「他人のためにそ
　の事務を処理する者」とは財産上の事務を処理する者に限ら
　れるところ，甲はVのために本件土地に抵当権設定する事務
　を依頼されており，財産上の事務についての委任関係があ
　り，「他人のために事務を処理する者」に当たる。
3　背任罪の保護法益が全体財産についてである点からすれ
　ば，「自己若しくは第三者の利益を図り…損害を加える目
　的」とは，主として本人の利益を図る目的であればこれに当
　たらないと解される。甲は本件土地を売却した代金のうちV
　に1500万円を渡しているが，Vから本来頼まれているの
　は抵当権設定による借入である。甲が本件売買を行った主な
　目的は売却の500万円分を自己の借金の返済に充てようと
　した点にあり，「自己…の利益を図る」目的であると言え
　る。所有権はいまだに移転していないが，VはAから契約上
　の責任を追及される恐れがあり，「財産上の損害を」加えら

れていると言える。
　　よって，背任罪は成立する。
第2　甲が売買契約書2部に「V代理人甲」と署名した行為は
　　私文書偽造罪（159条），同行使罪（161条1項）が成
　　立するか。
1　本件土地の売買契約書は処分証書であり，「権利…に関す
　る文書」に当たる。甲は「V代理人甲」と署名しており，
　「他人の…署名」を使用している。
2　「偽造」とは作成者と名義人の人格の不一致を指すとこ
　ろ，本件契約書の作成者は甲，名義人はV代理人甲であれ
　ば，人格の不一致はないようにも思える。しかし，私文書偽
　造罪の保護法益は文書に対する社会的信用であるから，名義
　人が誰であるかは，その文書を一般人が見たとき誰の意思が
　表示されていると見るかにより決すべきである。本件におい
　て，V代理人甲という署名を見ると，本件土地を売る意思を
　持つVの意思が表示されていると捉えるのが通常であるが，
　Vは抵当権設定の代理権しか甲に授与していない。よって，
　名義人は，土地を売る意思も持つVであるのに対し，作成者
　は甲となり，名義人と作成者の不一致があると言える。よっ
　て「偽造」に当たる。
3　また，甲は売買契約書を真正に成立したものとして行使し
　ようとしていたのであるから，「行使の目的」がある。以上

● 　不動産については，登記済証や白
　紙委任状など，登記に必要な書類を
　預かっていれば，その書類を使って
　不動産を自由に処分できるから，横
　領罪における「占有」を肯定する
　のが一般的である。本答案は，横
　領罪における「占有」の意義を抽象的
　には把握しているものの，本問の事案
　に即した場合には正しく理解できて
　おらず，不適切である。

● 　「甲は本件土地を売却した代金の
　うちVに1500万円を渡している」
　としているが，そのような事実はな
　く，事実誤認である。

● 　背任罪における「財産上の損害」
　（247）とは，「経済的見地において
　本人の財産状態を評価し，被告人の
　行為によって，本人の財産の価値が
　減少したとき又は増加すべかりし価
　値が増加しなかったとき」（最決昭
　58.5.24／百選Ⅱ［第7版］〔71〕）
　をいう。本問では，いまだ本件土地
　の売買契約上の義務は履行されてお
　らず，表見代理に関する規定の適用
　もない以上，Vの財産の価値はいま
　だ減少していないといえる。また，
　「VはAから契約上の責任を追及さ
　れる恐れ」はないから，「財産上の
　損害」があると評価するのは困難で
　ある。

● 　本答案は，「本件契約書の作成者
　は甲，名義人はV代理人甲であれ
　ば，人格の不一致はないようにも思
　える」と論じているが，これ自体
　誤った理解であるとともに，自己の
　認定（「V代理人甲」は「他人」の
　署名であるという認定）とも矛盾し
　ている点で，著しく不適切である。

● 　本答案は，「名義人は，土地を売
　る意思も持つVである」としている
　が，そうであれば，「V」の署名が
　使用されていなければ「他人」の

より，私文書偽造罪が成立する。また，甲はAに交付することで「行使」しており，同行使罪も成立する（１６１条）。
第３　甲がVを殺して免許取り消しを免れようとした行為について，強盗利得殺人罪（２４０条）は成立しない。なぜなら，強盗罪（２３６条１項）との均衡の観点から，同条２項の「財産上不法の利益」とは，具体的で直接に得られる利益を指すと解されるところ，Vが通報しなければ免許取り消しが直接免れるとはいえないからである。
第４　甲がVを殺した行為は，殺人罪が成立するか。
1　甲はVをロープで絞めてから，海に落としており，Vはその結果死亡している。人の首をロープで力一杯締める行為は，それ自体窒息死させる危険性を有するものであり，「殺」す実行行為に当たる。そして，最終的にVは死亡している。
2　もっとも，Vを死亡させたのは海に落とした行為であり，甲は海に落とす行為の時点では殺人の故意は認められない。そこで，どの行為を「実行の着手」と捉えるのかが問題となる。

実行に着手したと言えるかは，構成要件該当行為との密接関連性と，犯罪結果が発生する現実的危険性の観点から判断すべきである。本件において，甲がVをロープで締める行為自体は，前述の通り生命の危険性をもたらす行為であるし，

ロープで絞めた後，甲はもともとVを海に落とす計画をしており，その二つの行為の間に何ら障害となる事由もなかった。よって，ロープを締める行為と海に落とした行為は一連の行為として見ることができ，甲はロープを締める行為の時点で「犯罪の実行に着手して」いる。
3　もっとも，甲は殺人の因果関係について錯誤があり，故意（３８条）は認められないのではないか。故意とは反規範的人格に対する道義的非難であるところ，刑法において犯罪は構成要件ごとに成立する。そこで，主観と客観が構成要件事実の範囲内で一致しているのであれば，故意は認められるといえる。

甲はVの殺人の故意を主観として有していたところ，Vは実際死亡しており，主観と客観は「人を殺した」という構成要件の中で一致している。よって甲に故意は認められる。
4　以上より，甲に殺人罪は成立する。
第５　以上より，甲は①背任罪②私文書偽造罪③同行使罪④殺人罪が成立し，②と③は牽連犯（５４条１項）であり，①と④と併合罪（４５条前段）となる。

以　上

● 「署名」が使用されたということはできないはずである（再現答案①コメント参照）。

● 本問では，２項強盗殺人罪の成否の検討をする必要はない（再現答案①コメント参照）。出題趣旨も，強盗殺人罪の成否について何ら言及していない。

● 本問において，殺人罪の実行の着手が第１行為の時点で認められることは明らかであるから，「どの行為を『実行の着手』と捉えるのかが問題となる」ことはない。本答案も，再現答案③と同様，「早すぎた構成要件の実現」と「遅すぎた構成要件の実現」を混同している点で，著しく不適切である。

● 因果関係の錯誤は，第１行為とV死亡という結果の間に因果関係があることを論じた上で検討すべきである。

● 因果関係の錯誤について，判例・通説は，行為者の認識した因果経過と現実の因果経過が食い違っていたとしても，前者に法的因果関係が認められ，後者も法的因果関係が認められれば，いずれも構成要件的に同価値であるから，両者の食い違いは故意の成立にとって重要でなく，故意は阻却されないと解している。本答案の因果関係の錯誤に関する論述は，正確ではない。

司法試験&予備試験
論文5年過去問 再現答案から出題趣旨を読み解く。刑法

2020年5月25日　第1版　第1刷発行
2021年10月15日　　　　　第2刷発行

編著者●株式会社　東京リーガルマインド
　　　LEC総合研究所　司法試験部

発行所●株式会社　東京リーガルマインド
　　　〒164-0001　東京都中野区中野4-11-10
　　　　　　　　　アーバンネット中野ビル
　　　LECコールセンター　✉ 0570-064-464
　　　　受付時間　平日9:30～20:00 / 土・祝10:00～19:00 / 日10:00～18:00
　　　　※このナビダイヤルは通話料お客様ご負担となります。
　　　書店様専用受注センター　TEL 048-999-7581 / FAX 048-999-7591
　　　　受付時間　平日9:00～17:00 / 土・日・祝休み
　　　www.lec-jp.com/

印刷・製本●株式会社シナノパブリッシングプレス

LEC Webサイト ▷▷▷ **www.lec-jp.com/**

情報盛りだくさん！

 資格を選ぶときも、
講座を選ぶときも、
最新情報でサポートします！

最新情報
各試験の試験日程や法改正情報、対策講座、模擬試験の最新情報を日々更新しています。

資料請求
講座案内など無料でお届けいたします。

受講・受験相談
メールでのご質問を随時受付けております。

よくある質問
LECのシステムから、資格試験についてまで、よくある質問をまとめました。疑問を今すぐ解決したいなら、まずチェック！

書籍・問題集（LEC書籍部）
LECが出版している書籍・問題集・レジュメをこちらで紹介しています。

充実の動画コンテンツ！

 ガイダンスや講演会動画、
講義の無料試聴まで
Webで今すぐCheck！

動画視聴OK
パンフレットやWebサイトを見てもわかりづらいところを動画で説明。いつでもすぐに問題解決！

Web無料試聴
講座の第1回目を動画で無料試聴！気になる講義内容をすぐに確認できます。

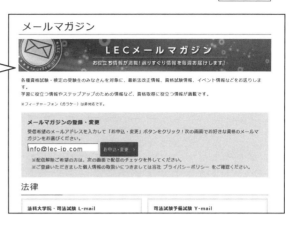

LEC 全国学校案内

*講座のお問合せ、受講相談は最寄りのLEC各校へ

LEC本校

■北海道・東北

札　幌本校　　☎011(210)5002
〒060-0004 北海道札幌市中央区北4条西5-1　アスティ45ビル

仙　台本校　　☎022(380)7001
〒980-0021 宮城県仙台市青葉区中央3-4-12
仙台ＳＳスチールビルⅡ

■関東

渋谷駅前本校　　☎03(3464)5001
〒150-0043 東京都渋谷区道玄坂2-6-17　渋東シネタワー

池　袋本校　　☎03(3984)5001
〒171-0022 東京都豊島区南池袋1-25-11　第15野萩ビル

水道橋本校　　☎03(3265)5001
〒101-0061 東京都千代田区神田三崎町2-2-15　Daiwa三崎町ビル

新宿エルタワー本校　　☎03(5325)6001
〒163-1518 東京都新宿区西新宿1-6-1　新宿エルタワー

早稲田本校　　☎03(5155)5501
〒162-0045 東京都新宿区馬場下町62　三朝庵ビル

中　野本校　　☎03(5913)6005
〒164-0001 東京都中野区中野4-11-10　アーバンネット中野ビル

立　川本校　　☎042(524)5001
〒190-0012 東京都立川市曙町1-14-13　立川MKビル

町　田本校　　☎042(709)0581
〒194-0013 東京都町田市原町田4-5-8　町田イーストビル

横　浜本校　　☎045(311)5001
〒220-0004 神奈川県横浜市西区北幸2-4-3　北幸GM21ビル

千　葉本校　　☎043(222)5009
〒260-0015 千葉県千葉市中央区富士見2-3-1　塚本大千葉ビル

大　宮本校　　☎048(740)5501
〒330-0802 埼玉県さいたま市大宮区宮町1-24　大宮GSビル

■東海

名古屋駅前本校　　☎052(586)5001
〒450-0002 愛知県名古屋市中村区名駅3-26-8
ＫＤＸ名古屋駅前ビル

静　岡本校　　☎054(255)5001
〒420-0857 静岡県静岡市葵区御幸町3-21　ペガサート

■北陸

富　山本校　　☎076(443)5810
〒930-0002 富山県富山市新富町2-4-25　カーニープレイス富山

■関西

梅田駅前本校　　☎06(6374)5001
〒530-0013 大阪府大阪市北区茶屋町1-27　ABC-MART梅田ビル

難波駅前本校　　☎06(6646)6911
〒542-0076 大阪府大阪市中央区難波4-7-14　難波フロントビル

京都駅前本校　　☎075(353)9531
〒600-8216 京都府京都市下京区東洞院通七条下ル2丁目
東塩小路町680-2　木村食品ビル

京　都本校　　☎075(353)2531
〒600-8413　京都府京都市下京区烏丸通仏光寺下ル
大政所町680-1 第八長谷ビル

神　戸本校　　☎078(325)0511
〒650-0021 兵庫県神戸市中央区三宮町1-1-2　三宮セントラルビル

■中国・四国

岡　山本校　　☎086(227)5001
〒700-0901 岡山県岡山市北区本町10-22　本町ビル

広　島本校　　☎082(511)7001
〒730-0011 広島県広島市中区基町11-13　合人社広島紙屋町アネクス

山　口本校　　☎083(921)8911
〒753-0814 山口県山口市吉敷下東 3-4-7　リアライズⅢ

高　松本校　　☎087(851)3411
〒760-0023 香川県高松市寿町2-4-20　高松センタービル

松　山本校　　☎089(961)1333
〒790-0003 愛媛県松山市三番町7-13-13　ミツネビルディング

■九州・沖縄

福　岡本校　　☎092(715)5001
〒810-0001 福岡県福岡市中央区天神4-4-11　天神ショッパーズ
福岡

那　覇本校　　☎098(867)5001
〒902-0067 沖縄県那覇市安里2-9-10　丸姫産業第2ビル

■EYE関西

EYE 大阪本校　　☎06(7222)3655
〒530-0013　大阪府大阪市北区茶屋町1-27　ABC-MART梅田ビル

EYE 京都本校　　☎075(353)2531
〒600-8413　京都府京都市下京区烏丸通仏光寺下ル
大政所町680-1 第八長谷ビル

【LEC公式サイト】www.lec-jp.com/

QRコードから
かんたんアクセス！

LEC提携校

＊提携校はLECとは別の経営母体が運営をしております。
＊提携校は実施講座およびサービスにおいてLECと異なる部分がございます。

■ 北海道・東北

北見駅前校【提携校】　☎0157(22)6666
〒090-0041　北海道北見市北1条西1-8-1　一燈ビル　志学会内

八戸中央校【提携校】　☎0178(47)5011
〒031-0035　青森県八戸市寺横町13　第1朋友ビル　新教育センター内

弘前校【提携校】　☎0172(55)8831
〒036-8093　青森県弘前市城東中央1-5-2
まなびの森　弘前城東予備校内

秋田校【提携校】　☎018(863)9341
〒010-0964　秋田県秋田市八橋鯲沼町1-60
株式会社アキタシステムマネジメント内

■ 関東

水戸見川校【提携校】　☎029(297)6611
〒310-0912　茨城県水戸市見川2-3092-3

熊谷筑波校【提携校】　☎048(525)7978
〒360-0037　埼玉県熊谷市筑波1-180　ケイシン内

所沢校【提携校】　☎050(6865)6996
〒359-0037　埼玉県所沢市くすのき台3-18-4　所沢K・Sビル
合同会社LPエデュケーション内

東京駅八重洲口校【提携校】　☎03(3527)9304
〒103-0027　東京都中央区日本橋3-7-7　日本橋アーバンビル
グランデスク内

日本橋校【提携校】　☎03(6661)1188
〒103-0025　東京都中央区日本橋茅場町2-5-6　日本橋大江戸ビル
株式会社大江戸コンサルタント内

新宿三丁目駅前校【提携校】　☎03(3527)9304
〒160-0022　東京都新宿区新宿2-6-4　KNビル　グランデスク内

■ 東海

沼津校【提携校】　☎055(928)4621
〒410-0048　静岡県沼津市新宿町3-15　萩原ビル
M-netパソコンスクール沼津校内

■ 北陸

新潟校【提携校】　☎025(240)7781
〒950-0901　新潟県新潟市中央区弁天3-2-20　弁天501ビル
株式会社大江戸コンサルタント内

金沢校【提携校】　☎076(237)3925
〒920-8217　石川県金沢市近岡町845-1　株式会社アイ・アイ・ピー金沢内

福井南校【提携校】　☎0776(35)8230
〒918-8114　福井県福井市羽水2-701　株式会社ヒューマン・デザイン内

■ 関西

和歌山駅前校【提携校】　☎073(402)2888
〒640-8342　和歌山県和歌山市友田町2-145
KEG教育センタービル　株式会社KEGキャリア・アカデミー内

■ 中国・四国

松江殿町校【提携校】　☎0852(31)1661
〒690-0887　島根県松江市殿町517　アルファステイツ殿町
山路イングリッシュスクール内

岩国駅前校【提携校】　☎0827(23)7424
〒740-0018　山口県岩国市麻里布町1-3-3　岡村ビル　英光学院内

新居浜駅前校【提携校】　☎0897(32)5356
〒792-0812　愛媛県新居浜市坂井町2-3-8　パルティフジ新居浜駅前店内

■ 九州・沖縄

佐世保駅前校【提携校】　☎0956(22)8623
〒857-0862　長崎県佐世保市白南風町5-15　智翔館内

日野校【提携校】　☎0956(48)2239
〒858-0925　長崎県佐世保市椎木町336-1　智翔館日野校内

長崎駅前校【提携校】　☎095(895)5917
〒850-0057　長崎県長崎市大黒町10-10　KoKoRoビル
minatoコワーキングスペース内

沖縄プラザハウス校【提携校】　☎098(989)5909
〒904-0023　沖縄県沖縄市久保田3-1-11
プラザハウス　フェアモール　有限会社スキップヒューマンワーク内

※上記は2021年9月1日現在のものです。

書籍の訂正情報の確認方法と
お問合せ方法のご案内

このたびは、弊社発行書籍をご購入いただき、誠にありがとうございます。
万が一誤りと思われる箇所がございましたら、以下の方法にてご確認ください。

1 訂正情報の確認方法

発行後に判明した訂正情報を順次掲載しております。
下記サイトよりご確認ください。

www.lec-jp.com/system/correct/

2 お問合せ方法

上記サイトに掲載がない場合は、下記サイトの入力フォームより
お問合せください。

http://lec.jp/system/soudan/web.html

フォームのご入力にあたりましては、「Web教材・サービスのご利用について」の
最下部の「ご質問内容」に下記事項をご記載ください。

- ・対象書籍名（○○年版、第○版の記載がある書籍は併せてご記載ください）
- ・ご指摘箇所（具体的にページ数の記載をお願いします）

お問合せ期限は、次の改訂版の発行日までとさせていただきます。
また、改訂版を発行しない書籍は、販売終了日までとさせていただきます。

※インターネットをご利用になれない場合は、下記①～⑤を記載の上、ご郵送にてお問合せください。
①書籍名、②発行年月日、③お名前、④お客様のご連絡先（郵便番号、ご住所、電話番号、FAX番号）、⑤ご指摘箇所
　送付先：〒164-0001 東京都中野区中野4-11-10 アーバンネット中野ビル
　　　　東京リーガルマインド出版部 訂正情報係

- ・正誤のお問合せ以外の書籍の内容に関する質問は受け付けておりません。
　また、書籍の内容に関する解説、受験指導等は一切行っておりませんので、あらかじ
　めご了承ください。
- ・お電話でのお問合せは受け付けておりません。

講座・資料のお問合せ・お申込み

LECコールセンター 📱0570-064-464

受付時間：平日9:30～20:00/土・祝10:00～19:00/日10:00～18:00

※このナビダイヤルの通話料はお客様のご負担となります。
※このナビダイヤルは講座のお申込みや資料のご請求に関するお問合せ専用ですので、書籍の正誤に関する
　ご質問をいただいた場合、上記「②正誤のお問合せ方法」のフォームをご案内させていただきます。